# 宋明理学精义

安徽师范大学学术著作出版基金资助

刘 宏 ◎ 著

安徽师范大学出版社

ANHUI NORMAL UNIVERSITY PRESS

· 芜湖 ·

**图书在版编目（CIP）数据**

宋明理学精义 / 刘宏著. —芜湖：安徽师范大学出版社，2024.1

ISBN 978-7-5676-5149-4

Ⅰ.①宋… Ⅱ.①刘… Ⅲ.①理学—研究—中国—宋代②理学—研究—中国—明代

Ⅳ.①B244.05②B248.05

中国版本图书馆CIP数据核字（2023）第054890号

## 宋明理学精义

SONGMING LIXUE JINGYI

刘　宏◎著

责任编辑：陈　艳　　　　　　　　责任校对：阎　娟

装帧设计：张德宝　冯君君　　　　责任印制：桑国磊

出版发行：安徽师范大学出版社

　　　　　芜湖市北京中路2号安徽师范大学赭山校区　　　邮政编码：241000

网　　址：http://www.ahnupress.com/

发 行 部：0553-3883578　　　5910327　　　5910310（传真）

印　　刷：江苏凤凰数码印务有限公司

版　　次：2024年1月第1版

印　　次：2024年1月第1次印刷

规　　格：700 mm×1000 mm　　　1/16

印　　张：15

字　　数：242千字

书　　号：ISBN 978-7-5676-5149-4

定　　价：52.00元

凡发现图书有质量问题，请与我社联系（联系电话：0553-5910315）

# 序

宋明理学，是中国哲学史上的一大事件，对此后数百年的思想文化、社会管理、制度设计乃至民众生活产生了巨大影响。自上世纪八十年代以来，中国哲学界对其展开了持续而深入的研究，形成了一系列研究成果，也达成了某些学术共识。当然，如何悉心体会宋明诸儒的著述与思想，对其展开进一步的哲学研究和现代诠释，还有许多工作有待持续努力。究竟如何把对哲学史的研究与哲学理论的创新结合起来，也许还处于破题阶段。宋明儒在本体论、心性论、工夫论、境界论等方面的理论成果，有待今人进一步消化吸收和创造转化；对以程朱陆王为代表的理学家的著述解读和哲学诠释，仍有很大发展空间。特别是，随着西方哲学界新的实践哲学转向的出现，吸引了一大批思想敏锐的学者借鉴其视角，从"内圣外王""良俗善治""制度完善"等角度进一步评估宋明理学的历史贡献和现代价值，其间有待发掘和思考的问题还有很多。此外，从哲学理论上对理学的系统观念与精神特质加以处理，也成为好学深思之士的关注焦点。

大约十多年前，我因讲授"宋明理学研究"这门课程，与刘宏君结识于芜湖赭山。由于刘宏君从余问学，我便经常与他一起讨论王阳明、刘宗周的思想差异与理论特色，知道他熟读典籍，心知其意，时有新的想法闪现，遂告知多加玩味先贤遗篇，争取身体力行。而今，我早已不再去江城授课，而刘宏君不仅接续了这一工作，而且获得了系统的研究成果。近日，他的《宋明理学精义》书稿即将付梓，要我说几句话。我得以先睹为快，并乐见其成，深感"雏凤清于老凤声"。愿他的学思事业百尺竿头，更进一步，取得新的学术成就。

是为序。

丁怀超

2023 年 12 月 18 日于合肥默耕堂

# 自 序

　　是书定名《宋明理学精义》，"宋明理学"取通义，"精义"鉴朱子有《论孟精义》。"精义"者，非考辨精密，义理精干尔。谋篇初心不为通史之著述，只求一贯之文章。

　　绪论之外，是书九章。一讲韩李，明"性与天道"为儒学复兴之问题。二讲濂溪，"孔颜乐处"以学圣人，《图》《书》天道以贯人道。三讲横渠，"太虚即气"破无立有，"天地气质"性有渊源，"德性见闻"大心足以体物，"民胞物与"人中处天地。四讲明道，"体贴天理"自明吾理，"生之谓性"天生人成，"定性识仁"天人无二，"诚敬和乐"活泼泼地。五讲伊川，"形上形下"所以然之道，"体用一源"泄露天机，"性理气质"善恶可移，"涵养进学"主敬以穷理，"心有体用"未发当存而不可求。六讲朱子，"理气二分""理先气后""理静气动""理一分殊"不离不杂、挺立本体，"未发已发""心统性情""道心人心""天理人欲"心与理一、性情定位，"主敬省察""即物穷理""知先行后"新知培养、工夫豁然。七讲象山，"心即理"千古心同理亦同，"发明本心"收拾精神自主宰，"六经注我"堂堂正正做个人，"朱陆之辩"德性为本学为末。八讲阳明，"心外无理"心意知物在一身，"知行合一"本体工夫不可离，"致良知"人人心中有仲尼，"四句教法"彻上彻下无善恶。九讲东原，"气化生生"生生而条理，"血气心知"有情有欲亦有知，"心通物则"察理义，"以理杀人"

要权衡。"九"之义，为多，为刚，为久，为未满，为有悔。九章以下，一附蕺山以见阳明学之终境，二附明清以探学统之转型，三附当代以问理学或可复阳。然亦有悔。

2007年从丁师讳怀超游，得窥理学门径。至今犹记丁师云，理学是学术亦是学问，学术是给人家看的，学问是自家受用的。近人治理学者，夥矣，广矣，深矣！是书，大可不做。然学术是公家之利器，吾何能与辩；学问是私人之生命，是书亦可谓吾人一滴骨血。又，是书何敢希先圣于性天，唯不污观者之目足矣！

时壬寅（2022）小雪后一日
草就于花津第十楼

# 目 录

# 绪　论

## 一、宋明理学的名称界说

"宋明理学"这一称谓是今人的通行说法。其实，从这门学问诞生至今，已有诸多称谓："道学""宋学""新儒学""宋明理学""宋明儒学"等。这些称谓，语义相关，语用又不尽相同。

### （一）"道学"

"道学"是宋人自己的说法。一开始是就治学目标而言，宋人认为学问的最终目标是对终极价值"道"的追寻。比如，理学的奠基人之一程颢死后，当时的士人群体就私谥他为"明道先生"；而程颐也评价自己的哥哥即程颢，接续了千四百年来中断的孔孟道统，认为儒者之学与其他学术的根本区别就是要"知道"。后来，"道学"成为一个学派的名称，指代当时正在兴起的新兴儒学思潮。再后来，理学家开始普遍接受"道学"之名，甚至用于自我标榜。以至于《宋史》之中，除了设有《儒林传》《文苑传》之外，还特设《道学传》。这也可以看出，后人觉得有必要将这门学问与以往的儒家学问区别开来，并借"立传"的形式来独立推崇之。

## （二）"宋学"

"宋学"是清人的说法。以清代鼎盛时期的乾嘉学派来说，他们号称自己的学问是"朴学""考据学""经学""汉学"。无论这些称谓如何不同，其共同点在于：都是要标识自己的学问与宋人空谈心性之学的对立。因此，当时的乾嘉学者称宋人的学问和当时从事研究宋人学问的学问为"宋学"。具体来说，"朴学"是说自己的学问朴实无华，而非宋学的玄远高深；"考据学"是说自己的治学方法乃是"考证""考据"，而非宋学的"体贴""默识"；"经学"是说自己的治学对象乃是经典文献，而非宋学的理气心性；而"汉学"是说自己的治学方法乃有取于与宋人之学相对立的汉人之学。其实，"汉学"之名是要借汉儒的援军来张大自己的门户，以寻找自身学问的正统性所在。比如，清儒江藩就有两本著作：一是《国朝汉学师承记》，一是《国朝宋学渊源记》。在前本著作中，他就评价自己的老师惠栋接续了被宋儒中断的汉学道统。①

## （三）"新儒学"

"新儒学"是近代学者的说法。在近代的中西文化碰撞之中，当学者们将宋明理学介绍到国外的时候，一开始用的是 Neo-confucianism 的英译，再转译回来自然就是"新儒学"了。这里，需要不厌其烦地说说"新儒学"这一称谓。就这一称谓本身而言，"新儒学"自然是针对先秦的"原始儒学"或"原创儒学"而言。严格来说，作为学派的"儒学"是由孔子开创，因而唯有孔子的学问才可被称为"原始儒学"。但是，由于孔、孟、荀同处中国社会的第一个转型期，他们三人的学问框定了此后儒学发展的基本模式，所以一般又将以此三人为代表的春秋战国时期的儒学称为"原始儒学"。就此而言，此后所有的汉儒、宋儒、清儒之学都可被称为"新儒学"。然而，由于"新儒学"这一内涵最开始指称的就是孔、孟、荀以后的宋明儒的学问，所以一般而言"新儒学"特指的还是"宋明理学"。

---

① 原文为："自王弼兴而汉学亡……汉学绝者千有五百余年，至是而粲然复章矣。"见江藩：《国朝汉学师承记》，北京：中华书局，1983年版，第24页。

至于当今学界又有"当代新儒学""现代新儒学""港台新儒学""大陆新儒学"等称谓，又皆是后起的概念了。

（四）"宋明理学"或"宋明儒学"

"宋明理学"可谓当今最为通行的说法。这一称谓是要明确标识此门学问的特质，也就是说，唯有"理学"二字才能揭示出宋明时期与其他时期儒学相区别的特异性所在。这同样需要从近代中西文化碰撞的学术大背景中来认识。当"哲学"这一概念伴随着"西学东渐"的浪潮被引进之后，国人发现中国儒家学问之中唯有宋明儒的学问堪与之对应，而宋明儒学问中最核心、最高层的概念就是"理"。所以，用"理学"来指称宋明儒的学问，就逐渐成了宋明儒学研究者的基本共识。

此外，今人又偶尔会看到"宋明儒学"这一概念。从一定程度上来说，这一称谓是要淡化"宋明理学"的特异性，或是将"理学"放在更大范围的"儒学"脉络中来理解。这反映出当今学界某些学者的一个基本看法：对儒学的理解，不能仅仅从哲学的层面来解释；或者说，对儒学的哲学化解释不足以完成当今时代的儒学再复兴。

但是，从"研究"的视角和方法而言，我们赞同并坚持：研究一个对象，就要揭示出对象的特异性。所以，本书依然采用"宋明理学"这一称谓。

二、宋明理学的历史演变

关于"宋明理学"的称谓，如果望文生义的话，就容易理解为"宋明时期以理为最高范畴的学术形态"。其实不然。这里，需要解释"宋明"和"理学"这两个概念。

先看"宋明"。从历史发生的事实来看，宋明理学当然并不局限于宋、明这两个朝代。就时间跨度而言，这一学术形态经过了中唐、北宋、南宋、元代、明代以至清代长达千年的准备、奠基、确立、流变和衰落历程。而之所以冠之以"宋明"二字来标识，是因为作为学术形态的"理学"在这两个时代占据了学术上的话语权地位。并且,以理论的原创性和影响力而言,理学的最大两个流派诞生于这两个朝代。比如,"程朱理学"发源于北宋、成型于南宋,"陆王心学"发源于南宋、成型于明中叶。而前期的中唐是理学的准备期,后期的清代是理学的衰落期。尤其要指出,作为意识形态的"理学"的尊崇地位在清代比宋明有过之而无不及。

再看"理学"。"理学"可以有狭义和广义之分。狭义上的"理学",特指"程朱理学",尤其是程颐和朱熹一系的学问。广义上的"理学",按照流行的三系法,最少还应当包括张载、王夫之一系的"气学"和陆九渊、王阳明一系的"心学"。其实,张载的"气学",很大程度上是在与二程的学术交流中确立起来的,也被二程和后来的朱熹所消化。而陆王的"心学"看似处于程朱的对立面,但其实他们并不反对"理"这一最高理学概念。而且,陆王心学乃是程朱理学逻辑发展的必然结果。至于其他理学内部或外部的其他学派,皆逃不出理学的参照,或是理学的自身演变,或是对理学的反向批评。当然,如果站在理学之外来批评理学,也就构不成理学问题意识上的争辩了。

在此,我们采用广义的"理学"概念来研究理学整个的准备、奠基、确立、流变和衰落历程,将会涉及以下人物和学派:(1)中唐至宋初的准备期:韩愈、李翱、胡瑗、孙复、石介;(2)北宋中叶的奠基期:周敦颐、邵雍、张载、程颢、程颐;(3)南宋至明初的确立期:朱熹;(4)南宋至晚明的流变期:陆九渊、王阳明、阳明后学;(5)明清之际至鸦片战争的衰落期:顾炎武、黄宗羲、王夫之、颜元、戴震。

其中,就哲学的原创性和影响力而言,最重要的莫过于濂学(周敦颐)、洛学(二程)、关学(张载)、闽学(朱熹)、象山学(陆九渊)、阳明学(王阳明)、戴学(戴震)。本书的研究也将主要围绕这些人物的理论来展开。

### 三、宋明理学的理论问题

在展开研究之前，还必须交代宋明理学本身所研究的理论问题。或者说，宋明理学在何样的问题意识催动下，才开发了这样一种学术形态？任何一种学术形态的诞生，都有着自身的现实关怀，儒学尤其如此。在宋明儒看来，儒家之道在孔孟之后就已经断裂了，必须将其接续起来。也就是说，儒学在现实生活中已经不能发挥价值导向功能，而现实生活又催促着儒学必须重担这一功能。用宋明儒自身的话来，儒者之学就是要"明道""知道"。而汉唐以来所流行的"道"乃是道家和佛教之道，而非儒家之道。要在现实生活中奉行儒家之道，就必须在"道"的层面上与道家和佛教争个高低，尤其佛教是当时儒学的主要论争对手。那么，"何为儒家之道"自然就构成了学术上所要解决的首要问题。

应当说，对于"道"的探索，始终是包括儒家在内的中国哲学的追求目标。比如，孔子说："朝闻道，夕死可矣。"（《论语·里仁》）虽然孔子追求"闻道"，但毕竟对"道"的论说甚少，以至于学生子贡叹言："夫子之言性与天道，不可得而闻也。"（《论语·公冶长》）对于"人性"，孔子也只是说过"性相近，习相远"（《论语·阳货》），没有做过过多论述。后来，孟子提倡"性善"，可以说多少将问题导向了人性的深度，但同样很少直接论及"道"。而"人性"和"道"的问题，恰恰是佛教和道家的长项。要在理论的高度驳倒佛教和道家，就必须在"人性"和"道"的层面建立自身的一套完整理论，这也构成了宋明理学所要解决的核心理论问题。

所谓"性与天道"，牵涉到中国哲学的最基本问题——"天人关系"。对于"道"，可以将其分为"天道"和"人道"，而沟通两者的则是人性问题。统观儒家哲学，"天道—人性—人道"构成了最基本的思维模式。其实，这一思维模式早在先秦时期就被儒、道两家，也被后来的佛教所共享。道家将其表述为"道—德"，佛教将其表述为"此岸—彼岸"，《易传》中又将其表述为"形而上—形而下"，亦即《易传·系辞》所言："形而上者谓之道，形而下者谓之器。"将这一思维模式细分就形成了宋明理学的研究对象和理论架构：

$$天道 \longleftrightarrow 本体论$$
$$人性 \longleftrightarrow 心性论$$
$$人道 \longleftrightarrow 工夫论$$

研究"天道"，就形成了"本体论"；研究"人性"，就形成了"心性论"；研究"人道"，就形成了"工夫论"。可以说，宋明理学的所有概念，都围绕着这三个层面来展开。在未来的研究中，这一理论架构将逐渐清晰。

最后，应该承认的是，宋明理学已经成为过去，宋明理学的很多观念拿到今天来看，也未必合适；当今学界，宋明理学也未必是研究的热点。那么，我们今天来研究宋明理学还有无必要呢？更紧要的是，研究宋明理学于我们个人的身家性命又有何意义呢？

可以断言，通过对宋明理学的研究，今人未必会成为宋明人所追求的"圣贤"。但是，在研究之中，我们将会领略到一个不同于现实世界的另一世界。一方面，我们将领略到，我们并不同于周遭的流俗之人。另一方面，我们也将同样领略到，我们与周遭的流俗之人并无不同。用流俗的话来说，我们将会由下学而上达到一定的人生境界。当然最高的人生境界就是"无"境界，也即宋明理学所推崇的"极高明而道中庸"。

从学术的角度来说，宋明理学的研究更是极具时代意义。首先，当今传统文化的复兴已成为大势所趋。不无偏见地说，传统文化的复兴首先当是儒学的复兴。因为我国乃至全球目前又一次处于社会大转型时期，很多现实的社会问题逐渐凸显并有待解决，而唯有儒学才有希望提供一套建构性的方案。当初宋明理学的出现，就是一场文化复兴运动。今天复兴传统文化的很多方法论问题，就很有必要以宋明理学为参照。其次，宋明理学属于典型的哲学形态，而且是迄今为止中国哲学发展的巅峰。作为哲学，既有立足于时代的一面，但同时还兼具超越时代的一面。所以，宋明理学所思考的很多终极哲学问题，并不会随着时代的改变而改变。或者说，宋明理学所面对的问题，同样值得今人再研究。而宋明理学对于这些问题的解决方式，无疑对今人来说又具有借鉴的意义。最后，于纯粹的思考而言，作为哲学形态的宋明理学极具思辨性，这将会引领我们用哲学的方式来思考世界和引领自己。下面，让我们一起来领略宋明儒的世界和我们自己的世界。

# 第一章　中唐至宋初的儒学复兴运动

如绪论所言，宋明理学肇始于中唐的准备期。中唐以至宋初，韩愈、李翱以及"宋初三先生"等人在佛教和道家的冲击下意识到，儒家之道必须正面回应"性与天道"的理论问题才有可能解决当时的社会问题。在他们的思想言论和讲学活动的影响下，当时社会逐渐兴起了一股儒学复兴运动。

## 一、性与天道：中唐的理论焦点

钱穆有言："治宋学当自何始？曰：必始于唐，而昌黎韩氏为之率。"①研究宋明理学，首先需要正视的第一个人物就是中唐时期的韩愈。韩愈在今人的印象中，是古文运动的倡导者。当然，古文运动并不仅仅局限在文学领域，更重要的是一场社会性的思想运动，今人习称为"儒学复兴运动"。我们今天提倡复兴传统文化，从某种程度上来说，非常类似于韩愈当年倡导的古文运动，都是儒学的文化复兴。当年韩愈面对的对手是"佛老之道"，今天我们面临的对手是"欧美之道"，可以说都是出自"西方"。在理论上，韩愈的对手是"空""无"，我们的问题是如何来解释中国式的"自由""民主"。因而，从韩愈到"宋初三先生"的宋明儒学复兴运动，对于今天如何完成21世纪的儒学复兴，无疑具有重要的借鉴意义。

① 钱穆：《中国近三百年学术史》，北京：商务印书馆，1997年版，第2页。

反观当今儒学复兴情况，恐怕尚处于韩愈当年所处时代，也就是说，我们的儒学复兴才刚刚起步。从复兴儒学到儒学复兴，还有一段漫长的道路要走。那么，韩愈当年为复兴儒学做了哪些工作呢？

"性与天道"是儒家在哲学层面所关注的核心问题。而这一问题正是在韩愈这个时代最先被提出来。与韩愈同时代的还有两个人物，一是柳宗元，一是刘禹锡。韩愈有篇文章叫《天说》，柳宗元写了篇《天论》来反驳，后来刘禹锡也写了篇《天论》将问题向前推进。其实，谈天就是论道，谈天免不了要谈人。这反映出中唐的这批士大夫开始关注起了形而上的"天人关系"问题。尤其是韩愈，韩愈最有名的哲学著作是"五原"（《原道》《原性》《原毁》《原人》《原鬼》），其中《原道》和《原性》最为重要。不论韩愈是否如后世理学家那样有意识地来谈论"性与天道"，但韩愈谈论这个问题本身，就说明了这个问题已经不自觉地成为了当时的学术热点。

## （一）原道

先从《原道》说起。所谓"原道"之"原"，是"探讨""讨论"的意思，也有"源头"的意思。"原道"，也就是探讨"道"的源头。

在韩愈之前，可以说正是佛老大行其道的时代。按照一般哲学史的说法，宋明理学之前的学术主流是魏晋玄学、隋唐佛学，这是一个儒家之道暗而不彰的时期。不论是在老百姓层面，还是在士大夫层面，佛老都占据了世道人心，以至于儒家失去了话语权。由于唐代的崇佛，自然会给佛教很多政策上的支持，比如封赐土地、免除劳役等，这样就给国家带来了严重的财政负担。可以说，由于佛教的兴盛，对国家的政治、经济造成了严重的冲击，这是韩愈这个时代所面临的现实社会问题。当然，佛教之害更严重的是体现在文化层面上。面对当时一系列的社会问题，韩愈不得不站出来大声疾呼要"排击佛老"。韩愈的《谏迎佛骨表》就是这方面的典型文章。在这篇文章中，韩愈借古讽今，说梁武帝因崇佛最终导致国家灭亡，从而触怒皇帝，被贬潮州。

那么，在文化层面上如何"排击佛老"呢？据后人观点来看，韩愈并没有找到太理论化的学术支撑。而他拿起的最强有力的武器，是儒家传统中的"夷夏之辨"。可以说，"夷夏之辨"是中国文化中很古老的观念。从黄帝与蚩尤的竞争中就有了体现，尤其体现在礼乐文明的形成期——夏朝。当时的"中国"（中原地区）为"诸夏"，中原之外的"南蛮""北狄""东夷""西戎"统称为"夷狄"，又简称为"夷"。后来，"夷"的观念演化为一切外来民族，直到近代还称西洋人为"夷"，如魏源曰"师夷长技以制夷"。

韩愈以"夷夏之辨"来"排击佛老"之后，就转向了对儒家之道的正面论说。既然佛老之道源远流长，那么儒家之道呢？韩愈由此提出"道统说"。学界普遍认为，韩愈的"道统说"受到了禅宗"法统说"的启发。不论受启发与否，事实是，韩愈通过"道统说"的提出，终于使得儒家之道获得了与佛老之道平起平坐，甚至更为久远的地位。"道统说"是这样表述的：

> 斯吾所谓道也，非向所谓老与佛之道也。尧以是传之舜，舜以是传之禹，禹以是传之汤，汤以是传之文、武、周公，文、武、周公传之孔子，孔子传之孟轲，轲之死，不得其传焉。[1]

也就是说，韩愈所说的"道统"有这样一个谱系：尧、舜、禹、汤、文、武、周公、孔子、孟子。言下之意是：孔孟之后，唯有到我韩愈才接续了久已中断的道统。关于这个谱系怎么来理解呢？众所周知，周公之前的这些人物，不仅担负着"道统"，更占据着"政统"，因而是"君师合一"或者说是"政教合一"的。而孔子则有德无位，汉儒称之为"素王"。因而，孔子之后，我国的政治一直处于"政教分离"的状态。在西方，"政教分离"是极晚近的事情，是伴随着由中世纪走向现代化的过程中才确立起来的。就此而言，中国的政治体制的确要领先于西方。当然，中国的"政教分离"与西方又不尽相同：西方的"教"是人格神的"宗教"（religion），中国的"教"是人伦式的"教化"。西方是"上帝的归上帝，

---

① 韩愈：《原道》，《韩昌黎文集校注》，上海：上海古籍出版社，1986年版，第18页。

凯撒的归凯撒"，政教是完全的分离，互不干涉。中国的"政教分离"，可以说是"分而不离"。我们可以看到，在秦汉之后的皇权体制下，一方面皇帝代表政治上的最高权威，另一方面皇权又会受到士大夫阶层的制约。这在学术层面上，又往往体现为伦理与政治的交融。如孔子就说过："《书》云：'孝乎惟孝，友于兄弟，施于有政'，是亦为政，奚其为为政？"（《论语·为政》）后世的士大夫在朝为官、在野为学，都是在承担伦理政治上的教化功能。

既然韩愈说儒家"道统"源远流长，那么"儒家之道"的具体内涵为何？《原道》开篇韩愈就阐明道：

> 博爱之谓仁，行而宜之之谓义；由是而之焉之谓道，足乎己，无待于外之谓德。仁与义，为定名；道与德，为虚位。[1]

对于"仁"的解释，历来有众多说法，就是孔子本人也没有给出让人满意的答案，这与"仁"的不可定义性相关。而韩愈用"博爱"来解释"仁"，也是其中一个代表性的解释。"博爱"一词，现代人并不陌生，西方价值观说"博爱、自由、平等"。可以说，韩愈的"博爱"与西方所理解的博爱，有共通性，都是一种"普遍的爱"。但不可忽视的是，西方"博爱"的最终根据在于"上帝"，而儒家"博爱"的最终根据在于"人"。《论语》记载："樊迟问仁。子曰：爱人。"（《论语·颜渊》）孟子说："仁也者，人也。"（《孟子·尽心下》）当然，韩愈的这个解释受到了后世理学家的批判，认为这样的"博爱"等同于墨家的"兼爱"，忽视了爱在施行过程中的差等性。

接下来，韩愈用"宜"来解释"义"，就是"合适""正当"的意思。只有按照"仁"来行事才是正当的。然后，由"仁""义"来行走的道，才是"道"，才是正道。而"德"是仁义内在，是得于己，是与外在条件无关的内在自足德性。后面说："仁与义为定名，道与德为虚位"，所谓"定名"是说"仁、义"有着确定的内容，所谓"虚位"是说"道、德"

---

[1] 韩愈：《原道》，《韩昌黎文集校注》，上海：上海古籍出版社，1986年版，第13页。

只是观念的位阶。用语言学的术语来说，"仁、义"是"所指"，"道、德"是"能指"。儒、释、道三家都在用相同的能指"道、德"来说事，但所说的"道、德"所指内容完全不同。

（二）原性

再来看《原性》。在这篇文章中，韩愈把人性和人情皆分为"三品"，也就是三个等级，并且认为，上等人性善，下等人性恶，中等人可善可恶。很明显，这与西汉董仲舒将人性分为"圣人之性""中民之性"和"斗筲之性"实际上并无区别，而且可以看作是对孟子性善说、荀子性恶说、扬雄性善恶混说的折中。这篇文章有两点值得注意：

第一，韩愈将人性分为三品，乃是对人性所做的特称判断，而非全称判断。如果人性只能做特称判断的话，那么就无法揭示人之为人的共同性，就无法触及形而上的人性实质问题，进而就会导致韩愈所说的"博爱"只能是一句空谈。因为在韩愈看来，性恶之人无法教化，那么岂不就遗失了对这部分人的爱？

第二，韩愈说："性也者，与生俱生也；情也者，接于物而生也。"[1]也就是说，人性是天生的，而人情是后天的。这样，人性与人情之间就存在着时间上的先后关系，因而就是两不相关的东西。而且，我们还可以继续追问：如果人先天没有情感，为何与物相接，就会产生人情呢？其实，韩愈所说的性三品，是通过情三品推导出来的。一个人后天表现为怎样的行为方式，或者说通过观察一个人的情感表现，是否就能判定一个人的性善性恶呢？当然不能。现实生活中，一个人往往行为表现怪异，但却是个好人；一个人表现处处逢源，却恰恰是个坏人。一个人怀着一颗善的初心而对另一个人说谎，这种情况也是大有存在的。

总而言之，韩愈的人性论存在着诸多的逻辑漏洞，并未触及人性的实质问题，因而受到了后世的很多批判。如果说，以后天的行为表现来判定先天的人性善恶，那人性岂止三品，更应该是万万品。

---

[1] 韩愈：《原性》，《韩昌黎文集校注》，上海：上海古籍出版社，1986年版，第20页。

（三）复性

在人性问题上，韩愈没有解决的问题，到了韩愈的学生李翱这里，部分得到了解决。之所以说只是解决了部分问题，是因为李翱开始转换思路来思考人性问题，但对问题的解决方式，却明显留有佛教的痕迹。李翱的哲学代表作是《复性书》上、中、下三篇。此书主要涉及以下三个方面问题：

1.性善情恶

首先，必须指出的是，李翱所说的"性"已经不再是韩愈在形而下的层面来谈性，所说的"性情"关系也不再是如韩愈将"性""情"视为两个东西。《复性书》开篇说："人之所以为圣人者，性也；人之所以惑其性者，情也。"①在李翱这里，"性"已经成了人之为人的本质所在，成了人之所以能够成为圣人的根据所在，这就已经属于形而上的问题了。而对于"性"与"情"的关系，李翱明确指出："性与情不相无也。"②也就是说，"性""情"不是两个完全对立的东西。归根到底，"情由性而生"，但"情不自情，因性而情，性不自性，由情以明"③。用现在的话来说，"性"是"情"的本质根据，"情"是"性"的外在表现。紧接着，李翱用水、火来做比喻：清为水之性，浑为水之情；光为火之性，烟为火之情。清除浑与烟，则水就会呈现出清的本性，火就会呈现出光的本性。人性相对于人情来说，本身乃是潜存的，如同火存在于山石林木之中，泉存在于山之上一样。人情才是现实的存在，只有通过敲磨、疏通，水、火才能被开发出来。虽然会掺杂着浑浊和烟气，但能奔、能烧的本性却不会丧失。

在这样的思维框架中，凡人之性与圣人之性乃是相同的，亦即李翱所说的"桀纣之性"与"尧舜之性"同。如此，人性就成了一个普遍性的问题，而不再是如韩愈那样可以分为三等，因而人性的价值就不可能为"恶"。这里的逻辑是：如若性恶，人性只会不同；只有性善，人性才能相

① 李翱：《复兴书上》，《李翱文集校注》，北京：中华书局，2021年版，第13页。
② 李翱：《复兴书上》，《李翱文集校注》，北京：中华书局，2021年版，第13页。
③ 李翱：《复兴书上》，《李翱文集校注》，北京：中华书局，2021年版，第13页。

同。这样，人之所以会在日常行为中展现出恶行，就只能归结为人情恶了。在李翱看来，正是因为人情表征为"邪妄"，从而才会遮蔽人性的性善。反之，揭除了人情的遮蔽，人性就会完全呈现出来。进而，李翱性情论的终极目标是：灭息人情，复归人性。

2.道统根据

在解释了性情关系后，李翱重新发挥了韩愈所提出的"道统说"。"道统"在韩愈那里，只是给出了一个谱系，却没有解释为何会存在这样一个谱系。李翱进一步指出，在孔孟之间还存在着颜子、子路、曾子、子思这样一些孔门后学的道统传承者。在这样的道统传承中，延续着一个被一贯坚守的理念，那就是"穷性命之道"。如颜子"三月不违仁"，子路"正冠而死"，曾子"得正而毙"，皆传达了"性命之言"，而这样一些性命之言传到子思，就表现为《中庸》性命之书的写作。再到孟子，更为明确表现为"不动心"。在李翱看来，"不动心"也就是不会受到外在人情的左右，也就是"无情"而"有性"。

可见，李翱不仅丰富了儒家的道统谱系，而且指出道统之"道"就在于传承了性命之道。所以，《中庸》文本中关于性命之道的理论，从李翱开始就受到了儒家的极为重视。至此，韩愈所表彰的《大学》与李翱所推崇的《中庸》，再加上《论语》《孟子》，共同构成了后世经典的"四书"文本。

3.复性方法

既然接续"道统"，要穷性命之道，要复性，就必然带来下一个如何复性的方法问题，也就是通过何种修养工夫才能复归人性本体。在这个问题上，李翱又发掘了《易传》《大学》《中庸》这些儒家经典中的理论资源。

如上所述，在讨论性情关系时，李翱已经指出，要复性之本善就要灭情之邪妄。那么，灭情是不是就要"无思无虑""斋戒其心"呢？很明显，这些说法都无法与佛教和道家的工夫论相区别。李翱认为，如佛、道的说法，依然是在"以情止情"。用情来止息情，只会更加受到人情的干扰。唯有《易传》所说的"寂然不动"、《大学》所说的"致知在格物"才是儒家所提倡的修养工夫。在李翱看来，保持本性的"寂然不动"，才能应物而感，才能无分于动静。而"格物"也不再是如汉儒所说的与外物之间相互感应，而是保持"心"的昭然明辨，这也就是孟子所说的"不动心"。而这一切的修养工夫，又可归结为《中庸》所说的"至诚无息"，也就是说，修养是一个无止境的生命历程。所以，在《复性书》中的最后一问中，李翱又用孔子"未知生，焉知死"（《论语·先进》）的话来回应佛教的生死说。

在《复性书》中，李翱自述自己的"求道"之志，告诫世人不可虚度生命。如韩愈一样，言下之意是要主动担负起道统来。

综观李翱的《复性书》，开始将人性作为形而上的问题来思考，就已经奠定了他在儒学史上的地位。但李翱主张"灭情复性"的说法，并未得到后世理学家的完全认可。一方面"复性"成了理学家人性论的一般共识，另一方面"灭情"并没有很好解决人情之于人的合理地位，明显受到了佛教的影响。因而，后世接受了李翱的"道统说"，却没有承认李翱在道统中的地位。

## 二、明体达用：宋初的理论指向

从中唐开始，儒学复兴虽然经过韩愈、李翱等人的呐喊，但当时思想界依然盛行的是佛老之道。整个士大夫阶层的觉醒，还得等到北宋开国以后。至于何以到了北宋时期才出现这一局面，又和当时的社会现实密不可分。

中唐至北宋之间，经过了晚唐和五代十国的藩镇割据，这是中国社会面临的又一个低谷期。在此时期，佛老之道无助于社会现实的弊病更加明显，这就亟待于儒学这样具有建构性品质的理论来整顿社会乱象，重振世道人心。有观点认为，传统社会在汉唐处于巅峰期，从宋明开始走下坡路。的确，单从军事层面来看，宋明武功确实无法和汉唐相比。但如果从更为广泛的视野来看，无论是经济、政治、文化，北宋都呈现出前代无法比拟的新局面。这一新局面可以有以下表现：

（1）在经济上，表现为"市镇"的繁荣。汉唐时期的重镇，主要围绕着军事、政治中心而建立，但从北宋开始则主要依赖于工商业而建，也就是今天所谓的"市场"。经过北宋开国近五十年的稳定发展，民间社会已经达到了相当富裕的程度，张择端的《清明上河图》就是典型的例证。

（2）在政治上，表现为贵族政治的衰落和士人政治的兴起。贵族政治体制下，皇权和几个世家大族主导政治；而士人政治体制下，乃是皇权与士大夫共治天下。这和北宋科举制的完善密不可分。科举制在隋唐虽已创立，但真正发挥效用要等到北宋。科举制保证了社会阶层的正常流动，北宋的很多士大夫都出身寒门，而后通过困苦求学才进身为士人阶层。

（3）在文化上，表现为儒学的复兴。当然，这里的儒学复兴，不仅仅指后来理学这一学术形态的建立，更包括当时文化层面各个领域的大家辈出。当然，更重要的是儒家价值理念逐渐得到社会性的普遍认可。

但是，北宋又给人积贫积弱的印象，这主要表现在军事上面临外族尤其是"西夏"侵扰而无力回击。回顾当时的社会现状，"改革"被催促着提上议事日程。经过酝酿，以范仲淹为主导的"庆历新政"开始走上历史舞台。不得不说，范仲淹可谓当时士人群体的核心人物。不仅"宋初三先生"的胡瑗、孙复都曾受到范的资助，而且"北宋五子"之一的张载也是受到了范的直接启发而求学《中庸》。

说到范仲淹，无人不会想到他在《岳阳楼记》中的名句："先天下之忧而忧，后天下之乐而乐"。而"忧"之本质不过是一种深沉的爱。以父子一伦为例，父母对子女的爱就表现为"忧"。从这种"忧"的情感，也可以看出儒家与佛、道两家的区别所在。例如，庄子讲"逍遥游"，是讲个体生命的自由解放；佛家菩萨道虽然也讲"大慈大悲""普度众生"，但这都是建立在自我解脱的前提基础之上。唯有儒家讲"个体"不离"亲亲之爱"的人伦现实，再将这种原始的爱的情感推广至家、国、天下。从范仲淹这种"忧"的自我表白可见，这完全是孔子"忧道不忧贫"（《论语·卫灵公》）精神的再现。"庆历新政"虽然短暂，但却大大改变了当时的社会风气，从而造就了一个学术群体的诞生。

在论述这一学术群体时，前人往往提到的是"宋初三先生"：胡瑗、孙复、石介①。胡瑗、孙复是同学，石介是孙复的学生。胡瑗曾受到范仲淹的举荐而主持过苏州、湖州的教学，创立了"苏湖教法"，后又将此教法推广至"太学"。胡瑗主持太学时期，"北宋五子"之一的程颐向其问学，并作有《颜子所好何学论》一文，受到胡瑗的大加赏识。后来，程颐对胡瑗言必称"先生"。有着这么一层师承关系，后人在论述理学诞生时，就将胡瑗追溯为有启导之功。比如，黄宗羲的《宋元学案》，开篇就是《安定学案》，学者称胡瑗为"安定先生"。

下面简单介绍下"宋初三先生"的代表作以见当时的学术动向。石介的著作是《怪说》，他把"文章、佛、老"称为"三怪"，言辞犀利，基本上延续了韩愈、欧阳修等人的辟佛工作。胡瑗最重要的著作是《周易口义》，孙复最重要的著作是《春秋尊王发微》。这两本著作已然预示着一种新的学术动向：

（1）这两本著作都属于"经学"，也就是说，当时的学术重心开始从文章之学、佛老之学转移到儒家的经典文本上来。

（2）作为"经学"著作，但不同于汉唐注疏体的《五经正义》之类，而是"口义"，而是"发微"。也就是说，这是要借助传统"经学"的外衣来直接阐发具有时代性的微言大义。

（3）《周易》和《春秋》之所以得到重视，是因为《周易》极具形而上的哲学观念，而《春秋》则蕴含着儒家的理想政治理论。哲学与政治，往往是社会改革时期急需解决的理论问题。

在以上的学术动向中，撇开具体理论不谈，他们的理论有个基本的指向。这里，用有关胡瑗的例子来说明：

（胡瑗）在湖学时，福唐刘彝往从之，称为高第。后熙宁二年，神宗问曰："胡瑗与王安石孰优？"对曰："臣师胡瑗以道德仁义教东

---

① 南宋开始，朱熹后学黄震就说："师道之废，正学之不明，久矣。宋兴八十年，安定胡先生、泰山孙先生、徂徕石先生，始以其学教授，而安定之徒最盛，继而伊、洛之学兴矣。本朝理学虽至伊洛而精，实自三先生而始。"见黄宗羲：《宋元学案·东发学案》，《黄宗羲全集》第六册，杭州：浙江古籍出版社，2005年版，第412页。

南诸生，时王安石方在场屋中修进士业。臣闻圣人之道，有体有用有文。君臣父子、仁义礼乐历世不可变者，其体也；诗、书、史、传、子、集垂法后世者，其文也；举而措诸之天下，能润泽斯民归于皇极者，其用也。国家累朝取士，不以体用为本，而尚声律浮华之词，是以风俗偷薄。臣师当宝元、明道之间，尤病其失，遂以明体达用之学授诸生。夙夜勤瘁，二十余年，专切学校，始于苏、湖，终于太学。出其门者，无虑千余人。故今学者明夫圣人体用以为政教之本，皆臣师之功，非安石比也。"①

胡瑗弟子用"明体达用"概括其师之学，"体"指的是仁义礼乐，"用"指的是政教制度。这种"体—用"思考模式，虽不同于后世理学家的"本体论"思维，但同样是儒家一贯的理念。这种体用论，也可以说是儒家"经世致用"话语的另一种表达，而且一直延续到"洋务运动"中的"中体西用"之说。甚至，今天儒学复兴运动中的某些学者，依然在使用着这一话语。从这一话语来看，宋初儒学复兴的初衷不过是在倡导儒学要干预现实政治。但是，这种干政的诉求，只有等到建立起一套义理模式之后才有望实现。

---

① 黄宗羲：《宋元学案·安定学案》，《黄宗羲全集》第三册，杭州：浙江古籍出版社，2005年版，第57页。

# 第二章　周敦颐的理学开山

　　经过中唐到宋初的儒学复兴运动，宋明理学才真正进入了理论的建构期，也就是"北宋五子"时期。所谓"北宋五子"，指的是周敦颐、邵雍、张载、程颢、程颐这五位先生。其实，当时在思想方面卓有成就的并不仅仅只有这些人，比如司马光、王安石、苏轼等人的学问都自成一家。但惟有以上的"五子"才居于理学的正统地位。当然，这种正统地位是由后来的理学集大成者朱熹所追认的。而"五子"之中，朱熹又尤重"四子"。比如，在南宋朱熹和吕祖谦合编的《近思录》中，只收录了周、张、二程的语录，并没有邵雍的语录。其中，一个根本的原因，很可能与邵雍的易学乃是属于"象数派"而非其他理学家的"义理派"相关。事实上来说，邵雍的学问对后来的理学发展也的确没有产生实质性的影响。概而言之，于北宋标出"五子"，是因为这些人的学问有着共同的理学取向；于"五子"中标出"四子"，又是因为这些人的学术成果奠定了理学后来的学术走向。

　　于"四子"之中，首推周敦颐。周敦颐（1017—1073年），字茂叔，道州营道人。因晚年在庐山莲花峰下建"濂溪书堂"，学者称"濂溪先生"，谥号"元公"，"元"就是第一的意思，因在《宋史·道学传》中排名首位，从而被奉为"理学开山"。其实，按照理学发生的实际进程，周敦颐在当时并没有多大的影响力，其身份地位不能和司马光、王安石这样的朝中大员相比；其学术活动，也不能和"宋初三先生"在学界所掀起的讲学声势相比。那么，周敦颐为何能成为理学的开山之人？要认识这一问题，必须首先了解这样一个师承关系：

朱熹（理学的集大成者）→程颢、程颐（理学的奠基者）→周敦颐（理学的开山者）

朱熹是二程的四传弟子（程颢、程颐→杨时→罗从彦→李侗→朱熹），而二程又是周敦颐的学生。据载，二程还在十四五岁的时候，其父程珦就教导二兄弟跟随周敦颐学习①。所以说，周敦颐可谓二程的启蒙老师。当时，周敦颐三十岁左右，二程十四五岁。要说二程真正从周敦颐这里学到了什么高深的理论并不现实。但有一点很重要，那就是周敦颐的循循善诱为兄弟二人指引了人生方向。据程颢后来回忆说："昔受学于周茂叔，每令寻颜子、仲尼乐处，所乐何事。"②也就是说，从周敦颐这里开始，"孔颜乐处"开始成为后世理学家所要参寻的首要人生价值命题。要理解周敦颐的"理学开山"地位，不妨先从这个问题开始。

## 一、孔颜乐处

"孔颜乐处"之所以会成为理学发展史上的第一个命题，与当时儒学复兴的阶段性发展密不可分。在周敦颐之前，虽然儒学复兴已经成了一场社会性运动，但基本上还处于喊口号的阶段。从儒学复兴到复兴儒学，还必须在"大众化"和"理论化"两个方面有所突破。所谓"大众化"，是说儒学不仅要在制度架构层面发挥作用，而且要在社会伦理层面获得自觉认可。只有当儒学的真精神深入人心，儒家的价值观才会成为整个社会的主流价值标准。所谓"理论化"，是说儒学必须在理论上建构一套形上学

---

① 据《周敦颐年谱》记载："大理寺寺丞、知虔州、兴国县程公珦假倅南安，视先生气貌非常人。与语，果知道者。因与为友，令二子师事之。及为郎，每迁授，当举代，辄以先生名闻。二子即明道、伊川也。时明道年十五，伊川年十四。"见周敦颐：《周敦颐集》，北京：中华书局，1990年版，第103页。

② 程颢、程颐：《二程集》，北京：中华书局，1981年版，第16页。

体系，才能与佛老的形上学对抗，才能为儒家的价值观奠定形而上的基础。而这两个方面的努力，皆是由周敦颐所首创。这里所说的"孔颜乐处"，属于"大众化"层面；后文要说的《太极图》和《太极图说》，属于"理论化"层面。

关于"孔颜乐处"，先不论孔、颜何所乐的问题，要明晰的是，这是一个指向理想人格的问题。众所周知，在孔、孟、荀的原始儒学时期，儒家的理想人格是"君子"或者"士君子"。然而，自从魏晋玄学和隋唐佛学风行之后，"君子"早已淡出了人们的视野。直到周敦颐在《爱莲说》中，才开始重新来倡导。这篇短文，千古传颂，录之如下：

> 水陆草木之花，可爱者甚蕃。晋陶渊明独爱菊。自李唐来，世人甚爱牡丹。予独爱莲之出淤泥而不染，濯清涟而不妖，中通外直，不蔓不枝，香远益清，亭亭净植，可远观而不可亵玩焉。
>
> 予谓菊，花之隐逸者也；牡丹，花之富贵者也；莲，花之君子者也。噫！菊之爱，陶后鲜有闻。莲之爱，同予者何人？牡丹之爱，宜乎众矣。①

在这篇短文中，周敦颐通过对莲花的描写，表达了对君子洁净、质朴、正直、清高等品质的追求。值得注意的是，该文一共给出了三种意象：菊花、牡丹、莲花。而这三种意象分别代表了儒、释、道三家不同的理想人格。在魏晋玄风下，道家的隐逸山林成了精神寄托所在，陶渊明是其代表。而牡丹向来为唐人所喜爱，可谓正是大唐盛世的象征。可以说，牡丹所象征的富贵，乃是常人的理想生活。再看莲花，有一点必须指出，在周敦颐之前，莲花是佛家的象征。因为莲花最重要的品格就是洁净，因而常用来寓意僧人生活不染尘垢。但在周敦颐的笔下，莲花的意象却由佛家而转向儒家。

既然周敦颐将儒家的理想人格树立为生活典范，那么儒家的理想人格究竟为谁？这就直接引出了"孔颜乐处"的命题。孔子自述："饭疏食，

---

① 周敦颐：《爱莲说》，《周敦颐集》，北京：中华书局，1990年版，第53页。

饮水，曲肱而枕之，乐亦在其中矣。不义而富且贵，于我如浮云。"（《论语·述而》）同时又赞叹自己最得意的弟子颜回："贤哉，回也！一箪食，一瓢饮，在陋巷。人不堪其忧，回也不改其乐。贤哉，回也！"（《论语·雍也》）周敦颐就此指出：

> 颜子"一箪食，一瓢饮，在陋巷，人不堪其忧，而不改其乐"。夫富贵，人所爱也。颜子不爱不求，而乐乎贫者，独何心哉？天地间有至贵至爱可求，而异乎彼者，见其大而忘其小焉耳。见其大则心泰，心泰则无不足。无不足则富贵贫贱处之一也，处之一则能化而齐。故颜子亚圣。[1]

"孔颜之乐"虽然文出《论语》，但周敦颐提出要寻"孔颜乐处"，却是由自家的问题意识而来。顺带提及的是，宋明理学的文献根据在《四书》，但问题意识却是由应对佛老的挑战而来。前面范仲淹揭出一个"忧"字，这里周敦颐拈出一个"乐"字，都是儒家的生活态度。但其间稍有区别："忧"指向的是对外在伦理责任的承担，"乐"指向的是发自内心精神的愉悦。儒学的复兴不仅要有"外王"的一面，更要有"内圣"的一面。只有在儒学中，真正体会到"乐"的境界，才能将儒学上升为人生的信仰，从而佛老的价值观才会失去根基。

面对"孔颜乐处"这一命题，貌似贫贱让孔、颜感到快乐。但贫贱有何可乐呢？其实，周敦颐是在说，作为人本应该就是快乐的，这种快乐无关乎外在的富贵还是贫贱。即使处于贫贱的生活中，也能不改变快乐之情。因而，"孔颜乐处"是要人从外在的束缚中跳脱出来，其所达到的"乐"，也就无关乎感官上的欲望满足，而是精神上的完满充实。周敦颐称常人之富贵追求为"小"，孔、颜之快乐为"大"。甚至，在周敦颐看来，真正的富贵应该是："君子以道充为贵，身安为富。"[2]只有树立"求道"的志向之后，才能体会到"孔颜乐处"。

---

① 周敦颐：《通书·颜子》，《周敦颐集》，北京：中华书局，1990年版，第32—33页。
② 周敦颐：《通书·富贵》，《周敦颐集》，北京：中华书局，1990年版，第40页。

这里涉及另外一个问题：孔、颜既不是"乐于贫"，那就是"乐于道"了？事实上，程颐在游太学时，曾作过一篇《颜子所好何学论》，得到当时主持太学的胡瑗的赏识。应该说，程颐的观点与早年从学于周敦颐的经历有很大的关系。其中，程颐说道：

> 圣人之门，其徒三千，独称颜子为好学。夫《诗》、《书》六艺，三千子非不习而通也，然则颜子所独好者，何学也？学以至圣人之道也。①

也就是说，颜子之学非是学文章、学技艺这些知识之学，而是对"道"的探寻。但是，"学以至圣人之道"并不意味着有什么具体的"道"在某个地方待人去学。所以，程颐又曾给学生解释道：

> 鲜于侁问伊川曰："颜子何以能不改其乐？"正叔曰："颜子所乐者何事？"侁对曰："乐道而已。"伊川曰："使颜子而乐道，不为颜子矣。"②

这里，有个简单的逻辑：如果有"道"可乐，那么"道"就是"乐"的对象。"道"一旦成为对象物的存在，那么就还是形而下的"物"，而非形而上的"道"。也就是说，只有打破"主客二分"的思维方式，只有当道与人为"一"而非"二"的时候，才是"乐"的至高境界。用庄子的话来说，就是"至乐无乐"（《庄子·至乐》）；用周敦颐的话来说，又叫作"道充为贵"。只有当"道"内在充满于人身之时，才能感受到"乐"。所以，关于"孔颜乐处"这一命题，"处"字应该读"上声"而非"去声"。读"去声"，意味着"道"在某处（chù），有待主体之人去寻找，这是"有我之境"；读"上声"，意味着"与道为一"，始终处（chǔ）于"乐"的境地，这是"无我之境"。周敦颐本人的人格或可说就达至了这样的境

---

① 程颢、程颐：《二程集》，北京：中华书局，1981年版，第577页。
② 程颢、程颐：《二程集》，北京：中华书局，1981年版，第395页。

界。有人问周敦颐何不除去窗前的杂草，答曰："与自家意思一般。"①看到草就跟看到自己一样，用今天的话来说，这是真正做到了天人合一。

总之，周敦颐通过"孔颜乐处"这一命题，一方面抛弃了佛老隐遁山林、出世修行的生活方式，认为在世俗的人伦事务中同样可以实现人生的价值；另一方面又超越了常人执着富贵利达的人生追求，将人生的终极价值从外在的感官欲求安顿到内在的精神修养之上，从而使得儒学真正走上了"大众化"的发展道路。

## 二、无极而太极

当然，周敦颐之所以能被奉为理学开山之人，不仅是因为在理想人格上开风气之先，更重要的是，在形而上层面建构了一套宇宙论模式。唯有如此，才足以与佛老的形上学对抗。这体现在周敦颐所作的《太极图》和《太极图说》中。

圖 極 太

以上是《太极图》。为了进一步说明《太极图》，周敦颐又用《太极图说》的文字来解释。文字极为简洁洗练，不妨录之如下：

> 无极而太极。太极动而生阳，动极而静，静而生阴。静极复动。一动一静，互为其根；分阴分阳，两仪立焉。阳变阴合，而生水、

---

① 周敦颐：《遗事》，《周敦颐集》，北京：中华书局，1990年版，第82页。

火、木、金、土。五气顺布，四时行焉。五行，一阴阳也；阴阳，一太极也；太极，本无极也。五行之生也，各一其性。无极之真，二五之精，妙合而凝。乾道成男，坤道成女。二气交感，化生万物。万物生生，而变化无穷焉。

惟人也，得其秀而最灵。形既生矣，神发知矣，五性感动，而善恶分，万事出矣。圣人定之以中正仁义，（原注：圣人之道，仁义中正而已矣。）而主静，（原注：无欲故静。）立人极焉。故"圣人与天地合其德，日月合其明，四时合其序，鬼神合其吉凶"。君子修之吉，小人悖之凶。故曰："立天之道，曰阴与阳；立地之道，曰柔与刚；立人之道，曰仁与义。"又曰："原始反终，故知死生之说。"大哉易也，斯其至矣！①

由于周敦颐当时身名不显，故其著作在南宋时就已散佚。今天所看到的《太极图》和《太极图说》，都经过朱熹的重新编订。关于《太极图》和《太极图说》的首句，在南宋和清初引起了极大争议。有人认为，《太极图》源于道教，并非周敦颐所作。有人认为，《太极图说》的首句，并非"无极而太极"而是"自无极而为太极"。退一步来说，即使《太极图》曾受到道教的启发，也不妨碍周敦颐对其做出儒家式的发挥，而应当看成是周敦颐的原创思想。这里，我们倾向于朱熹的观点，认为周敦颐的确作有此图，《太极图说》的首句也当为"无极而太极"。因为如果说作"自无极而为太极"，那么这里就存在着一个时间上的先后问题，即先有"无极"而后才有"太极"。这样，就成了老子的"无中生有"，并不符合周敦颐的本意。至于朱熹将"无极而太极"解释为"无形而有理"，那自然是朱熹理学思维下的个人见解，又另当别论。因为如果将"无极"解释为"无形"，那么"无极"就完全是一形容词，并无实义，又何必要说"无极"呢？这也是后来陆九渊与朱熹的争论所在。（详见第七章）至于今人又用"元气"的观点来解释"太极"，这就与汉儒的观点并无二致，似乎也不足以突显周敦颐的本意。

---

① 周敦颐：《太极图说》，《周敦颐集》，北京：中华书局，1990年版，第3—8页。

　　抛开前人的争论，关于"无极而太极"，这里试做一种解释。首先看"极"，繁体写作"極"，指的是房屋的栋梁，引申为"至高至远"之义。[①]从而，所谓"无极"，也就是没有极点，无边无际、无穷无尽的意思。周敦颐观察宇宙的结论是，宇宙是一无限的存在，本身并没有极点。所以说，"无极"并不是"无形"的意思，而只是"无限"的意思。然而，就是在这广袤的无限宇宙中，存在着某个起着枢纽作用的"极点"。在周敦颐看来，宇宙虽然无限但绝不虚无，虽然浑沦但绝非无序，此中必然蕴含着某种真实存在以为宇宙提供创生的源泉，这就是"太极"。可以说，"无极之无"正在于"太极之有"，"太极之有"又存在于"无极之无"中。至于《太极图说》中所说的"阴阳""五行"都不是有具体对象的实指，而只是一种观念上的抽象。"阴阳"不是一种阳气和一种阴气，"五行"更不是所谓五种物质元素，皆不过是古人理解宇宙模式的一套观念形态。

　　再来看周敦颐在《太极图说》中所要表达的整个宇宙论图式。"无极而太极"，是说在无限的宇宙中，实存着某种具有创生动力的"太极"。由"太极"之创生，必然带来宇宙的生长，周敦颐称之为"阳"。但是这种生长，还有凝合的一面，周敦颐称之为"阴"。所谓"阴""阳"，从字面上来看，就是"日""月"，就是"太阳"和"月亮"。白天为"阳"，夜晚为"阴"。"阝"的本义是"山坡"，太阳照射到的山坡为"阳"，山坡的背面则为"阴"。凡物，有阳必有阴，有阴必有阳。好比，人类有男必有女，有女必有男。男性有阳刚的一面，也有阴柔的一面。女性有阴柔的一面，也有阳刚的一面。但男性以阳刚的一面为主导，女性以阴柔的一面为主导。所以，我们说"阴阳"只是古人理解事物两面性之后抽象出来的观念。需要注意，"阴""阳"貌似对立，但其实统一。如此说来，"动静"也是"阴阳"。而且，既然阴阳同时存在，那么动静也同时存在。所以，周敦颐所说的"动而生阳，动极而静，静而生阴，静极复动"，切不可将动、静理解为宇宙存在在时间上的两个阶段，而是动中有静，静中有动，这又叫作"互为其根"。而"阴阳"相对于"太极"来说，就好比"太极"

---

　　[①] 许慎撰、段玉裁注：《说文解字注》，南京：凤凰出版社，2015年版，第446页。许慎曰："极，栋也。"段玉裁注："引伸之义，凡至高至远皆谓之极。"

的两个翅膀，即"两仪"。"阳变阴合"，"阳"的作用是"变化"，"阴"的作用是"凝合"。"阴阳"再进一步运动，就产生了"五行"。从《太极图》中可以看到，由"阳动""阴静"首先产生的是"火"和"水"。也可以这么来理解，"火"属"阳"，"水"属"阴"。由"水""火"再进一步产生"木""金"，而"土"居其中。再由"五行"的有序组合，就化生出了万物，表现在宇宙运转上，就体现为春、夏、秋、冬的四时交替。而"五行""阴阳""太极"，就其实质而言乃是等同的，并不存在时间上的先与后。这是周敦颐的一大贡献，将对宇宙的理解从以往的生成论转化为本体论。在《太极图》中，可以看到，"太极"始终贯穿于其他各图之中。从"无极而太极"的宇宙创生，到"阴阳""五行"的进一步衍化，才推动了整个宇宙的无限运转，最后回归到"无极"的状态，所以又说"太极本无极"。

再就万物的具体生成而言，五行各以某种特性为主导。从无极的至真存在，到阴阳五行的精致运转，这是一个神妙的凝合过程。由阳而生成男性，由阴而生成女性。阴阳交通感应，从而每一个具体万物本身亦是变化生生以至无穷。至此，周敦颐所勾勒的宇宙论图式表现为：（无极）太极—阴阳—五行—万物。其贡献在于，这是从儒学的立场上首次对形而上的天道问题作出了理论上的回应。

再接下来，周敦颐在万物中特别标异出"人"这一特殊存在物。在他看来，人作为万物中最灵秀的存在，一方面有形体的生长（阳），另一方面有精神的通达（阴）。人内在的五种本性"仁义礼智信"（五行），在外物的刺激下，将产生出善恶的价值分辨。如此，作为人类世界的世间万事也就由此展开了。而唯有圣人才能够做到"中正仁义"这样的价值原则，从而为人类指引终极的价值导向。按照周敦颐的意思，如果说"太极"是"天之极"，那么"圣人"就是"人之极"。如此，圣人与天合一，这既是周敦颐宇宙论的落脚点，也是对儒家传统天人合一观所作出的哲学解释。

### 三、以诚为本

经过上面一整套宇宙论的解释，周敦颐的目的是要为儒家形而下的伦理规范奠定形而上的基础。从对天道的观察，进一步落实到人道，天道的价值就成为人道追求的根源所在。而这一价值根源，周敦颐用"诚"之一字来概括，这主要体现在另一本著作《通书》中。且看周敦颐对"诚"的论述：

> 诚者，圣人之本。"大哉乾元，万物资始"，诚之源也。"乾道变化，各正性命"，诚斯立焉。纯粹至善者也。故曰："一阴一阳之谓道，继之者善也，成之者性也。"元、亨，诚之通；利、贞，诚之复。大哉易也，性命之源乎！①
>
> 圣，诚而已矣。诚，五常之本，百行之源也。静无而动有，至正而明达也。五常百行，非诚，非也；邪暗，塞也。故诚则无事矣。②
>
> 诚，无为；几，善恶。德：爱曰仁，宜曰义，理曰礼，通曰智，守曰信。③

《通书》原名《易通》，可见与《太极图说》一样，有着深厚的易学根源。周敦颐认为，天道表现为一阴一阳之道，本身周流不息，创生万物，是绝对的至善价值根源。至善就体现为天道运行的真实无妄，这就是"诚"。而天道之"诚"又体现为春、夏、秋、冬的四德"元、亨、利、贞"。春之德，为"元"，为生长；夏之德，为"亨"，为通畅；秋之德为"利"，为收获；冬之德为"贞"，为正定。人作为万物之一，也秉承了天之德性，这也是人之德性的性命源头。可见，从李翱开始追寻的性命之道，在周敦颐这里真正找到了天道源头。

---

① 周敦颐：《通书·诚上》，《周敦颐集》，北京：中华书局，1990年版，第13—14页。
② 周敦颐：《通书·诚下》，《周敦颐集》，北京：中华书局，1990年版，第15页。
③ 周敦颐：《通书·诚几德》，《周敦颐集》，北京：中华书局，1990年版，第16页。

然而，在现实的人道秩序中，唯有圣人才体现了"诚"的价值，所以说"诚者，圣人之本""圣，诚而已矣"。圣人将"诚"树立为价值标准，"仁义礼智信"的道德原则皆统一于"诚"，人的一切行为方式都要按"诚"来行事。

至于周敦颐又说："诚，无为；几，善恶。"所谓"无为"并不是"无所作为"，而是不要"胡作非为"。天之道四时运行，是"有为"；而天之道始终四时运行，则是"无为"。相对天来说，人才会有所作为，才会无所不为。天道本身无为，不会赏善罚恶；唯有人在与万物感动时，才会"动而未形、有无之间者，几也"[①]，才会产生善恶的念头。人就需要在"几"处省察自己的恶念。可以看出，周敦颐虽然揭示了人性的至善源头，但并没有忽视现实人性的多样性。对于人性，他说："性者，刚柔善恶，中而已矣。"又说："刚善，为义，为直，为断，为严毅，为干固；恶为猛，为隘，为强梁。柔善，为慈，为顺，为巽；恶为懦弱，为无断，为邪佞。"[②]那么，对于常人偏于刚善、柔善、刚恶、柔恶的人性，都有赖于圣人的教化来校正以达到"中"。在这里，周敦颐把人道的价值根源上溯至天道，又把价值判断的标准还给人道，这也是要树立"圣人"理想人格的原因所在。这样，周敦颐"天人合一"的学问追求，进一步得到了细化。他说："士希贤，贤希圣，圣希天。"[③]也就是说，常人当以士君子为学习榜样，士君子当以贤人为学习榜样，贤人当以圣人为学习榜样，而圣人则达到了与天合一的层次。反观理想人格的古今变迁，原始儒学提倡人要做"君子"，而宋明理学说不仅要做"君子"还应当做"圣人"，而现代社会则提倡人要做"公民"。其实，一个和谐社会的建构，恐怕不仅人人要做"公民"，还要做一个有理想的"公民"。

虽然"圣人"的理想放在今天来看可能失之过高，但周敦颐绝不认为有天生之"圣人"，而是可以通过后天的学习来达至。他说：

---

① 周敦颐：《通书·圣》，《周敦颐集》，北京：中华书局，1990年版，第17页。

② 周敦颐：《通书·师》，《周敦颐集》，北京：中华书局，1990年版，第20页。

③ 周敦颐：《通书·志学》，《周敦颐集》，北京：中华书局，1990年版，第22页。

　　"圣可学乎?"曰:"可。"曰:"有要乎?"曰:"有。"请问焉。
曰:"一为要。一者,无欲也,无欲则静虚、动直,静虚则明,明则
通;动直则公,公则溥。明通公溥,庶矣乎!"①

　　既然圣人是可以学习效仿的,那么有没有具体的方法?此方法,也就
是后世理学家常说的"工夫"。在此,周敦颐指出,具体的方法就是
"一"。所谓"一",就是"无欲";所谓"无欲",并不是没有任何感官欲
望,而是指人的内心不掺杂任何的杂念私欲。如此,才能保持内心的虚、
静状态。所谓"虚",指的是排除个人的主观偏见,好比镜子本身没有尘
埃,才能明察外物。人心亦是如此,只有无欲才能朗现通达外物的境地。
结合现实生活来看,一旦我们的内心受到了外物的牵扰,那我们的心就不
是"一"了,而是"二"了。"二",就是"我"为我,"物"为物,物我
之间就产生了隔阂。而所谓"静",也不可理解为日常生活中动静相对的
静,而是超越具体动静的无分于动静之静。也就是说,当我们既不为外物
的动静表象所牵扰,也摆脱了个人私心杂念意义上的动静之时,才能真正
地随外物之动静而动静,从而才能实现外王事业上的"明通公溥"。值得
一提的是,周敦颐绝非后世所想象的空谈心性者,其治学的最终目标乃是
"志伊尹之所志,学颜子之所学"②。也就是说,周敦颐本人的理想人格依
然是"内圣"与"外王"的统一。

　　综上所述,周敦颐在天道观上给出了一套"无极而太极"的宇宙论模
式,在人道观上确立了"仁义中正"的圣人理想人格,并且为沟通天人而
提出了"诚""静"的修养工夫,从而系统回答了儒家长期失落的"性与
天道"这一形而上问题。由此,周敦颐为此后理学的发展打开了新局面,
被后世尊为"理学开山"之人。

---

① 周敦颐:《通书·圣学》,《周敦颐集》,北京:中华书局,1990年版,第31页。
② 周敦颐:《通书·志学》,《周敦颐集》,北京:中华书局,1990年版,第23页。

# 第三章　张载的气本论

张载（1020—1077年），字子厚，河南开封人。"子厚"二字，源于《易传》："地势坤，君子以厚德载物"。因为张载晚年讲学于陕西眉县横渠镇，故号"横渠"。而陕西古称"关中"，所以张载的学问又被称为"关学"。所谓理学正统"濂、洛、关、闽"四大学派，"濂"指的是周敦颐，"洛"指的是二程，"关"指的就是张载，而"闽"指的则是朱熹。

关于张载，有必要首先介绍一下其个人的学思历程。大致说来，可分为早年、中年、晚年三个时期：

（1）早年时期。张载年轻时熟读兵法，北宋当时正与西夏交战，"关中"正值军事前线。所以，时年二十一岁的张载拜谒时任陕西经略安抚招讨副使的范仲淹，进言用兵之策。而范仲淹"一见知其远器，欲成就之，乃责之曰：'儒者自有名教可乐！何事于兵！'因劝读《中庸》"[1]。在范仲淹的引导下，张载开始转向儒家学问的研究。

（2）中年时期。张载读了《中庸》之后，仍然感到不满足，"又访诸释老之书，累年尽究其说，知无所得，反而求之《六经》"[2]。此一阶段可概括为"出入佛老，归宗六经"。其实，这也是其他理学家共同的学问路径。"知无所得"，是说张载将佛老的理论研究一番过后，发现从佛老那里学不到什么东西，又返回头来研究儒家六经，并逐步确立起了对佛老的

---

① 吕大临：《横渠先生行状》，见张载：《张载集》，北京：中华书局，1978年版，第381页。

② 吕大临：《横渠先生行状》，见张载：《张载集》，北京：中华书局，1978年版，第381页。

批判意识。此一时期，张载与二程相互论学，受二程的影响很大。论亲戚关系，张载是二程的表叔。据说，张载曾在京师开封讲易学，但一天晚上二程来拜访表叔。与二程交流后，张载发现自己对易学的理解不如二程，让学生向二程问学①。关于这段轶事，张载弟子吕大临在编《横渠先生行状》时，曾说这时张载放弃了自己的学问而师事二程。但后来程颐强烈批评吕大临说，要说表叔与自家兄弟论学有相同处是可以的，但如果说表叔曾求学于自己，就是"无忌惮"的说法②。由此事，也可见当时整个思想界不分年齿、地位的论学盛况。而且，他们对自己的论学有着相当的自信，认为他们所讨论的问题高度是前人所不曾达到的，必将载入史册。③

（3）晚年时期。张载思想的成熟期是晚年居横渠镇的七年，这时他才真正摆脱二程的影响，具备了自家的为学规模。据弟子吕大临记述：先生"终日危坐一室，左右简编，俯而读，仰而思，有得则识之，或中夜起坐，取烛以书，其志道精思，未始须臾息，亦未尝须臾忘也"④。由此可见张载为学状况之一斑。可以说，张载与程颢比起来，的确天资要差一些。如果说，程颢的学问是靠体贴、靠讲学，那么张载的学问则主要是靠读书、靠写作。其代表作《正蒙》，正可谓是他学思日进的结晶。后来，程颢也评价表叔的《西铭》，见的道理透彻，自己却写不出来，认为张载是孔孟之后最有见识之人⑤。但在张载身上，给人观感更多的是一个哲学家苦思勤勉的一面，而少常人悠游活泼的一面。所以，当张载将自己的所得，请程颐印证时，程颐评价说："有苦心极力之象，无宽裕温厚之气。"⑥当然，

---

① 程颢、程颐：《二程集》，北京：中华书局，1981年版，第436页。

② 原文为："表叔平生议论，谓颐兄弟有同处则可，若谓学于颐兄弟则无是事。顷年属与叔删去，不谓尚存斯言，几于无忌惮。"（原注：按《行状》，今有两本。一本云："尽弃其学而学焉。"一本云："于是尽弃其学，淳如也。"）见程颢、程颐：《二程集》，北京：中华书局，1981年版，第414—415页。

③ 原文为："伯淳尝与子厚在兴国寺曾讲论终日，而曰：'不知旧日曾有甚人于此处讲此事。'"见程颢、程颐：《二程集》，北京：中华书局，1981年版，第26页。

④ 吕大临：《横渠先生行状》，见张载：《张载集》，北京：中华书局，1978年版，第383页。

⑤ 原文为："问：'《西铭》如何？'曰：'此横渠文之粹者也。'曰：'充得尽时如何？'曰：'圣人也。''横渠能充尽否？'曰：'言有多端，有有德之言，有造道之言。有德之言说自己事，如圣人言圣人事也。造道之言则知足以知此，如贤人说圣人事也。横渠道尽高，言尽醇，自孟子后儒者，都无他见识。'"见程颢、程颐：《二程集》，北京：中华书局，1981年版，第196页。

⑥ 程颐：《答横渠先生书》，见程颢、程颐：《二程集》，北京：中华书局，1981年版，第596页。

这也是张载自身为学气象的特异所在。没有这样的气象，张载也写不出《西铭》，也提不出"为天地立心，为生民立道，为去圣继绝学，为万世开太平"①的胸襟抱负。

至此，提请注意这样一个问题：既然张载的成学规模在二程之后，那么为什么要先讲张载而后讲二程？那是因为按照宋明理学的理论逻辑而言，张载的"气本"比二程的"理本"要相对浅近一层。或可说，张载的气学是描述世界如此如此，但二程的理学是追问如此背后的何以如此。其中原委，等到讲二程再讲，本章先讲张载的哲学观念。

## 一、太虚即气

张载最基础的哲学观念是"太虚即气"，其他的一切观念都由此观念推演而来。从宋儒"性与天道"的问题意识来看，"太虚即气"是宋明理学史上在天道观层面提出的第一个与佛老针锋相对的观念。

### （一）虚与气

佛老天道观的最高观念是"虚"或者"空"，而张载加"太"字于"虚"字之前，构成"太虚"一词。如此，"太虚"就如同"太极""太素""太朴"一样，成了指称宇宙本源的概念，具备了创生宇宙存在的实义。在张载看来，宇宙的存在不可能有一绝对虚无的阶段，而只能始终是绝对的实有。而就"太虚"本义而言，指的是广阔的宇空。对于宇空的观察，虽然变化多端，但总会归为晴天。晴天白天天空湛蓝，晚上星星点点。在张载看来，星星点点之外并不是真的一无所有，而只是看不见罢了。这看不见的，只是不能被直接感知的"气"。而"气"之观念，是包括汉儒在内的儒家理解宇宙的传统观念。"气"，后来写作"氣"，今又简化为"气"。其实，"气"作为本字，乃是象形字，指的正是"云气"②。后来加上"米"字，与人的关系就更切近。至此，也可以看出，"气"与天道的

① 张载：《张载集》，北京：中华书局，1978年版，第376页。
② 许慎撰、段玉裁注：《说文解字注》，南京：凤凰出版社，2015年版，第32页。

"太虚"和人道的生命息息相关。关于"太虚"与"气"的关系，张载有这样一些表述：

> 太虚无形，气之本体，其聚其散，变化之客形尔。[1]
>
> 太虚不能无气，气不能不聚而为万物，万物不能不散而为太虚。[2]
>
> 气之聚散于太虚，犹冰凝释于水。知太虚即气，则无无。[3]

据此，张载的宇宙论模式，可以归结为：太虚→气→万物→太虚。太虚，之所以无形可见，乃是因为这是气的"本体"。这里，"本体"做"本来样子"解。也就是说，"太虚"是气的本来存在状态，又通过"气"的积聚而生成"万物"，"万物"又通过"气"的流散而复归"太虚"。上述引文中，张载反复强调"不能"二字，意味着宇宙的生成运转存在着一种必然性。在宇宙的生成运转中，唯有"气"是真实的存在。"太虚""万物"的关系，就与如同"冰"与"水"的关系一样。它们之间只是存在的形态不同，但其实质都是气。需要注意的是，"太虚即气"的"即"字，有两解：一是"相即不离"；一是用作系词"是"[4]。如前解，禅宗说"烦恼即菩提"，"烦恼"不离"菩提"，"菩提"不离"烦恼"，但两者毕竟是"二"而非"一"。如后解，"即"就是"就是"的意思。很明显，后解更符合张载的本意：在"气"之外，并不存在所谓"太虚"。所以说，"知太虚即气，则无无"。"无无"就是"有"，"太虚"实有，而非"无"，而非佛老之"虚""空"。

所以，在张载的宇宙论中，他强烈抵制所谓的"有无"关系。他说：

---

① 张载：《正蒙·太和篇》，《张载集》，北京：中华书局，1978年版，第7页。
② 张载：《正蒙·太和篇》，《张载集》，北京：中华书局，1978年版，第7页。
③ 张载：《正蒙·太和篇》，《张载集》，北京：中华书局，1978年版，第8页。
④ 前者为牟宗三一系的解释，后者为张岱年一系。见杨立华：《宋明理学十五讲》，北京：北京大学出版社，2015年版，第130页。

《大易》不言有无，言有无，诸子之陋也。①

故圣人仰观俯察，但云"知幽明之故"，不云"知有无之故"。②

也就是说，气作为宇宙的唯一存在，其散为无形，则为"幽"而不可见；其聚为有形，则为"明"而可见。所谓的"幽明"，就不再是"有"与"无"的关系，而皆是"有"，只是"有形可见"与"无形不可见"的区别罢了。对于"无形不可见"或者"无定形"的气之状态，张载又称之为"象"。他说：

所谓气也者，非待其蒸郁凝聚，接于目而后知之；苟健、顺、动、止、浩然、湛然之得言，皆可名之象尔。然则象若非气，指何为象？③

当气凝聚为一定形态时，就会被眼睛所直接感知。但当气尚未凝聚成形时，却同样会"现"出一种"象"。作为"现象"，虽然不能被直接感知，但却能够通过语言传达。可见，"形""象"皆不超出人的经验之外。《易传》说："在天成象，在地成形。"天象更多表现为没有具体形态的不断变化，比如风云、闪电之类。现代汉语"形象"，"形"为有定形，"象"为无定象，"象"又可包含"形"。除此之外，张载又说：

凡可状，皆有也；凡有，皆象也；凡象，皆气也。气之性本虚而神，则神与性乃气所固有，此鬼神所以体物而不可遗也。（原注：舍气，有象否？非象，有意否？）④

当张载用"象"来表示气的存在状态时，"气"就超出了有形之气而

---

① 张载：《正蒙·大易篇》，《张载集》，北京：中华书局，1978年版，第48页。
② 张载：《正蒙·太和篇》，《张载集》，北京：中华书局，1978年版，第8页。
③ 张载：《正蒙·神化篇》，《张载集》，北京：中华书局，1978年版，第16页。
④ 张载：《正蒙·乾称篇》，《张载集》，北京：中华书局，1978年版，第63页。

包括无形之气。而无形之"太虚"作为气的本来存在状态，其本性"虚而神"。人作为一种有形的存在物，除了具有一定的形体形态外，在精神层面也会表现出一定的"象"。这让人很容易联想到孟子所说的"浩然之气"，指的正是人的一种精神状态。所以，人又有"气象"的一面，而"气象"的本质依然还是一种气的表现形态。

可以看出，张载的"太虚""形""象"皆围绕着"气"的观念而展开。从根本上来说，这些立言的所指正是为批判佛老的宇宙论而发。他说：

> 知虚空即气，则有无、隐显、神化、性命通一无二，顾聚散、出入、形不形，能推本所从来，则深于《易》者也。若谓虚能生气，则虚无穷，气有限，体用殊绝，入老氏"有生于无"自然之论，不识所谓有无混一之常；若谓万象为太虚中所见之物，则物与虚不相资，形自形，性自性，形性、天人不相待而有，陷于浮屠以山河大地为见病之说。[1]

在张载看来，如果说"虚能生气"，那么"虚"为无限，"气"为有限，这就会陷入老子所说的"有生于无"。这样，就会把世界割裂为"虚"为"体"、"气"为"用"的两个世界，所谓"体用殊绝"。同样，如果认为"虚"与"万物"分属于两个不同的世界，那么就会认为眼前的世界乃是虚幻的，其背后的另一世界才是真实的。这样，就会走上佛教抛弃现实世界而去寻找另一世界的宇宙论。由此可见，张载与佛老宇宙论的根本区别在于，佛老的宇宙论为二元论，张载的宇宙论为一元论。所以，在宇宙论基础上，张载继续批评佛老的生死观：

> 彼语寂灭者往而不反，徇生执有者物而不化，二者虽有间矣，以言乎失道则均焉。[2]

---

① 张载：《正蒙·太和篇》，《张载集》，北京：中华书局，1978年版，第8页。
② 张载：《正蒙·太和篇》，《张载集》，北京：中华书局，1978年版，第7页。

在佛教看来，真正的解脱之人，死后将往生"极乐世界"，而不再返回"轮回"中受苦。这在张载看来，叫作"往而不反"：既然"虚""气"一体，那么就不存在另外一个"虚"的极乐世界，也就无须去追求。在道教看来，通过后天的修炼，将会求得"长生不老"。这在张载看来，叫作"物而不化"：既然"气"不得不散为太虚，那么长生就是不可能的，也就不值得去追求。由此，张载的生死观指向的是："生死"皆为气的存在形态。生命的意义就只能在现实世界中求，而且生命的意义也只能在现实生命的有限性中实现。对于生死的不同态度，关涉着人的终极关怀问题。如果将终极关怀寄托在彼岸世界，那么难免会放下对现实人伦责任的承担。而如果生命可以是无限的，人真的可以不死，那么人又何必去寻求人生的意义呢？又何必去为善去恶呢？这同样会造成人伦秩序的破坏。

（二）气与化

如上所述，"太虚即气"的宇宙论是面对佛老"虚""空"的形上学而发，最终指向的乃是对佛老生死观的批判，与这一观念同时并行的是"气化"的观念。如果说，"太虚即气"解决的是宇宙存在的本源问题；那么，"气化"解决的则是宇宙运转的动力问题。张载说：

> 由太虚，有天之名；由气化，有道之名。[1]
> 气坱然太虚，升降飞扬，未尝止息，《易》所谓"絪缊"，庄生所谓"生物以息相吹"、"野马"者与！此虚实、动静之机，阴阳刚柔之始。浮而上者阳之清，降而下者阴之浊，其感通聚结，为风雨，为雪霜，万品之流形，山川之融结，糟粕煨烬，无非教也。[2]
> 一物两体，气也；一故神，（原注：两在故不测。）两故化，（原注：推行于一。）此天之所以参也。[3]
> 两不立则一不可见，一不可见则两之用息。两体者，虚实也，动

---

① 张载：《正蒙·太和篇》，《张载集》，北京：中华书局，1978年版，第9页。
② 张载：《正蒙·太和篇》，《张载集》，北京：中华书局，1978年版，第8页。
③ 张载：《正蒙·参两篇》，《张载集》，北京：中华书局，1978年版，第10页。

静也，聚散也，清浊也，其究一而已。①

张载将宇宙的本源归结为气，同样将宇宙的动力也归结为气。由气的内在动力，必然带来整个宇宙的运转变化。此一变化过程，张载称之为"道"。气本身为"一"，其中蕴含了"两"：虚实、动静、聚散、清浊等。"一物两体"，指的是一气之中蕴含着两个对立面。有"一"必有"两"，"两"而方能"化"、必能"化"，"化"而能成"一"、必成"一"。"一"为"体"，"两"为"用"。没有"两"的作用，就不会凝结为"一"，就不会有万物个体的存在；同样，没有"一"的存在，"两"的作用也终不可得到体现。整个气的变化过程，既神秘不可测又神妙不可言，张载称之为"神"。而"两"何以能化？张载又引入了"感"的观念。他说：

感即合也，咸也。以万物本一，故一能合异；以其能合异，故谓之感；若非有异则无合。天性，乾坤，阴阳也，二端故有感，本一故能合。②

张载通过"一"的观念，强调了宇宙整体的统一性。正是因为万物本一，从而相异的事物可以感而合一。然而，整体的"一"并不意味具体万物的完全等同，而是其中又蕴含了"两"的对立性。如果抹煞了万物的差异，那么万物之间的相感就无从谈起，从而也不能合一。张载通过"两"的观念，强调了事物之间的差异性。当然，张载所说的"两"既包括事物之间的对立统一，又包括事物内部的对立统一。相对立的两面之所以能够统一，乃是由"两"之间的"感"而实现的。所谓"感"，可以从两个层面来理解：

一是"太和之感"。就宇宙整体而言，其存在本身就是感而互通的，从而表现为"太和"的存在状态。所以，《正蒙》开篇就说"太和所谓

① 张载：《正蒙·太和篇》，《张载集》，北京：中华书局，1978年版，第9页。
② 张载：《正蒙·乾称篇》，《张载集》，北京：中华书局，1978年版，第63页。

道"①。而就此"和"的状态而言，又可称之为"至静无感"②。所以"无感"，是因为"太和之感"是不能被人的感官所感知的，一旦感知到"感"的存在，就失去了"和"的状态。现实的生活实例告诉我们，当我们能感受到呼吸的状态时，就意味着我们的气息已经不和了。"和"不仅是宇宙整体本来的存在状态，而且也是事物之间发展的终极趋势。张载说："气本之虚则湛一无形，感而生则聚而有象。有象斯有对，对必反其为；有反斯有仇，仇必和而解。"③不仅事物内部是"一物两体"，而且万物个体之间也是无有独立而两体相对。相对则必然意味着差异互反，差异互反则必然意味着对立矛盾，然矛盾的对立又终将达成和解和统一。

二是"物交客感"。张载说："有识有知，物交之客感尔。"④所谓"客"，也就是"外来"。就事物之间而言，能够实现互相交流，是因为分享了共同的气。但是，事物之间存在着一个主客关系。一物为主，则另一物为客，主客相遇、相感、相通则为"物交客感"。就人与物之间的关系而言，当两者相交感通时，才会产生人对事物的识与知，类似于今人所谓的感性认识与理性认识。凡是万物不相遇，则无感；凡是相遇而无感，则两物不可相通。

对于"气化"的过程，张载又用"变""化"两个概念来加以区分。他说：" '变则化'，由粗入精也；'化而裁之谓之变'，以著显微也。"⑤宇宙的无间连续性运转为"化"，但"化"到一定阶段就产生暂时间断性的裁断，此称之为"变"。"变"为"著变"，为可见，为粗；"化"为"渐化"，为不可见，为微。没有"化"的观念，就无法理解万物的运动无止息。没有"变"的观念，就无法解释万物的暂时有定形。由此，张载总结"神"与"化"的关系为：

① 张载：《正蒙·太和篇》，《张载集》，北京：中华书局，1978年版，第7页。
② 张载：《正蒙·太和篇》，《张载集》，北京：中华书局，1978年版，第7页。
③ 张载：《正蒙·太和篇》，《张载集》，北京：中华书局，1978年版，第10页。
④ 张载：《正蒙·太和篇》，《张载集》，北京：中华书局，1978年版，第7页。
⑤ 张载：《正蒙·神化篇》，《张载集》，北京：中华书局，1978年版，第16页。

神，天德；化，天道。德，其体；道，其用。一于气而已。[①]

在张载看来，作为创生功能的气本身是神秘而又神妙的，其中蕴含了天的内在德性。由天的内在德性，必然体现为气之变化流行。天之德，作为天的内在本性乃是"体"；气之化，作为气的变化作用乃是"用"。所谓"一于气而已"，是说不管是"体"也好，还是"用"也好，皆是"气"之体用，而非佛老的"体用殊绝"。

综上所述，张载的宇宙论以"气"为核心，向上推有宇宙的本源"太虚"，往下推有宇宙的运转"气化"。由"气化"流行而衍生出"道"的观念。就"气化"的共时展开而言，有"一"与"两"的对立统一。就"气化"的历时过程而言，有"著变"与"渐化"的显微区别。就"气化"的内在本性而言，有"神"的观念，由"神"的观念而体现出"天德"的宇宙价值观念。

二、天地之性与气质之性

由"太虚即气"的观念，张载进入对人性问题的思考。人性论是儒家哲学的核心问题之一，在宋明理学之前，已有诸多争论。但从形而上的层面来思考人性，却是受到了佛教的极大刺激。比如，前面李翱的"复性说"就是典型。但是，李翱的复性说带有强烈的佛教痕迹。所以，朱熹说：

此（气质之说）起于张程。某以为极有功于圣门，有补于后学，读之使人深有感于张程，前此未曾有人说到此。如韩退之《原性》中说三品，说得也是，但不曾分明说是气质之性耳。性那里有三品来！孟子说性善，但说得本原处，下面却不曾说得气质之性，所以亦费分疏。诸子说性恶与善恶混。使张程之说早出，则这许多说话自不用纷

① 张载：《正蒙·神化篇》，《张载集》，北京：中华书局，1978年版，第15页。

争。故张程之说立，则诸子之说泯矣。①

需要注意的是，应该说张载的人性论是在与二程的交流中，共同提出来的，可以看成是互相影响、互相启发。但两者又侧重不同，下文再论。至于朱熹说"起于张程"，所谓"起于"，是说此前的儒家人性论皆没有很好地解决人性问题，直到张载和二程才将这一问题解决。对于人性的看法，传统儒家基本上是从"生之谓性"的角度来展开的。如孔子说"性相近，习相远"（《论语·阳货》），就将人性理解为生而有之的天性，而要解释人的后天行为的差异性，孔子又引入了"习"的观念。虽然孟子明确反对过告子"生之谓性"的说法，但同样承认"形色，天性也"（《孟子·尽心上》），同样重视后天环境对人性的影响，如他说："富岁子弟多赖，凶岁子弟多暴。"（《孟子·告子上》）至于荀子有"化性而起伪"（《荀子·性恶》）的说法更是同样不出孔子"性—习"的理解框架。只是，孟子强调人的本性不仅有对物质欲求的一面，还有仁义道德的一面，所以性善；荀子强调人性本恶，所以需要后天的礼法熏习而矫正为善。至于后来的各种性有善有恶、性善恶混、性三品，要么偏向于"性"，要么偏向于"习"，皆没有将人性视为形而上的存在。只有到了唐代的李翱这里，才将人性视为形而上的存在。而到了张载、二程这里，不仅将人的本性视为形而上的存在，而且开始引入"气"的观念来思考人性问题。

在人性问题上，张载首先批判告子："以生为性，既不通昼夜之道，且人与物等，故告子之妄不可不诋。"②所谓"不通昼夜之道"，是说没有"气化"的观念，从而将人性视为生而有之的不变实体，从而看不到人性的后天活动意义；所谓"人与物等"，是说同样没有"气化"的观念，就看不到气化的厚薄、清浊等不同从而生成了人性与动物之性的区别。进而，根据张载的气本论，宇宙万物皆是"气"，人自然也是"气"。但"气"既有太虚的无形状态，又有气化的有形状态，前者造就了"天地之性"，后者形成了"气质之性"。所以，张载说："合虚与气，有性之

---

① 黎靖德编：《朱子语类》卷四，北京：中华书局，1986年版，第70页。

② 张载：《正蒙·诚明篇》，《张载集》，北京：中华书局，1978年版，第22页。

名。"①这里的"虚"指的就是"天地之性"的"虚而神",所谓"气"在这里特指的是"气质之性"。如张载举例说,冰与水,其本质皆为气,但一旦水凝结为冰就会带上坚固、寒冷等这些水所没有的特性。就现实的人而言,只要气化流行为人,就会形成每个人的"气质之性"。生而为人,首先,每个人的形体各不相同。其次,每个人的脾气、智愚也各不相同,俗言"性子急""性子缓"之类。由此,作为人的气质之性就不可完全归结为后天的"习"。但是,不论现实的人有多大的差异性,其共同点皆是"人"。要完整地理解人性,就不仅要看到有"气质之性"的差异性,而且更要看到"天地之性"的共同性。人的"天地之性",来源于"太虚";人的"气质之性",来源于"气化"。而由于"气化"是可变的,"气化"又将最终返回"太虚",所以张载又说:"形而后有气质之性,善反之则天地之性存焉。故气质之性,君子有弗性者焉。"②正是由于"气化"的可变,所以"气质之性"是可变的;正是由于"气化"将最终返回"太虚",所以"气质之性"又有可能复归"天地之性"。而君子之为君子就在于不将"气质之性"领会为自己的本性,而要通过主动的"善反"工夫以找回本来的"天地之性"。

在以上的分殊基础之上,张载对人性的两面做了不同的价值判断。他说:

> 湛一,气之本;攻取,气之欲。口腹于饮食,鼻舌于臭味,皆攻取之性也。③

按照张载的理路,秉承了太虚的"天地之性",为人的本性,为纯善无恶。而以口腹、鼻舌等形体为载体的"气质之性",则会形成向外物攻取的欲望,但这并不是绝对恶的存在,而是可善可恶的。所以,在张载这里,人性是一个未完成的过程。他尤其重视《易传》中"成之者性也",

---

① 张载:《正蒙·太和篇》,《张载集》,北京:中华书局,1978年版,第9页。
② 张载:《正蒙·诚明篇》,《张载集》,北京:中华书局,1978年版,第23页。
③ 张载:《正蒙·诚明篇》,《张载集》,北京:中华书局,1978年版,第22页。

尤其重视人在现实生活中通过"善反"的工夫来不断"变化气质"以复归本性。张载所说的"反"，即"返"，也即"复"。《易传·复卦》说："不远复，无祗悔"，按照张载的理解，"善反"不需要去到太远的地方来求，只需要返回人自身的本性之中。这种"善反"的思路，也即李翱"复性"的思路。那么，"善反"的工夫又是何以可能的呢？张载又引入了"心"的观念。他说：

　　合性与知觉，有心之名。①

　　如上所述，张载虽然将人性分殊为"天地之性"与"气质之性"，但他认为君子不以"气质之性"为"性"，而应该主动将"天地之性"领会为"性"。所以，当张载单用"性"字时，指的就是"天地之性"。而所谓"知觉"，本来是指以五官为代表的人身所具有的感知功能，亦即"气质之性"的体现。但是，人的身体功能的发挥又要受到人心的统领，所以"知觉"又可归属为"心"的功能。"合性与知觉"，就是将"天地之性"与知觉功能合起来，方才成为"心"。也可以说，与五官指向人身之外的外物不同，人心的知觉对象乃是人心内在的"性"。所以张载一再说："心能尽性。"②这种由心而性的理路，也是孟子"尽心知性知天"的理路。

　　由此可见，张载十分重视在"心"上做工夫。他说："变化气质与虚心相表里。"③又说："知礼成性。"④所谓"虚心"与"成心"相对，"成心者，私意也"⑤，也就是人的主观偏见。所谓"知礼"，也就是自觉遵守社会规范。如果说，变化气质主要偏向于在外在行为上做"知礼"的增长工夫，那么虚心主要针对在内在自心上做减损的工夫。另外，张载说还要辅之以"六经循环"⑥的读书工夫，方能完成复归于天地之性。

---

　　① 张载：《正蒙·太和篇》，《张载集》，北京：中华书局，1978年版，第9页。
　　② 张载：《正蒙·诚明篇》，《张载集》，北京：中华书局，1978年版，第22页。
　　③ 张载：《经学理窟·义理》，《张载集》，北京：中华书局，1978年版，第274页。
　　④ 吕大临：《横渠先生行状》，见张载：《张载集》，北京：中华书局，1978年版，第383页。
　　⑤ 张载：《正蒙·大心篇》，《张载集》，北京：中华书局，1978年版，第25页。
　　⑥ 张载：《经学理窟·义理》，《张载集》，北京：中华书局，1978年版，第277页。

### 三、德性之知与见闻之知

张载哲学体系的最后一对范畴是"德性之知"与"见闻之知"。从今人的观点来看，这属于知识论的问题。但需要强调的是，中国哲学的知识论并不等同于西方"主客二分"思维下的知识论。在中国哲学领域中，作为认知的对象不仅包括外物而且包括人自身，不仅包括"取物"的知识，而且包括"自省"的知识。张载所开发的这一对范畴又与人性论层面的"天地之性"与"气质之性"相对应。

关于"见闻之知"。张载说：

> 人谓己有知，由耳目有受也；人之有受，由内外之合也。知合内外于耳目之外，则其知也过人远矣。[①]
>
> 耳目虽为性累，然合内外之德，知其为启之之要也。[②]

常人所说的"知识"，属于来源于耳目感官的认知。张载认为，人如果能开发自己的耳目，就会具备过人的"见闻之知"。从耳目的功能上来说，耳目是打通"内外"（物与己）界限的一把钥匙。可见，张载并不排斥一切的"见闻之知"。但与"德性之知"相比，则"见闻之知"的局限性就会立马突显出来。关于两者的关系，张载说：

> 大其心则能体天下之物，物有未体，则心为有外。世人之心，止于闻见之狭。圣人尽性，不以见闻梏其心，其视天下无一物非我，孟子谓尽心则知性知天以此。天大无外，故有外之心不足以合天心。见闻之知，乃物交而知，非德性所知；德性所知，不萌于见闻。[③]

---

[①] 张载：《正蒙·大心篇》，《张载集》，北京：中华书局，1978年版，第25页。
[②] 张载：《正蒙·大心篇》，《张载集》，北京：中华书局，1978年版，第25页。
[③] 张载：《正蒙·大心篇》，《张载集》，北京：中华书局，1978年版，第24页。

张载指出，"见闻之知"有赖于与物相交。如此，物无穷，而耳目有穷。所以，"见闻之知"，不可能认知事物的无限性。而且，受见闻的影响，人心内在的德性将会受到干扰。从现实生活来看，一个人的知识与一个人的德性并不一定成正比。一个小孩或者一个文盲，他的德性并不比一个满腹经纶的知识分子更少。与"见闻之知"相比，"德性之知"的优越性体现在两个方面：第一，"德性之知"为每个人所固有，不依赖于外在事物而成立，因而即使可能被"见闻之知"所暂时蒙蔽，但并不会丧失。只需返回自心，德性就会显现。第二，与"见闻之知"的可善可恶相比，"德性之知"根源于人的至善本性，所以能够提供价值判断的标准。"见闻之知"只有在"德性之知"的统领下，才能发挥其正当的价值。所以，张载才会说要"大其心"。唯有"大其心"，才能开发人之本性的内在价值。

## 四、民胞物与

宋明理学有着一套极强的理论思辨，但在理论思辨的背后又渗透着对宇宙人生极强的现实关怀。或可说，人生的境界是宋明理学所达成的终极目标。尤其在张载这里，他的哲学体系十分清晰，概念思维十分精准，其人生境界同样十分高明。理论可以说，而境界不可说。境界虽不可说，但可以通过文字的"象"来表达。张载的境界论，集中体现在《西铭》[①]一文中。原文如下：

> 乾称父，坤称母；予兹藐焉，乃混然中处。故天地之塞，吾其体；天地之帅，吾其性。民吾同胞，物吾与也。大君者，吾父母宗子；其大臣，宗子之家相也。尊高年，所以长其长；慈孤弱，所以幼吾幼。圣其合德，贤其秀也。凡天下疲癃残疾、惸独鳏寡，皆吾兄弟之颠连而无告者也。于时保之，子之翼也；乐且不忧，纯乎孝者也。

①《西铭》原名《订顽》，后经程颐建议定名。见程颢、程颐：《二程集》，北京：中华书局，1981年版，第418页。与《西铭》相对的是《东铭》，《东铭》原名《砭愚》，即《正蒙》中的《大心篇》。从"正蒙""订顽""砭愚"这些词来看，都可见张载极强的卫道意识。

违曰悖德，害仁曰贼；济恶者不才，其践形，唯肖者也。知化则善述其事，穷神则善继其志。不愧屋漏为无忝，存心养性为匪懈。恶旨酒，崇伯子之顾养；育英才，颍封人之锡类。不弛劳而底豫，舜其功也；无所逃而待烹，申生其恭也。体其受而归全者，参乎！勇于从而顺令者，伯奇也。富贵福泽，将厚吾之生也；贫贱忧戚，庸玉女于成也。存，吾顺事；没，吾宁也。[①]

在张载看来，人根源于天，天地是人的父母。人生天地间，是一极渺小的存在。充塞天地之间的气给出了人的形体，同时也就给出了人的本性。其他的人与物并不是与我无关的存在，万民乃是我的同胞，万物乃是我的朋友，我的生命就体现在其他生命之上。所以，万物皆是我的体现，作为我就应该在与他人休戚与共的意义上承担应尽的责任。富贵福泽将会长养我的身体，贫贱忧戚将会助我成就更好的自己。尽了自己的人伦本分，就会放下个人的生死而淡然处之，活着的时候不过是做好自己的事情，临死也就能安顿好自己的心灵了。对于《西铭》，也许最好的研究方法就是诵读。读得多了，自然能感受其中的力量。

---

① 张载：《正蒙·乾称篇》，《张载集》，北京：中华书局，1978年版，第62—63页。

# 第四章 程颢的理本论

　　程颢与其弟弟程颐，合称"二程"，是宋明理学的真正奠基者。在宋明儒学复兴的理论建构中，周敦颐以"无极而太极"建构了第一个儒家式的宇宙论图式，张载以"气"为本建构了第一个堪与佛老相对立的儒家哲学体系。然而，周敦颐的学问虽被后世追认为"濂学"，但周敦颐本人名声不彰，影响不大；张载的学问虽被后世追认为"关学"，但张载远在横渠镇讲学，且过世后其弟子大都追随二程学习。尤其是在理论上，张载的气本论一方面批判佛老，拒绝吸收佛老的思想；另一方面在二程看来，其理论不够透彻，依然受到佛老的影响。从当时思想界的实况来看，真正形成学派影响力的当属"洛学"。"洛学"不仅有二程两人，而且有一大批弟子追随。当时与"洛学"并驾的，尚有司马光的"涑水学派"、苏轼的"蜀学"、王安石的"新学"。体现在政治上，"洛学"为"洛党"，与司马光同列，与苏轼对立。而"新学"则为"新党"，居于意识形态地位，又与以上两党对立。宋室南渡以后，"洛学"方渐居主流。

　　二程为河南伊川人，哥哥程颢（1032—1085年），字伯淳，学者称"明道先生"；弟弟程颐（1033—1107年），字正叔，学者称"伊川先生"。宋明理学史上，兄弟二人合称"二程"，但其实在思想上二人有着诸多的差异。要研究二程，当先从两者的同异问题谈起。

## 一、二程同异

说到同的一方面，不仅兄弟二人，而且二程与张载，甚至与周敦颐、邵雍都有同的一面。广义上来说，"北宋五子"之同，在于其学问都是"儒学"，都是要为儒学确立"形而上"的根据；具体到"二程"之同，在于兄弟二人皆将儒学的形而上基础确立为"理"。程颐曾经也说，自己的学问是从哥哥这里来的，自己的讲学也是要宣明哥哥的思想。现存的《二程集》中，很多语录都记载为"二先生语"，可以说很多思想难分彼此。但思想的价值所在，往往体现在相异的一面，而非相同的一面。而且，思想上的不同，又往往直观地表现为性格上的差异。反之，也可以说，二程在性格上的差异造就了他们思想上的差异。这些差异，可以通过一些具体的事例来说明。

（1）二人的性格差异在刚出生时就已显露出来。据说，其母亲曾预言老大将来进士及第，而老二则一辈子只是个处士。程颢一考即中，做过中央和地方的小官。程颐虽考中，但不愿意做官，认为"做官夺人志"[1]。

（2）二人早年在周敦颐"孔颜乐处"的启发下，就确立了"求道"之志。但程颢说："某自再见周茂叔后，吟风弄月以归，有'吾与点也'之意。"[2]在寻"孔颜乐处"中，程颢体会到的是，春意的盎然；而程颐作有《颜子所好何学论》，其中表现出的则是概念的思辨。

（3）程颢在世时就对弟弟说过："异日能使人尊严师道者，吾弟也。若接引后学，随人材而成就之，则予不得让焉。"[3]其意思是："我的优点在因材施教，能把学派发扬光大的则在弟弟你。"程颢善用启发式教学，弟子谢良佐说话喜好旁征博引，程颢点拨说："贤却记得许多。"[4]谢当下汗滴。弟子朱公掞见程颢，归而谓人："在春风中坐了一个月。"[5]程颐治

---

① 程颢、程颐：《二程集》，北京：中华书局，1981年版，第166页。
② 程颢、程颐：《二程集》，北京：中华书局，1981年版，第59页。
③ 程颢、程颐：《二程集》，北京：中华书局，1981年版，第346页。
④ 程颢、程颐：《二程集》，北京：中华书局，1981年版，第427页。
⑤ 程颢、程颐：《二程集》，北京：中华书局，1981年版，第429页。

学更谨严，有名的"程门立雪"①就发生在弟弟身上。

（4）程颢给弟子的印象是"坐如泥塑人，接人则浑是一团和气"②。有点孔子"望之俨然，即之也温"（《论语·子张》）的意思。兄弟二人同去赴宴，有歌妓助兴，程颐拂袖而起，程颢尽欢而归。第二天，程颐责问程颢，答曰："昨日座中有妓，吾心中却无妓。今日斋中无妓，汝心中却有妓。"③弟弟自谓不及。弟子们跟随老师二人入寺讲学，过门槛时，与大程同走一边，小程自走一边。论学不合时，程颢说"更有商量"，程颐则直接说"不然"④。

（5）程颢为学高明，为人风趣，最受人景仰。程颐为学笃实，严于律己，易与人争论。程颢生活中处处诗意，如《偶成》："云淡风轻近午天，望花随柳过前川。旁人不识予心乐，将谓偷闲学少年。"⑤又如《春日偶成》："闲来无事不从容，睡觉东窗日已红。万物静观皆自得，四时佳兴与人同。道通天地有形外，思入风云变态中。富贵不淫贫贱乐，男儿到此是豪雄。"⑥程颢的诗不雕琢，而能让人体会自然之美，生活之闲与乐；不说理，而能让人体会其中自有理在。邵雍过世时，嘱托程颢撰墓志，劝诫程颐："面前路径须令宽，路窄则自无著身处。"⑦程颢过世后，程颐经司马光、吕公著、韩绛推荐，任崇政殿说书，为年少的哲宗皇帝授课。讲课时，他要求太皇太后垂帘监督；要求讲官坐讲，以培养小皇帝"尊儒重道"之心；⑧要求皇帝远离宫女、太监，亲近大臣。小皇帝课下折枝，程颐训斥："方春发生，不可无故摧折。"⑨他与苏东坡争论，祭奠不可食

---

① 程颢、程颐：《二程集》，北京：中华书局，1981年版，第429页。

② 程颢、程颐：《二程集》，北京：中华书局，1981年版，第426页。

③ 冯梦龙：《古今谭概·迂腐部第一》，北京：中华书局，2007年版，第15页。

④ 程颢、程颐：《二程集》，北京：中华书局，1981年版，第416页。

⑤ 程颢、程颐：《二程集》，北京：中华书局，1981年版，第476页。

⑥ 程颢、程颐：《二程集》，北京：中华书局，1981年版，第482页。

⑦ 黄宗羲：《宋元学案·百源学案上》，《黄宗羲全集》第三册，杭州：浙江古籍出版社，2005年版，第442页。

⑧ 程颢、程颐：《二程集》，北京：中华书局，1981年版，第340页。

⑨ 程颢、程颐：《二程集》，北京：中华书局，1981年版，第342页。

肉。①自认谨礼四五十年，"日履安地，何劳何苦?"②晚年受新党排挤，被贬至涪陵。放归时，过江风大，舟人失色，程颐端坐不动。岸上老父问曰："达后如此，舍后如此?"③你是看透生死而后做到的，还是强行把捉自己而做到的? 据弟子称，先生晚年"乃更平易"④。

从以上二人的性格差异中，可以看出，程颢为学更为圆融、宽厚，程颐则更为严谨、笃实，所以后来朱熹评价："明道弘大，伊川亲切。"⑤从宋明理学的发展脉络来看，没有程颢，就没有理学的真正开创；没有程颐，就没有理学的未来展开。今天说宋明理学，所谓"理学"，就是由兄弟二人所奠基的。本章先看程颢的理论贡献。

## 二、何谓"明道"

程颢过世后，当时太师文彦博题其墓表曰"明道先生"。"明道"二字，意味着儒家之道到了程颢这里方才真正显明。有意思的是，如此高的评价，竟然得到了当时思想界的一致认可。要理解明道先生之为"明道"，可以从两个方面来看：一是"破"的方面，一是"立"的方面。所谓"破"，是说程颢对儒学之外其他学问的批判所达到的高度和深度是前所未有的，从而真正扭转了当时思想界的风气。所谓"立"，是说在程颢的理论自觉中，宋明理学的逻辑架构和话语体系才得以真正建立。

从"破"的方面来看。程颢对当时思想界进行了全面性的批判，综合其言论，可以体现为以下几个方面：

（1）对汉唐学术的批判。在"宋初三先生"那里，已经将学问的风气从佛老扭转到对儒学经典的研习之上。但何谓真正的儒学，还有待于更深层面的思考。程颢说："今之学者，歧而为三：能文者谓之文士，谈经者

---

① 程颢、程颐：《二程集》，北京：中华书局，1981年版，第416页。
② 程颢、程颐：《二程集》，北京：中华书局，1981年版，第8页。
③ 程颢、程颐：《二程集》，北京：中华书局，1981年版，第445页。
④ 程颢、程颐：《二程集》，北京：中华书局，1981年版，第346页。
⑤ 黄宗羲：《宋元学案·伊川学案下》，《黄宗羲全集》第三册，杭州：浙江古籍出版社，2005年版，第784页。

泥为讲师，惟知道者乃儒学也。"①程颐也说："后之儒者，莫不以文章、治经术为务。文章则华靡其词，新奇其意，取悦人耳目而已。经术则解释辞训，较先儒短长，立异说以为己功而已，如是之学，果可至于道乎？"②也就是说，儒学的真正内涵在其"道"而非其"言"，"道"是超越文章、训诂之上的精神传统。

（2）对司马光、王安石的批判。这两人身居宰相之职，是当时政坛风口浪尖的人物。但在程颢看来，依然不曾见道。

对于司马光，程颢说：

> 今日卓然不为此学者，惟范景仁与君实耳，然其所执理，有出于禅学之下者。③

唐代创立的禅宗是最典型的中国化佛教宗派，后来又"一花开五叶"，分出沩仰、临济、曹洞、法眼、云门五大流派，风行于北宋的士大夫阶层。程颢说，当时唯有像司马光（字君实）和范镇（字景仁）这样有操守的人才能不被禅学蛊惑。但司马光的学问还不及禅学，很多道理都说不通。

对于王安石，程颢说：

> 然在今日，释氏却未消理会，大患者却是介甫之学……如今日却要整顿介甫之学，坏了后生学者。④

当时"洛党"与"新党"之争，并不是要不要改革的问题。从范仲淹的"庆历新政"开始，改革就被提上了议程。但王安石（字介甫）的改革方式急功近利，二程和司马光对于改革的态度则相对保守。从"熙宁变

---

① 程颢、程颐：《二程集》，北京：中华书局，1981年版，第95页。
② 程颢、程颐：《二程集》，北京：中华书局，1981年版，第580页。
③ 程颢、程颐：《二程集》，北京：中华书局，1981年版，第25页。
④ 程颢、程颐：《二程集》，北京：中华书局，1981年版，第38页。

法"的事功成效来看，"新学"自然属于儒学"外王"的一面。但问题是，儒学复兴的根基在"内圣"，此属于"体"，"外王"属于"用"。如若两相颠倒，"外王"的功利化导向，就会构成对"内圣"精神的直接损害。

（3）对佛教的批判。除了儒学内部的分歧之外，能够在精神层面对儒学构成挑战的当属佛老，其中又以当时流行的禅宗更为深刻。程颢时常感叹：

> 昨日之会，大率谈禅，使人情思不乐，归而恨怅者久之。此说天下已成风，其何能救！古亦有释氏，盛时只是崇设像教，其害至小。今日之风，便先言性命道德，先驱了知者，才愈高明，则陷溺愈深。在某，则才德卑薄，无可奈何它。然据今日次第，便有数孟子，亦无如之何。[1]

程颢对禅宗的风行深有感触，王安石、苏轼都受禅宗影响极深。佛教中国化过程中，一开始只是在大众化层面被推崇，危害相对较小。但禅宗在理论上通过性命道德之言，把聪明之士都吸引过去了，可以说危害已到了骨髓之中。儒家的道理极为朴素，越是天分高的人越不喜欢，天分越高的人越是喜欢玄妙高深之学。异端的危害不仅体现在大众化层面的受众多寡，更体现在理论化层面的程度深浅。程颢常说："杨、墨之害，甚于申、韩；佛、老之害，甚于杨、墨。"[2]申、韩的理论在于刑名法术，危害显现在制度层面。杨朱"拔一毛利天下而不为"，是极端的利己主义，墨翟"尚同""兼爱"，是极端的利他主义，危害显现在社会层面。这些道理不可能普遍化，因为是说不通的。而佛老自有一套圆融的理论体系，其危害已经深入人心，已经在"道"的层面对儒家文化传统构成了挑战。所以程颢说，即使孟子复起，亦不能奈它何。要清除佛教的危害，就要找到佛教的要害之处。程颢批判佛教说：

---

① 程颢、程颐：《二程集》，北京：中华书局，1981年版，第23页。
② 程颢、程颐：《二程集》，北京：中华书局，1981年版，第138页。

佛学只是以生死恐动人。可怪二千年来，无一人觉此，是被他恐动也。圣贤以生死为本分事，无可惧，故不论生死。佛之学为怕生死，故只管说不休。[①]

佛教的人生观，有个最基本的说法，叫作"一大事因缘"。在佛教看来，人生最紧要的事，就是生死的解脱问题。但其实"生死"的问题，在佛教的落脚点在于一"死"字。"死"对于有限的人生来说，是永远无法克服的"终极关怀"问题。今人还说"大限将至"，就是说死亡快要来临了。为了解决这一终极问题，佛教将人生领会为"苦"。佛教所谓"四谛"——"苦、集、灭、道"——的原点就在于一"苦"字。面对在世之"苦"的无法超越，佛教强调要发"出离心"，要"大智慧到彼岸"。因而在佛教看来，人生在世的人伦事务是痛苦的根源所在，只有抛家弃子，只有出世修行，才能解决生死问题。

同样是面对生死问题，儒家则很坦然，如孔子说："未知生，焉知死。"（《论语·先进》）在儒家这里，有生必有死，生才是最紧要的事，而死只是本分之事。前面范仲淹说"忧"，到了周敦颐、程颢这里说"乐"。可以说，儒家与佛教从对人生的基本观法这里，就已经分道扬镳。同样是面对"生"的有限性，但儒家认为，作为人只能在人伦事务中生存，尽了人伦的本分就实现了人生的价值。现实生活中，凡是越强调的，说明越是缺少。具体到生死问题，只有看不破生死的人，才只管把生死问题挂在嘴边说不休。当看破生死之后，生死也就不构成问题了。在理论的顶点，与"生死"相关的是"有无"问题。如老子经常谈"无"，而孔子则不谈"无"。王弼在分判孔、老优劣时说："圣人体无，无又不可以训，故不说也。老子是有者也，故恒言无所不足。"[②]只有看不到"无"，才以"无"为言。如此说来，儒家的确比佛老更高一层，但道理却显得很朴素。

那么，要彻底摆脱佛老的危害，光凭道理的朴素，是不能解决问题

---

① 程颢、程颐：《二程集》，北京：中华书局，1981年版，第3页。

② 何邵：《王弼传》，见王弼撰、楼宇烈校释：《王弼集校释》，北京：中华书局，1980年版，第639页。

的。要真正驳倒佛老，还必须在理论上把朴素的道理往上推进一层。所以，程颢明确指出：

> 今异教之害，道家之说则更没可辟，唯释氏之说衍蔓迷溺至深。今日是释氏盛而道家萧索。方其盛时，天下之士往往自从其学，自难与之力争。惟当自明吾理，吾理自立，则彼不必与争。①

一旦把佛老的理论研究透了，再去批判他，就已经被他所化了。要真正实现儒学的复兴，就必须从正面来建构属于儒家自有的一套理论体系。所谓"自明吾理""吾理自立"，展示了程颢相当程度的理论自觉，也可以看成是在理论上明确儒学复兴方向的口号式宣言。在程颢看来，当儒家的理论建构起来之后，佛老自然也就不攻自破了。

当然，就程颢本人的治学历程而言，他不可能不研究佛老，也不可能不受到佛老的影响。但关键是，程颢借用了佛教的思维方式之后，而又从根本上颠覆了佛老的理论。程颐在为其兄所作的《明道先生行状》中写道：

> 先生为学：自十五六时，闻汝南周茂叔论道，遂厌科举之业，慨然有求道之志。未知其要，泛滥于诸家，出入于老、释者几十年，返求诸《六经》而后得之。②

泛滥百家、出入佛老、反求六经，是理学家一贯的治学途径。张载如此，朱熹、陆九渊、王阳明也无不如此。不同的是，张载虽然批判佛老，但完全拒绝佛老，结果是没有达到佛老的高度。而程颢则是消化佛老之后，在理论的高度和思想的深度上皆比佛教更进一层。程颐又评价其兄：

> 周公没，圣人之道不行；孟轲死，圣人之学不传。道不行，百世

---

① 程颢、程颐：《二程集》，北京：中华书局，1981年版，第38页。
② 程颐：《明道先生行状》，见程颢、程颐：《二程集》，北京：中华书局，1981年版，第638页。

无善治；学不传，千载无真儒……先生生千四百年之后，得不传之学于遗经，志将以斯道觉斯民。①

儒家政统在周公之后已沦丧，"圣""王"分离，"政""教"异途；儒家道统在孔孟之后也已断裂，为佛老所侵占。道统的观念在韩愈、李翱那里已经发轫，但他们的道统地位却没有获得后世的公认。而程颢出来之后，才真正接续了儒家的道统。这并非程颐的门户之见，也非对其兄的溢美之词，而是中国哲学史上的思想事实。在理学家心目中，孔孟之后，唯有董仲舒"正其谊不谋其利，明其道不计其功"和韩愈的《原道》方得议论之正，但唯有程颢才担得起"明道"二字。

以上是从事实的外部来介绍程颢的哲学史地位。但是，要明了"明道"的内涵，还必须深入程颢哲学的观念内部。正因为后世理学的思维模式和话语体系皆由程颢所奠基，程颢方得以担负起"明道"二字。

三、体贴天理

如果要问程颢所明儒家之道为何？那么，最直接而又明确的回答就是"理"或者"天理"。这是程颢的孤明先发。程颢曾说："吾学虽有所受，天理二字却是自家体贴出来。"②要理解程颢的思想，首先面对的就是"天理"二字。正如程颢所说，"天理"乃是"自家体贴"出来的。"自家"是说，这是很私人化的东西，是与他人说不得的；"体贴"是说，与生活的体验息息相关，而不是理论思辨的结果。所以，从根本上来说，要理解"天理"，还是需要"自家体贴"。但作为一种哲学观念的解读，也不碍乎做出理论上的说明。

关于"理"，《说文》说："理，治玉也。从玉，里声。"③可见，"理"的本义为动词，指的是切磋玉石的工夫，今人还以"治理"二字连用。但

---

① 程颐：《明道先生墓表》，见程颢、程颐：《二程集》，北京：中华书局，1981年版，第640页。

② 程颢、程颐：《二程集》，北京：中华书局，1981年版，第424页。

③ 许慎撰、段玉裁注：《说文解字注》，南京：凤凰出版社，2015年版，第25页。

切磋玉石，必须按照玉石本身的纹路来切磋。玉石本身的纹路，又是玉石之理，所以"理"又可作名词用。以此类推，如"纹理""肌理""腠理""条理"等，指的都是事物内在的某种秩序与规律。在程颢之前，"理"是日常生活中的常用字。但到了程颢这里，在"理"前加了一个"天"字，这就上升到了形而上的高度。关于"天"字，《说文》说："天，颠也。至高无上，从一大。"①"天""颠"叠韵为训，本义指的是人的头顶。人的头顶是人所看不到的位置，因而又具有神秘性。因其神秘，而又具有权威性。但这种神秘、权威，在程颢这里并没有走向原始的宗教崇拜。他说："天，理也。神者，妙万物而为言者也。帝者，以主宰事而名。"②所谓"天""神""帝"，不再是上古所理解的某种人格神，而是就其功能而言的自然神，这里渗透着强烈的理性精神。"天"不过是天本身运行的规律，"神""帝"皆是天之规律性运行而带来的自然而然的功能。"天理"二字合言，一切形而下的事物之理，皆得到了形而上的证明，当然也就为儒家的伦理规范奠定了形而上的根据。那么，到底何谓"天理"？程颢说：

> "生生之谓易"，是天之所以为道也。天只是以生为道，继此生理者，即是善也。善便有一个元底意思。"元者善之长"，万物皆有春意，便是"继之者善也"。"成之者性也"，成却待它万物自成其性须得。③

由此可见，程颢是站在"生"的角度来观察"理"的。"生"是《易传》的传统，"理"是程颢的发明。"以生言理"，意味着程颢将世界的创生性（"生"）乃至统一性（"生生"）皆理解为"理"。因而，"理"就其根据而言，来源于天，不受人为的干扰；就其价值而言，无所偏私，所以是"善"。这种创生性和统一性，用孟子的话来说，就是"一本"。所谓"一本"，就是说作为最高的哲学观念，一方面可以解释一切，另一方面可

---

① 许慎撰、段玉裁注：《说文解字注》，南京：凤凰出版社，2015年版，第1页。
② 程颢、程颐：《二程集》，北京：中华书局，1981年版，第132页。
③ 程颢、程颐：《二程集》，北京：中华书局，1981年版，第29页。

以为一切提供价值根据。所以，程颢才对"天理"如此论说：

> 天理云者，这一个道理，更有甚穷已？不为尧存，不为桀亡。人得之者，故大行不加，穷居不损。这上头来，更怎生说得存亡加减？是他元无少欠，百理具备。①
>
> 万物皆只是一个天理，己何与焉？……此都只是天理自然当如此。②

"更有甚穷已"，是说天理本身是无限的；"更怎生说得存亡加减"，是说天理普遍存在于万物万事之中；"元无少欠"，是说天理完满自足，内含万物万事之理。"万物皆只是一个天理"，是说万物万事之理皆统一于"天理"；"己何与焉"，是说天理客观实存，无关乎人为的干预，当然也无关乎人为的认知与否。总之，"天理"是自存自为的终极根据。

正因为"天理"是世界统一性的根据所在，所以天理不仅能解释一切善的现象，而且也应当解释一切恶的现象。程颢说：

> 事有善有恶，皆天理也。天理中物，须有美恶，盖物之不齐，物之情也。但当察之，不可自入于恶，流于一物。③
>
> 天下善恶皆天理，谓之恶者非本恶，但或过或不及便如此，如杨、墨之类。④

前文说天理作为世界创生的根据，其价值为"善"。但天本身并没有善恶的价值判断，一旦天有意为善，那就是恶了。其实，善恶的价值观念皆由人所带来，没有人，也就没有所谓的善恶观念。比如，老鼠、蚊子之类，从人的角度来看，是恶的；但从天的角度来看，也有它存在的合理

---

① 程颢、程颐：《二程集》，北京：中华书局，1981年版，第31页。
② 程颢、程颐：《二程集》，北京：中华书局，1981年版，第30页。
③ 程颢、程颐：《二程集》，北京：中华书局，1981年版，第17页。
④ 程颢、程颐：《二程集》，北京：中华书局，1981年版，第14页。

性。同样，天一旦生人，就不再干预人为的活动，所以才有善事恶事的发生。但作为人，却有主动的反思能力，能够判别善恶，能够扬善去恶。就人的本性来说，继天而来，乃是善的。但人性的实现，却有待于后天的修成。循此本性而修，改正恶，依然是善。在程颢看来，所谓恶，不过是善的缺失罢了。

而程颢之所以能体贴出"天理"，又与他的思维方式密不可分。这一思维方式，的确受到了佛老的启发，但又有着《易传》的儒学文本支撑。程颢说：

> 《系辞》曰："形而上者谓之道，形而下者谓之器。"又曰："立天之道曰阴与阳，立地之道曰柔与刚，立人之道曰仁与义。"又曰："一阴一阳之谓道。"阴阳亦形而下者也，而曰道者，惟此语截得上下最分明。元来只此是道，要在人默而识之也。[①]

在程颢看来，"阴阳"属于形而下的层面。因为"阴阳"是"气"，属于"器"的两种属性。作为"气"，属于物质性的存在，无论可见的"形"或不可见的"象"，都不存在于人的经验之外。也就是说，"形而下"是能够被人的感官所把捉的。唯有"道"才超越了具象的形而下而上升到形而上的层面。这形而上层面乃是超越了具体感官的先验存在，所以只能是通过人的"默识"来体贴。由默识而得到的形而上者，既然超越了形而下的现实世界，就只能属于观念世界的产物。但作为观念的超越存在，并不意味着绝对的空无，只是不能被感官所把捉而已，其本身又是实存的。比如说，张三是"人"，李四是"人"，张三与李四皆消亡了，但"人"却始终存在。这个桌子坏了，那个桌子坏了，但"桌子"却始终存在。而且，只要"桌子"存在，又可以创造出各种具象的桌子。再比如说，各种艺术创作本身是观念的虚构，但带给人的喜怒哀乐却又是无比的真实。

程颢对"形而上"的分辨，为儒家的思维方式打开了一个新的思考空间。自此以后，"形而上—形而下"就成了理学最基本的思维架构。从思

---

① 程颢、程颐：《二程集》，北京：中华书局，1981年版，第118页。

维方式上来说，这的确有取于玄学和佛教的"体用"观念。关于"体用"观念，玄学家王弼说："万物虽贵，以无为用，不能舍无以为体也。"①禅宗的祖师慧能也说："即定是慧体，即慧是定用。"②对"体"与"用"、"形而上"与"形而下"的分判，张载也有论述。但在张载那里，"形而上"指的是"形以前"，"形而下"指的是"形以后"，这是由气化而带出的时间上的先后观念。但程颢明确说："体用无先后。"③这一区别，可以简示如下：

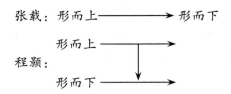

一旦挂搭着时间而言，就落入了形而下的层面。而作为超越时空的形而上层面，乃是与形而下当下一体的，一有俱有。从而，在程颢这里，所谓"体"与"用"、"形而上"与"形而下"只能是观念上的区别，在现实世界中是"一"而不是"二"，是不可割裂的。所以，他又说：

> 形而上为道，形而下为器，须着如此说。器亦道，道亦器，但得道在，不系今与后，己与人。④

"须着如此说"，是说要理解这个世界，必须从观念上将其区别开来。但回到现实世界中，并不存在两个世界。虽然形上界超越存在，但此种超越并不是"孤立性"超越，而是"关联性"超越。与佛教将世界区分为"此岸"与"彼岸"的两个世界不同，程颢认为只有一个世界。但在此一个世界之中，可以区别为形而上的"道"层面和形而下的"器"层面。这

---

① 王弼撰、楼宇烈校释：《王弼集校释》，北京：中华书局，1980年版，第94页。
② 慧能：《坛经·定慧品》，见郭鹏校释：《坛经校释》，北京：中华书局，1983年版，第26页。
③ 程颢、程颐：《二程集》，北京：中华书局，1981年版，第119页。
④ 程颢、程颐：《二程集》，北京：中华书局，1981年版，第4页。

一区别，可以简示如下：

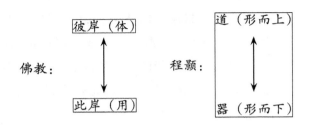

一方面，程颢说在观念世界中要区分形而上、形而下两个层面；另一方面，又紧接着说在现实世界中这两个层面是合而为一的。话语的背后，可以想见程颢既受到了佛老体用思维方式的刺激，又时刻担心着会陷入佛老体用为二的境地。从而，程颢的说法总是显得很圆融。这种圆融的表达方式，可以理解为程颢思想的圆融，也可以理解为程颢的性格使然。但不排除这样一种可能：那就是，必须注意到，这种圆融的表达方式背后，始终有着以佛老为参照系的隐忧在起作用。当然，也必须认识到，受到旧有理论的牵制，任何一种理论的创新在其建构初期都有着无法摆脱的阵痛。

### 四、生之谓性

在本体论问题上，程颢将儒家之道明确为"天理"，这是程颢最突出的理论贡献。而在人性论问题上，程颢赞同"生之谓性"的说法，甚至还有"性有善恶"的表达，这似乎与后人心目中的理学家形象背道而驰。其实不然。只有深入程颢的语境之中，方能理解他为什么如此说。也只有先理解了程颢的人性论，才能理解程颐的人性论与之不同之处。程颢人性论的问题意识同样来源于对佛教人性论的隐忧。且看程颢对人性论说的起点：

> 伯淳先生尝语韩持国曰："如说妄说幻为不好底性，则请别寻一个好底性来，换了此不好底性着。道即性也。若道外寻性，性外寻

道，便不是。圣贤论天德，盖谓自家元是天然完全自足之物，若无所污坏，即当直而行之；若小有污坏，即敬以治之，使复如旧。所以能使如旧者，盖为自家本质元是完足之物。若合修治而修治之，是义也；若不消修治而不修治，亦是义也；故常简易明白而易行。禅学者总是强生事。至如山河大地之说，是他山河大地，又干你何事？至如孔子，道如日星之明，犹患门人未能尽晓，故曰'予欲无言'。如颜子，则便默识，其他未免疑问，故曰'小子何述'，又曰'天何言哉？四时行焉，百物生焉'，可谓明白矣。若能于此言上看得破，便信是会禅，也非是未寻得，盖实是无去处说，此理本无二故也。"①

前文指出，在程颢的思维中，世界只有一个。他批评"禅学总是强生事"，是说佛教总认为眼前看到的现实世界是不真实的，是"假有"；非要去现实世界背后寻找另一个所谓的"实相"世界。而程颢说，眼前的世界就是真实的世界，只能就着现实世界本身去认识世界，否则就是自己给自己找事情。这种思维方式，倒是相当于西方近现代"现象学运动"的口号："面向事情本身"。所谓"面向事情本身"，就是说，现象的背后并无所谓的"本质"。如果借用西方哲学"存在"与"本质"的概念来说，程颢的世界观既不是"本质先于存在"，也不是"存在先于本质"，毋宁说是"存在即本质"。

程颢将"一本"的本体论贯彻到对人性问题的理解中，世界只有一个，人性也只有一个。现实世界之外，并不存在另一个彼岸世界，现实的人性之外也不可能还存在一个本质的人性，如佛教所说的"佛性"。人性并非佛教所说的是"幻妄"，而是有着"天"的真实根源。程颢说"道即性也"，这来源于《中庸》所说的"天命之谓性，率性之谓道"。只有循着现实的人性，才能回复人性的自足本质。如果人性不曾污坏，率性而为就可以了。如果人性污坏了，也只需要就着这污坏的人性本身来修治，不可能重新找一个好的人性来将其代替。可以看出，程颢一方面对人性的本质相当乐观，另一方面又对现实人性的阴暗相当重视。只有正视了人性的多

① 程颢、程颐：《二程集》，北京：中华书局，1981年版，第1页。

样性，才不至于把对人性的理解推向另外一个世界。

明确了程颢认识人性的起点是现实的人性，才能够理解为什么程颢并不反对"生之谓性"的说法。他说：

> "生之谓性"，性即气，气即性，生之谓也。人生气禀，理有善恶，然不是性中元有此两物相对而生也。有自幼而善，有自幼而恶，是气禀有然也。善固性也，然恶亦不可不谓之性也。盖"生之谓性"，"人生而静"以上不容说，才说性时，便已不是性也。凡人说性，只是说"继之者善"也，孟子言人性善是也。夫所谓"继之者善"也者，犹水流而就下也。皆水也，有流而至海，终无所污，此何烦人力之为也？有流而未远，固已渐浊；有出而甚远，方有所浊。有浊之多者，有浊之少者。清浊虽不同，然不可以浊者不为水也。如此，则人不可以不加澄治之功。故用力敏勇则疾清，用力缓怠则迟清，及其清也，则却只是元初水也。亦不是将清来换却浊，亦不是取出浊来置在一隅也。水之清，则性善之谓也。故不是善与恶在性中为两物相对，各自出来。此理，天命也。顺而循之，则道也。循此而修之，各得其分，则教也。自天命以至于教，我无加损焉，此舜有天下而不与焉者也。①

需要指出的是，前引文说"道即性也"，此引文说"气即性，性即气"，看似前者是从形而上层面说性，后者是从形而下层面说性，互相矛盾，其实不然。说"道即性也"，是说形而上的"道"离不开现实的人性；说"气即性"，是说形而下的气构成了现实的人性。程颢解释说，凡说人性，只能在形而下的层面来说，只能就人生以后来说。人在未出生之前，尚未有人的存在，就更谈不上人性了。作为形体的人是禀气而生的，气从根本上又是由理创生的。结合程颢的理有善恶论，气也有善有恶，所以人性也是有善有恶的。善、恶皆是人性，这是从人性的事实角度立论。但是，要从人性的价值角度立论，只能如孟子所言"人性善"。因为不仅人

---

① 程颢、程颐：《二程集》，北京：中华书局，1981年版，第10—11页。

就其本质而言是可以向善的，而且作为一种理论的倡导，唯有宣扬性善论才可以将人导向为善的道路；如果宣扬性恶论，就很可能会让人对人性抱着自暴自弃的态度，从而为现实的为恶行为寻找理论借口。

面对现实的人性，程颢用水、流做比喻：不论清水、浊水都是水，喻指不论善性、恶性都是人性；清水、浊水混而为一，喻指善、恶并不是完全对立的两种人性；对于浊水需要加澄治之功，喻指人需要通过后天的修行以回复性善。这善性是人所本有的，不是从外面所加给的，就像大舜拥有天下都是性分中事，不是旁人所赐给的一样。可见，程颢始终重视现实的人性，所以他并不反对"以生言性"的观念，生怕把人性的本质理解为人之外的存在物。

当然，鉴于孟子对"生之谓性"的批评，程颢对这一命题也不是全盘接受，而是做了一定程度的改造。或者说，程颢所理解的"生之谓性"并非完全等同于告子所言的有生之后就形成的固定的形色天性。他说：

> 告子云"生之谓性"则可。凡天地所生之物，须是谓之性。皆谓之性则可，于中却须分别牛之性、马之性。是他便只道一般，如释氏说蠢动含灵，皆有佛性，如此则不可。"天命之谓性，率性之谓道"者，天降是于下，万物流形，各正性命者，是所谓性也。循其性而不失，是所谓道也。此亦通人物而言。循性者，马则为马之性，又不做牛底性；牛则为牛之性，又不为马底性。此所谓率性也。人在天地之间，与万物同流，天几时分别出是人是物？"修道之谓教"，此则专在人事，以失其本性，故修而求复之，则入于学。若元不失，则何修之有？是由仁义行也。则是性已失，故修之。"成性存存，道义之门"，亦是万物各有成性存存，亦是生生不已之意。天只是以生为道。①

程颢说"告子云'生之谓性'则可"，"可"字意味着程颢对这一命题的态度是有保留的接受。为什么接受？前面说，程颢的人性论是从本体论而来，在本体论上程颢认为，所谓"天理"是世界创生的终极根据，万物

---

① 程颢、程颐：《二程集》，北京：中华书局，1981年版，第29—30页。

都是被天理创生的，人也是被天理创生的。因而，"生之谓性"意味着一个普遍性的命题。不仅牛有牛之性，马有马之性，人也有人之性，所以"性"字可以"通人物而言"。那么，为什么是有保留的接受？因为，简单地谈"生之谓性"就不能将牛之性、马之性、人之性区别开来，否则就流入了佛教所说的万物皆有佛性，就不仅会抹煞人与物的区别，而且会抹煞现实人性的差异。从现实的层面来看，牛的本性是"负重"，马的本性是"致远"，人的本性有的丧失了，有的不曾丧失。对于牛，就要发挥其负重的本性，对于马就要发挥其致远的本性，而对于人就要发挥其"仁义"的本性。所以，程颢说"天命之谓性，率性之谓道"，都是人与物通说的。但"修道之谓教"，则专指人性而言。在程颢看来，牛、马本身不存在教与不教的问题，唯有人才具有主体性。正是因为有主体性，才有可能丧失本性，从而才有修与不修的问题。所以，如果只谈"生之谓性"，就取消了人的道德主体性。在"生之谓性"的基础上，还必须进一步来谈《易传》中所说的"成性存存"。质言之，人性的发挥是一个未完成的过程，是需要通过后天修行的"存"才可"成"的。但"成性"从根本上来说，还是将人的本性发挥出来，还是"率性"而来，"继天"而来。总而言之，程颢对人性有两个角度的理解：一是"生"，一是"存"。"生"是说，人性是由天生的；"存"是说，人性是由人成的。也可以统合来说，人性是"天生人成"的。但必须注意，人又是天生的。所以，从本体论的角度来说，"生生之谓道"；从人性论的角度来说，也可以说"生生之谓人"。程颢对人性的理解，始终离不开"生生"的观念。

## 五、定性识仁

在人性论方面，程颢还有一篇重要的文章，亦即《定性书》。这篇文章的写作缘由，是由张载问"定性未能不动，犹累于外物"而来。文章中，程颢自称"小子"，应该是很年轻时所作。按照二程与张载的论学关系，应当看成是张载向程颢问学的阶段。具体推断的话，当时张载很可能是四十岁左右，因为孟子说"四十不动心"（《孟子·公孙丑上》）。而张载到了这个年龄尚未做到"不动心"，方有此问。如果这个推断成立的话，那程颢当时应该是二十八岁左右，因为张载比程颢大十二岁。后来朱熹解释说，所谓"定性"就是"定心"，①应当是正确的。因为能不能做到"定性"，是通过"心"的动与不动来完成的。这里，附录这篇文章如下：

承教，谕以定性未能不动，犹累于外物，此贤者虑之熟矣，尚何俟小子之言！然尝思之矣，敢贡其说于左右。

所谓定者，动亦定，静亦定，无将迎，无内外。苟以外物为外，牵己而从之，是以己性为有内外也。且以性为随物于外，则当其在外时，何者为在内？是有意于绝外诱，而不知性之无内外也。既以内外为二本，则又乌可遽语定哉？

夫天地之常，以其心普万物而无心；圣人之常，以其情顺万物而无情。故君子之学，莫若廓然而大公，物来而顺应。《易》曰："贞吉悔亡。憧憧往来，朋从尔思。"苟规规于外诱之除，将见灭于东而生于西也。非惟日之不足，顾其端无穷，不可得而除也。

人之情各有所蔽，故不能适道，大率患在于自私而用智。自私，则不能以有为为应迹；用智，则不能以明觉为自然。今以恶外物之心，而求照无物之地，是反鉴而索照也。《易》曰："艮其背，不获其身，行其庭，不见其人。"孟氏亦曰："所恶于智者，为其凿也。"与其非外而是内，不若内外之两忘也。两忘则澄然无事矣。无事则定，定则明，明则尚何应物之累哉？

圣人之喜，以物之当喜；圣人之怒，以物之当怒。是圣人之喜怒，不系于心而系于物也。是则圣人岂不应于物哉？乌得以从外者为非，而更求在内者为是也？今以自私用智之喜怒，而视圣人喜怒之正为如何哉？夫人之情，易发而难制者，惟怒为甚。第能于怒时遽忘其怒，而观理之是非，亦可见外诱之不足恶，而于道亦思过半矣。

心之精微，口不能宣；加之素拙于文辞，又吏事匆匆，未能精虑，当否佇报，然举大要，亦当近之矣。道近求远，古人所非，惟聪

① 黎靖德编：《朱子语类》卷九十五，北京：中华书局，1986年版，第2441页。

明裁之！①

张载的问题是，在日常生活中，常常被外物牵引，所以做不到"定性"。众所周知，"定"本是禅宗热衷的话题，所谓"定体慧用"的关系。但是，儒家文献《大学》中也说："知止而后有定，定而后能静，静而后能安，安而后能虑，虑而后能得。"程颢首先回答，所谓"定"，无分于动静，不仅静时需要定，而且动时也需要定。所以，"定"不仅是既不主动向外攀援外物，也不主动向内拒绝外物，而且更为根本的是，所谓"外物"也是不存在的。从人性的角度来说，物永远不可能存在于人性之外，也就是"内外一本"。如果不能认识到这一点，那么定性就无从谈起。

那么，取消了物的独立性是否就意味着取消了己与物的内外关联性，人就是不应于物的无情存在物呢？当然不是。天地生物本来无所偏心，圣人应物也是无所有情。"无情"，不是说不与外物接触，不是说没有喜怒哀乐。圣人能够做到无情，是因为能够顺着万物的本性来认识万物。"廓然而大公"，是说把自心放大，做到没有私心。后来张载"大心说"的提出，与此不无关联。而常人做不到定性，是因为人性被遮蔽了，由此体现在人情上就是"自私而用智"。"自私"就是强行压制自己不与外物接触，就会因不去应物而无所作为；"用智"就是将自己的主观偏见强加于外物，就会因违背外物的本性而不能自然应物。总之，不能放下自我，就不能通达外物。

而如何定性的方法，程颢的主张是"内外两忘"。这就是说，既要认识到外物是自己的一部分，又要认识到自我也是有待超越的，进而打破内外的界限。放下了内外之别，方能忘物、忘我而无事，才能使己心像明镜一样照见外物。程颢进而指出，对于常人而言，"怒"之情是最难克制的。当然，克怒不是说取消怒而不发动，而是说当怒发动之时，要在己与物的关联照察中体会怒的当理与否。当能够认识到怒的不当性，就能够做出正确的情感反应了，也就达到了"定"。反之，物之当喜则喜，物之当怒则

---

① 程颢：《答横渠张子侯先生书》，见程颢、程颐：《二程集》，北京：中华书局，1981年版，第460—461页。

怒。圣人之所以看似无情，不是因为圣人真的无情，而是因为圣人之情皆合于理。

在程颢的思想中，与"定性"受到后人同等推崇的观念还有"识仁"一说。如果说，"定性"是就着张载的问题发挥而来。那么，接下来的"识仁"则完全是程颢自得的问题意识。而且，"识仁"在今天的社会，其生命力更是历久弥新。

"仁"是儒家最有特色的观念。孔子之后，"仁"始终被儒家视为最重要的处世准则。当今学界，有些学者认为"儒学"可径直称之为或最核心的就是"仁学"①。为了认清程颢"识仁"的独特贡献，先必须从总体上对孔子所说的"仁"有一基本认识。所谓"仁"，从字形上看，"从人从二"，也就是说，只有在"二人"的关系性角色中，才能理解"仁"，所以"仁"不是一独立自存的概念，其本身是不可定义的。《论语》中，孔子也是应着学生不同的提问而有不同的回答。但从观念层面上来说，"仁"不越乎于一伦理观念。比如，孔子答弟子樊迟问仁，曰"爱人"。（《论语·颜渊》）《中庸》进一步记录孔子的话说："仁者，人也，亲亲为大。"孟子也说："仁也者，人也。"（《孟子·尽心下》）合而言之，仁发源于父母与子女之间的亲亲之爱，再将此爱推展至对他人的爱。当然，孟子更将此爱推展至对万物之爱上，所谓"亲亲而仁民，仁民而爱物"。（《孟子·尽心上》）但这些传统的说法，皆与程颢所理解的"仁"有着很大距离。后人常将程颢下面的这段语录视为《识仁篇》：

　　学者须先识仁。仁者，浑然与物同体。义、礼、知、信，皆仁也。识得此理，以诚敬存之而已，不须防检，不须穷索。若心懈则有防，心苟不懈，何防之有？理有未得，故须穷索。存久自明，安待穷索？此道与物无对，大不足以名之，天地之用皆我之用。孟子言"万物皆备于我"，须"反身而诚"，乃为大乐。若反身未诚，则犹是二物有对，以己合彼，终未有之，又安得乐？《订顽》意思，乃备言此体。

---

① 如李幼蒸的《仁学解释学》（北京：中国人民大学出版社，2004年版），陈来的《仁学本体论》（北京：生活·读书·新知三联书店，2014年版）。

以此意存之，更有何事？"必有事焉而勿正，心勿忘，勿助长"，未尝致纤毫之力，此其存之之道。若存得，便合有得。盖良知良能元不丧失，以昔日习心未除，却须存习此心，久则可夺旧习。此理至约，惟患不能守。既能体之而乐，亦不患不能守也。①

"识仁"之"识"，当然不是今天所说的"认识"，用程颢的话来说，就是"体贴""默识"。"仁者"也不可理解为某一认识到"仁"的存在者，即不是特指具备了"仁"之品质的某人，或者"仁"之第一义不能这么来理解。而是，从形而上的层面说作为本体的"仁"，亦即"仁体"。为什么？因为程颢说"浑然与物同体"，在形而下的层面人与物是不可能同体的。正是因为有形而上层面"仁体"的存在，"义礼智信"才皆是"仁"，进而才有可能有形而下层面某一具体"仁者"的产生。所以接下来，程颢又是"识得此理"如何如何，这就转到了在形而下的层面如何做工夫以存养此"仁体"不失的问题。获得了这样的理解，就能看出孔子所说的"仁"是在形而下的伦理层面来说，程颢所说的"仁"是从形而上的本体层面来说，这是两者最大的区别。

那么，在形而上的层面，作为本体的"仁"到底如何理解呢？程颢说：

> 所以谓万物一体者，皆有此理，只为从那里来。"生生之谓易"，生则一时生，皆完此理。人则能推，物则气昏，推不得，不可道他物不与有也。人只为自私，将自家躯壳上头起意，故看得道理小了他底。放这身来，都在万物中一例看，大小大快活。②

原来，万物之所以一体，是因为皆由天理而来。天理生生不息，在生人的同时，也生出了物。从本体的层面看，人与物具有同等的价值。作为人，就要放倒自己，将自己与万物等而视之。所以，程颢对于"仁"的理

---

① 程颢、程颐：《二程集》，北京：中华书局，1981年版，第16—17页。
② 程颢、程颐：《二程集》，北京：中华书局，1981年版，第33—34页。

解，与前文所说的"理""性"，都是从"生生"的角度来论说，这是程颢一以贯之的观念。当能够在形而上的层面"识仁"，就能够"识理""识性"，而且能识得万物之性，能识得自家本性，由此带来"大乐""快活"的生命体验。

由此，程颢认为传统的"天人合一"说并不透彻。因为当我们说"天人合一"的时候，首先在观念上就已经将"天"与"人"对立起来了，然后才有"合"与"不合"的问题。在程颢看来，"天人本无二，不必言合"①，在本体的层面，天、人本来就是合一的，甚至也不必说"体天地之化"。程颢说："言体天地之化，已剩一体字，只此便是天地之化，不可对此别有个天地。"②所谓"此"，就是指"当下"。从时空的形而下束缚中跳脱出来之后，人本身就处于天地之化中，只是人不能将此理推扩出去而已。程颢用了一个形象的比喻：

> 天地安有内外？言天地之外，便是不识天地也。人之在天地，如鱼在水，不知有水，直待出水，方知动不得。③

人与天地的关系，就像鱼与水的关系。鱼在水中，自得其乐；人处天地，相融无二。在此，人即天地，天地亦即人，人是万物，万物亦是人，我是人，人亦是我。人与天地的关系，就像呼吸一样，当你感觉到自己在呼吸的时候，你的呼吸就已经不畅了。人与万物的关系，可以说是同呼吸，共命运，休戚与共，息息相关。程颢所理解的"天人合一"，真正打破了内外、彼此、物我的分别。这已经超越了形而下的伦理、政治层面的"天下大同"，达到了形而上的宇宙层面的"浑然与物同体"，已经超越了语言之所能传达。当然，程颢之所说，皆是既得后的境界，非常人入手之门径。

对于这种境界的体验，程颢又结合生活的事例来形容：

---

① 程颢、程颐：《二程集》，北京：中华书局，1981年版，第81页。
② 程颢、程颐：《二程集》，北京：中华书局，1981年版，第18页。
③ 程颢、程颐：《二程集》，北京：中华书局，1981年版，第43页。

医家以不认痛痒谓之不仁，人以不知觉不认义理为不仁，譬最近。①

医书言手足痿痹为不仁，此言最善名状。仁者，以天地万物为一体，莫非己也。认得为己，何所不至？若不有诸己，自不与己相干。如手足不仁，气已不贯，皆不属己。故"博施济众"，乃圣之功用。仁至难言，故止曰"己欲立而立人，己欲达而达人，能近取譬，可谓仁之方也已。"欲令如是观仁，可以得仁之体。②

"仁"是什么是不可说的，只能通过"譬"，也就是"比喻"的方式来传达。根据医学实践和生活常识，当我们身体部位的某一感官坏死之时，知觉缺失了，也就是常说的"麻木不仁"。麻木了，作为一体的身体就不能贯通了，就失去了痛痒的知觉，就好像这个感官不是自己的一样了。生活经验，当你感受到痛痒的时候，你的病也就快好了。当然，程颢所说"知觉"的对象，并不就是指身体性的感官，而更主要指的是人性所面对的"义理"。人若不识为人处世的道理，就是一个不仁之人。这样说，不是说程颢抛弃了身体化的具象，而是将身之"小体"提升到心之"大体"的层面。如同小体的官能正常运转一样，大体的官能是将天地人物贯通起来，所以说"心要在腔子里"③，"满腔子是恻隐之心"④。当认识到他人与自己同属一体之后，自然而然就会将自己与他人贯通起来看，才会有"利他"的伦理行为。所以，程颢说孔子所说的"博施济众"，只是在说"仁"的功用，而不是说"仁"的本体。就"体用"之分来说，程颢明确指出："'孝弟也者，其为仁之本与！'言为仁之本，非仁之本也。"⑤在程颢的语境中，所谓"为仁"，乃是一动宾结构。也就是说，"仁"是孝弟行为的本体，孝弟是本体之仁的功用。其实，程颢所说的"仁"也好，"性"

---

① 程颢、程颐：《二程集》，北京：中华书局，1981年版，第33页。
② 程颢、程颐：《二程集》，北京：中华书局，1981年版，第15页。
③ 程颢、程颐：《二程集》，北京：中华书局，1981年版，第96页。
④ 程颢、程颐：《二程集》，北京：中华书局，1981年版，第62页。
⑤ 程颢、程颐：《二程集》，北京：中华书局，1981年版，第125页。

也好，都是在形而上的层面论说，正所谓"才说性时已不是性了"，"仁至难言"。

在程颢看来，孔子说"仁"，也只能采取能近取譬的迂回方式。之所以如此，是因为"仁"不能通过概念化的语言来论证，只能从现实的生活世界中来"观"。既要以感官的眼睛来"观鸡雏"①"物理最好玩"②这样的生活具象，又要以心眼来"观天地生物气象"③这样的生命整体。总之，在本体的层面上，"仁"与"天理"同义，都体现为大化流行的生意所在。

综上所述，程颢所理解的"仁"，从语言表述上来说有三层意思：一是"以体言仁"，二是"以觉言仁"，三是"以生言仁"。其实，这三种表述并不是指"仁"可分殊为三重含义，而是一以贯之的。所谓"万物一体"，即是生生之体；所谓"生生"，又体现为人对"万物一体"之理的"知觉"。

### 六、诚敬和乐

程颢对理学的贡献，还体现在工夫论上拈出一个"敬"字。在《识仁篇》中，程颢已经提出"以诚敬之心存之"的说法。孔子也讲"敬"，比如："敬事而信"（《论语·学而》），"居处恭，执事敬，与人忠"（《论语·子路》），"晏平仲善与人交，久而敬之"（《论语·公冶长》）等，指的都是为人处世的一种态度。但程颢所说的"敬"，已经普遍化为一种修养工夫。如果说，孔子所谓"敬"乃是一种有对象性的敬，那么，程颢所说的"敬"已经超越了具体的对象化存在。比如，程颢说："某写字时甚敬，非是要字好，只此是学。"④在程颢这里，"敬"本身已经成了一门工夫修养的学问。如果"敬"一定要指向某一对象，甚至会妨碍"敬"的获得。所以，程颢常"诚敬"二字并提。质言之，"诚敬"是在心上说，

① 程颢、程颐：《二程集》，北京：中华书局，1981年版，第59页。
② 程颢、程颐：《二程集》，北京：中华书局，1981年版，第39页。
③ 程颢、程颐：《二程集》，北京：中华书局，1981年版，第83页。
④ 程颢、程颐：《二程集》，北京：中华书局，1981年版，第60页。

而非在事上说。心诚则敬，敬则心中无事挂碍。

作为一种心态的敬，是需要存养的。程颢又强调：

> 执事须是敬，亦不可矜持太过。[1]
>
> 既得后，便须放开，不然，却只是守。[2]
>
> "鸢飞戾天，鱼跃于渊，言其上下察也。"此一段子思吃紧为人处，与"必有事焉而勿正心"之意同，活泼泼地。会得时，活泼泼地；不会得时，只是弄精神。[3]

所谓"矜持太过""守"，都是指强行把捉自己的内心使不动。也就是说，程颢所说的"敬"，一方面，既要带着诚敬之心去应物；另一方面，又要打破内心与外物的隔阂。也就是说，需要从意识的世界跳脱到生活的世界，去体验鸢鱼式的自由活泼。否则，只是枉费精神。与弟弟程颐不同，对孟子"必有事焉而勿正，心勿忘，勿助长也"的理解，他更强调的是"勿正心"，而程颐强调的是"必有事焉"。归根到底，程颢的"敬"归向的是一种精神层面的体验。他说："谓敬为和乐则不可，然敬须和乐，只是中心没事也。"[4]质言之，"敬"是修养的工夫，"和乐"是修养达至的境界。

---

① 程颢、程颐：《二程集》，北京：中华书局，1981年版，第61页。

② 程颢、程颐：《二程集》，北京：中华书局，1981年版，第59页。

③ 程颢、程颐：《二程集》，北京：中华书局，1981年版，第59页。

④ 程颢、程颐：《二程集》，北京：中华书局，1981年版，第31页。

# 第五章　程颐的理本论

宋明理学史上，程颢、程颐兄弟二人合称"二程"，同为理学的奠基人。二人在根本的哲学观念上是一致的，亦即皆"以理为本"。但由于性格上的差异，又导致二人不仅在理论的表达方式上，一个倾向于圆融，一个倾向于分析，而且在具体的哲学观念上也有所差异。更为重要的是，由于程颐多活了二十二年，他的思想又是在哥哥思想基础上的进一步发展。在理解二程哲学时，我们既要注意二人相同的一面，更要注意二人相异的一面。就相同的一面来说，不可将二人的差异过分夸大为后来朱熹与陆九渊"理本"与"心本"的分歧；就相异的一面来说，不可仅仅将二人在理论上的差异完全归结为性格差异所致。而且要看到，理论的差异实则是理学思想进一步深化和扩展的结果。"北宋五子"之中，程颐的哲学思辨能力最强，可谓真正意义上的哲学家。朱熹有选择性地来继承程颐，乃是理学思想发展的必然。

## 一、形上与形下

前文说程颢首要的贡献是，在思维方式上将"道""器"区分为形而上与形而下两个层面，但他话锋一转又强调，从"器"的层面来看，二者又是相即不离的。这一思维方式被程颐完全继承，但表达方式却有所差异。程颐更为明确地说：

> "一阴一阳之谓道"，道非阴阳也，所以一阴一阳，道也，如一阖一辟谓之变。①

> 离了阴阳更无道，所以阴阳者是道也。阴阳，气也。气是形而下者，道是形而上者。形而上者则是密也。②

作为哲学家的程颐，用词十分精准。程颐说"道"不离"阴阳"，但"阴阳"并不等同于"道"，如同任何的"阖""辟"一方，都不可谓之"变"一样。对于这两段引文，需要指明以下三点：

（1）程颐在"阴阳"与"道"之间加上了"所以"二字。此二字尤为关键。在程颐看来，"阴阳"是描述世界实然的概念，而"道"是追问实然得以可能的"所以然"的概念。也就是说，"所以"二字意味着，"道"是"阴阳"背后的存在根据。从文献学的角度来看，程颐这里明显犯了"增字解经"的忌讳。但从思想建构的角度来看，这却是一种思想的创发。顺带提及，在很大程度上，真正的哲学建构就表现为对既有文献和前人观点的"误解"甚至是"错解"。因为，没有"误解"和"错解"，就只是对前人观点的复制，何谈思想上的推进。

（2）由于程颐用"所以然"来解释"道"，使得"形而上"与"形而下"的张力开始凸显、确定下来。程颐与其哥哥都将"天理"理解为"生生之道"，但应该注意到，在程颢那里，更多的还是在说"形而上为道"。他强调："如'形而上者谓之道'，不可移'谓'字在'之'字下，此孔子文章。"③从语言学的角度来看，"谓之"是用"形而上"来描述"道"，后面所接的"者"字，乃是虚词。如果换作"之谓"，就是将"形而上者"等同于"道"，其中"者"字，具有实义。而在程颐这里，就明确说"道是形而上者"。"形而上"，还是在强调同一世界的不同层面；"形而上者"却将这两个层面的不同对立开来。而且"形而上"与"形而上者"这一表

① 程颢、程颐：《二程集》，北京：中华书局，1981年版，第67页。
② 程颢、程颐：《二程集》，北京：中华书局，1981年版，第162页。
③ 程颢、程颐：《二程集》，北京：中华书局，1981年版，第361页。

达方式上的微妙变化，意味着"理"开始具有了形而上的绝对存在者的地位已经成了一实体化的概念。

（3）程颐还用了个"密"字来解释"形而上者"。与"密"相对的是"粗"。"粗"意味着作为形而下者的"气"，能够被感官所感知，不论是有形的气，还是无形的象，都不越乎经验的范围。惟有作为形而上者的"理"，才超越了感官性存在，才成为思辨的先验对象。程颐常说："学原于思。"①从哲学观念的获得路径来看，程颢重身体性的体验，而程颐则重逻辑性的思辨。

因为程颐严格区分"形而上者"与"形而下者"，将"理"作为哲学建构的本体，由此他强烈批评张载的"气本论"。语录记载：

> 又语及太虚，曰："亦无太虚。"遂指虚曰："皆是理，安得谓之虚？天下无实于理者。"②

"太虚"是张载哲学的第一观念。但在程颐看来，所谓"虚"与佛老还是分不开，不能承担本体创生万有的功能。其实，张载所说的"虚"乃是"有"，因为"太虚"即是"气"。而二程所说的"理"才是真正的"虚"，因为"理"已经摆脱了任何质料性的存在。但是，从本体的创生功能角度而言，"理"是万物之本体。无"理"，则万物不得存在，所以"理"又是"实"。如果说万物为具体之"有"，那么"实理"可谓是"大有"（《易经》有"大有卦"）。

之所以说张载的"以气为本"不能承担创生功能，那是因为其致命的缺陷在于：

> 若谓既返之气复将为方伸之气，必资于此，则殊与天地之化不相似。天地之化，自然生生不穷，更何复资于既毙之形，既返之气，以为造化？近取诸身，其开阖往来，见之鼻息，然不必须假吸复入以为

①程颢、程颐：《二程集》，北京：中华书局，1981年版，第80页。
②程颢、程颐：《二程集》，北京：中华书局，1981年版，第66页。

呼。气则自然生。人气之生，生于真元。天之气，亦自然生生不穷。至如海水，因阳盛而涸，及阴盛而生，亦不是将已涸之气却生水。自然能生，往来屈伸只是理也。盛则便有衰，昼则便有夜，往则便有来。天地中如洪炉，何物不销铄了？①

在这段话中，程颐揭示了他与张载对宇宙理解的根本分歧。在张载的气本宇宙观中，整个宇宙表现为气的内部的循环往复。而在程颐的理本宇宙观中，有限的"气"并不能承担"造化"的功能。如果以气为本，那么气是有限的，宇宙也就是有限的。有限的具体存在物如何能创造宇宙无限之存在呢？既然"天地之化"表现为宇宙的运行不止，宇宙运行的总体方向表现为始终前进的"生生"之道，那么只有如此才能造就宇宙本身的无限运转。如果说"既毙之气"与"既返之气"同为一气，那么宇宙的新生就无从谈起。程颐举例说，比如人的生命表现为人的呼吸，但所吸入的气不可能是原先所呼出的气；再如海水，也不可能是原来已经干涸的气又生成了水。如果用佛教"生灭"的话语来表达，程颐的宇宙观就具体事物而言是有生灭的，而宇宙整体则是无生灭的；张载的宇宙观就具体事物而言也是有生灭的，宇宙整体看似也是无生灭的，但这种无生灭乃是循环式的内部运转。所以，在程颐看来，张载的气本论实际上是另一种形式的佛教"轮回说"。张载虽然破除了佛教天人两界的大轮回，但又陷入了人生一界的小轮回。此外，气的无生灭，将会导致另一种形式的灵魂不灭论。

从而，程颐认为，宇宙的本体是"理"而非"气"。那么，怎么来解释气为何能运动变化呢？程颐指出：

屈伸往来只是理，不必将既屈之气，复为方伸之气。生生之理，自然不息。如复言七日来复，其间元不断续，阳已复生，物极必返，其理须如此。有生便有死，有始便有终。②

---

① 程颢、程颐：《二程集》，北京：中华书局，1981年版，第148页。
② 程颢、程颐：《二程集》，北京：中华书局，1981年版，第167页。

表面上看，事物的运动变化是由气的屈伸往来而致。其实不然，事物作为气的存在必然有生必有死。也就是说，事物作为气的形态是有断裂的，而理则是相续的。气之所以运动变化，是因为理本身生生不息，这是自然而然的。事物之所以有生有死，"物极必返"，也是理的自然而然，这自然之中又包含着必然。简言之，气有限，而理无限。正是基于这种无限的宇宙观，所以程颐才提出了一系列与先儒相对的哲学观念。

其一，宇宙是无限的，所以宇宙没有开端，也没有终点，因而程颐说"动静无端，阴阳无始。"①反过来思考，一旦宇宙有一开端，那么依然可以继续追问：此一开端又从何而来呢？如果宇宙有开端，那么宇宙也就不可能是无限的。这与现代科学意义上的宇宙大爆炸理论相去甚远，一种是科学的思维方式，一种是哲学的思维方式。科学总是想去寻找万物背后的第一推动者，而儒家哲学追问的最后是对宇宙本然自在的坦然接受。

其二，宇宙是无限的，所以宇宙是运行不止的。这尤其体现在程颐的易学思想中。关于"易"，程颐指出："易，变易也，随时变易以从道也。"②众所周知，《易纬·乾凿度》曾将"易"释为三义：不易、变易、简易。而在程颐这里，独标"变易"。在程颐看来，宇宙生生不息，一切皆在变易。如果说有什么不易的话，唯有"变易"不易。所以，程颐又批评佛教"释氏言成住坏空，便是不知道。只有成坏，无住空……天下之物，无有住者"③。也就是说，宇宙的生生是相续的不已，无时无刻不处在变易之中。而变易之中，内含规律性，从而成就简易。所以说，"易"最核心的意义就是"变易"，"不易""简易"皆由"变易"而来。程颐将这一思想贯彻到对卦辞的解释中，比如在解《恒卦》和《复卦》时，说道：

> 天下之理，未有不动而能恒者也。动则终而复始，所以恒而不穷。凡天地所生之物，虽山岳之坚厚，未有能不变者也，故恒非一定

① 程颢、程颐：《二程集》，北京：中华书局，1981年版，第1029页。
② 程颢、程颐：《二程集》，北京：中华书局，1981年版，第689页。
③ 程颢、程颐：《二程集》，北京：中华书局，1981年版，第195页。

之谓也。一定则不能恒矣，唯随时变易，乃常道也。<sup>①</sup>

一阳复于下，乃天地生物之心也。先儒皆以静为见天地之心，盖不知动之端乃天地之心也。非知道者，孰能识之？<sup>②</sup>

所谓"未有不动而能恒者也"，是说凡是不动的事物就不能恒久，这是生活的常识。所谓"恒"即是"常"，不是一成不变的意思，而是常变常新的意思。比如大山，看似是不动的，实际上无时无刻不处于变动之中。即使从现代科学知识的角度来看，这也是相当正确的认识。再如《复卦》由一在下的阳爻和五在上的阴爻构成，阳爻为动，阴爻为静。此一阳爻乃是宇宙运动的根本，而非先儒认为"静"才是天地之心。程颐常说"非知道者，孰能识之"，这体现出一个哲学家玩味天地之理的自得与自信。

其三，宇宙是无限的，无限之中包含着对待之理，所谓"理必有对待，生生之本也"<sup>③</sup>。对待之理是事物运动的动力根源，由此保证了理的展开的无限性。从形而下的角度看，任何事物、现象、价值都包含了对立性，程颐说："道无无对，有阴则有阳，有善则有恶，有是则有非，无一亦无三。"<sup>④</sup>或者说，程颐是通过"二"来理解"一"和"三"的。"二"不离"一"，"一"本身就蕴含着"二"，有"二"的对待才成就了作为"三"的万物生长。通过对"二"的体会，一方面，我们要认识到，一切世间善、恶的存在都有其合理性，这样思想才不会走向极端，必须正视世界的多样性；另一方面，又要认识到，善、恶又是可以互相转化的，善相对于恶又处于主导地位，作为人的存在就要努力促成恶向善的转化。

## 二、体用一源

与"形而上""形而下"作为理学思维方式并行的是"体用"架构，

① 程颢、程颐：《二程集》，北京：中华书局，1981年版，第862页。
② 程颢、程颐：《二程集》，北京：中华书局，1981年版，第819页。
③ 程颢、程颐：《二程集》，北京：中华书局，1981年版，第808页。
④ 程颢、程颐：《二程集》，北京：中华书局，1981年版，第153页。

两者都属于本体论层面的概念。而"体用"架构在理学之前，更多地被佛老所使用。理学兴起之后，在沿用这一架构的同时，必然要对佛老的体用观进行批判。如张载就用"气"的观念将"太虚"之体与"万物"之用统一起来，以反对佛老的"体用殊绝"。程颐在研究易学的基础上，提出了更为凝练的体用观。在《易传序》中，他指出：

> 至微者，理也；至著者，象也。体用一源，显微无间。[1]

在易学中，象本指卦象，其实是数，所谓"象数"；理则指的是，象数背后所蕴含的义理。比如，《易传·系辞上》说："天垂象，见吉凶。"这是说，大自然所表现的征候为"象"，是清晰可见的，所谓"著"；而"象"显现的其实是人世间的吉凶之理，是深奥难见的，所谓"微"。在程颐这里，"象"泛指一切人世间的自然之物和人伦之事，"理"也泛指一切人世间的物理、事理。程颐在引入"体用"架构之后，对"象"与"理"的关系做了一个翻转：《易传》说，"象"显现的是"理"；而程颐说，"象"是对"理"的显现。从而，"理"为体，"象"为"用"。"体用一源"，不是说先有"象"与"理"的为二，然后有一共同的根源；而是说，"用"以"体"为根源，亦即"象"以"理"为根源。而"显微无间"，也不是说先有"理"在那里隐藏着，然后再显现为另一种可见的"象"；而是说，有"理"必有"象"，"象"必有其"理"，两者当体一统，只有可见与不可见的区别。更进一步，如果能领会到"理"的存在，那么"理"对人而言反而是显著易见的。程颐说："人只以耳目所见闻者为显见，所不见闻者为隐微，然不知理却甚显也。"[2]理之隐，是理本身的存在事实，而理之显则是理为人默识得出的展现样态。

"体用一源，显微无间"八个字，不仅是程颐本人思维方式的概括，而且是后世理学思维方式的蓝本，其中所蕴含的思想张力影响至远。程颐

---

① 程颢、程颐：《二程集》，北京：中华书局，1981年版，第689页。

② 程颢、程颐：《二程集》，北京：中华书局，1981年版，第224页。

在世时，当时弟子尹焞就说先生泄露天机太甚。①的确，理学的其他观念都可以看成是对这八个字的演绎。比如，在"体用一源"的思维方式中就包含了后来为朱熹大加发挥的"理一分殊"观念。这一观念，首先由程颐在《答杨时论西铭书》中提出：

> 前所寄史论十篇，其意甚正，才一观，便为人借去，俟更子细看。《西铭》之论，则未然。横渠立言，诚有过者，乃在《正蒙》。《西铭》之为书，推理以存义，扩前圣所未发，与孟子性善养气之论同功（原注：二者亦前圣所未发），岂墨氏之比哉？《西铭》明理一而分殊，墨氏则二本而无分（原注：老幼及人，理一也；爱无差等，本二也）。分殊之蔽，私胜而失仁；无分之罪，兼爱而无义。分立而推理一，以止私胜之流，仁之方也。无别而迷兼爱，至于无父之极，义之贼也。子比而同之，过矣。且谓言体而不及用。彼欲使人推而行之，本为用也，反谓不及，不亦异乎？②

张载的《西铭》得到了二程的高度评价，程颢就认为他能明白《西铭》的意思，但自己却写不出这样的文章来。二程在教授弟子时，往往让弟子首先去看《西铭》。而杨时在读了《西铭》后产生了这样的疑问：《西铭》中所表达的"万物一体"思想，与墨家所说的"兼爱"可能有所混同。而程颐则回答，张载立论有问题的地方在于《正蒙》中的气本论，而《西铭》中的"万物一体"思想则纯粹无疵。其实，就"万物一体"而言，二程与张载的理解并不完全相同，双方最根本的区别在于，张载所说的"体"乃在于"气"，而二程所说的"体"乃在于"理"。但由"体"所要达到的"用"即强调爱的普遍性，双方则是高度一致的。所以，站在儒家的立场上，程颐认为不能将《西铭》之学与墨家之学"比而同之"。

两者之所以不能混同，首先体现在"用"的层面上，"万物一体"与"兼爱"都强调爱的普遍性，但"兼爱"的普遍性只局限于人与人之间，

---

① 程颢、程颐：《二程集》，北京：中华书局，1981年版，第439—440页。
② 程颢、程颐：《二程集》，北京：中华书局，1981年版，第609页。

而"万物一体"的普遍性则扩展至人与物之间。但两者更重要的差异，则体现在由"体"的不同而导致"用"的不同：儒家由"一本"之"体"而推及"分殊"之"用"，这是程颐所说的"理一分殊"；而墨家由于在"体"上陷入了"二本"，其实也就是"无本"，因而在"用"上所主张的"爱无差等"只能是在主观上强行抹煞人与人的差异性之后所得出的不可行的设想。根据"理一分殊"，由于"理一"，所以在"体"的层面要讲"一体之仁"；由于"分殊"，所以在"用"的层面要讲"爱有差等"。如果只强调"分殊"，则会导致私欲横流而失去爱的普遍性；如果只强调"理一"，则会导致兼爱无分而失去爱的差等性。由"分殊"而上推至"理一"，才能克制私欲，这是行"仁"的方法；因"无别"而迷惑于"兼爱"，这是孟子所批判的无父无君，这是对"义"的损害。所以，在程颐看来，儒家之学"体用一源"，张载的《西铭》不仅讲"体"，而且要求因"体"而推及于"用"。

## 三、性理与气质

以上是程颐的本体论，下面看程颐的人性论。在人性论问题上，程颐与张载有着许多共同话语，这在朱熹那里已经分不清是谁影响谁。但我们从"北宋五子"作为一学术群体的角度来理解的话，可以说二人是互相启发。如果要找出其中的差异所在，那么张载的贡献是更突显了"气质之性"这一概念，程颐则更明确提出了"性即理"的口号，对理学之前的人性论进行了系统的批判。此外，程颐还引入了"才"的观念，使得自身的人性论更加完备。

谈到人性论问题，自然无法回避孔、孟等前人的人性论传统。从弟子与程颐关于人性问题的以下问答中，可以看出程颐人性论的基本观念。

> 棣问："孔、孟言性不同，如何？"
> 曰："孟子言性之善，是性之本；孔子言性相近，谓其禀受处不相远也。人性皆善，所以善者，于四端之情可见，故孟子曰：'是岂

人之情也哉？'至于不能顺其情而悖天理，则流而至于恶，故曰：'乃若其情，则可以为善矣。'若，顺也。"

又问："才出于气否？"

曰："气清则才善，气浊则才恶。禀得至清之气生者为圣人，禀得至浊之气生者为愚人。如韩愈所言、公都子所问之人是也。然此论生知之圣人。若夫学而知之，气无清浊，皆可至于善而复性之本。所谓'尧、舜性之'，是生知也；'汤、武反之'，是学而知之也。孔子所言上知下愚不移，亦无不移之理，所以不移，只有二，自暴自弃是也。"

又问："如何是才？"

曰："如材植是也。譬如木，曲直者性也；可以为轮辕，可以为梁栋，可以为榱桷者，才也。今人说有才，乃是言才之美者也。才乃人之资质，循性修之，虽至恶可胜而为善。"

又问："性如何？"

曰："性即理也，所谓理，性是也。天下之理，原其所自，未有不善。喜怒哀乐未发，何尝不善？发而中节，则无往而不善。凡言善恶，皆先善而后恶；言吉凶，皆先吉而后凶；言是非，皆先是而后非。"①


在这段问答中，程颐指出了以下几点：

（1）孟子所说的"性善"是说性之本，孔子所说的"性相近"是说气禀。这如同张载对人性做"天地之性"与"气质之性"的二分。

（2）人性本善，可以通过人情之善来认识，比如孟子说"乃若其情"，人天生有四端之情就可以证明人性本善。顺着四端之情，就可以由性善而实现善行。性善是善行的人性论根据所在。

（3）才由气而来，气的清、浊造就了才的善恶。比如，有的人天生聪智，有的人天生愚笨，皆是气禀不同所致。但气是可以变化的，循性而修，则下愚可转移为上智。不移是因为人的自暴自弃。

---

① 程颢、程颐：《二程集》，北京：中华书局，1981年版，第291—292页。

（4）才，如同草木的材质，木性有曲直，人性也有才与不才。严格来说，才本身无所谓善恶，只是人性的一种潜在可能性。顺着人性来利用才，则才为善；违背人性来利用才，则才为恶。说一个人有才，就是说才可以发挥其功用，实现其善的价值。

（5）性即理。从根本上来说，人性来源于天理，所以为善。程颐在解释何以人性必然为善时，考察了价值观念的发生顺序。比如说善恶、吉凶、是非等，当人在下恶、凶、非的价值判断时，必然在观念上已经有了善、吉、是的观念在先。也就是说，善的价值观念处于先验层级，为恶的价值判断奠定价值根据。所以，性即理，在价值顺序上必然优先于气质之性的多样性。

在"性即理"的观念上，程颐对传统的人性论做出了诸多评判："孟子之言善者，乃极本穷源之性"①，"虽荀、杨亦不知性"②，"俗言性急性缓之类，性安有缓急？此言性者，生之谓性也"③，等等。也就是说，在程颐看来，先儒之中唯有孟子的性善论才抓住了人性的根本，其他学者包括常人所理解的人性，皆是在气质之性的层面上来说。由此，程颐将自己对于人性的看法，明确为纲领性的话语："论性不论气，不备；论气不论性，不明。（原注：一本此下云：'二之则不是。'）"④讨论人性，如果忽视了气质之性，是不完备的；如果忽视了理性，则根本无法认识人性的真正本质。至于另有版本说"二之则不是"，则很有可能是程颢的补充说明，因为程颢对人性的理解基点是：气即性，性即气，必须不离开人的现实人性来谈人性的本质。

## 四、主敬涵养

再来看程颐的工夫论。在工夫论问题上，程颐同样提出了纲领性的表

---

① 程颢、程颐：《二程集》，北京：中华书局，1981年版，第63页。
② 程颢、程颐：《二程集》，北京：中华书局，1981年版，第204页。
③ 程颢、程颐：《二程集》，北京：中华书局，1981年版，第207页。
④ 程颢、程颐：《二程集》，北京：中华书局，1981年版，第81页。

达："涵养须用敬，进学则在致知。"①"涵养"与"进学"构成了程颐工夫论的两个面向，缺一不可，相辅相成。

先看"涵养"。今人在日常话语中，还常评价某人到"没涵养"，可见理学对中国文化的塑造至深。从字面上看，"涵"是说道德品质是某人内在的，"养"是说道德品质需要在日常生活来培养。那么，如何才能成为一个有"涵养"的人？程颐给出的方法是"主敬"。前文说到程颢时，曾指出"敬"是他在工夫论上的发明。但程颢"诚敬"并提，强调"敬"不能妨碍"和乐"的心态。相比之下，程颐所说的"敬"，则带有强烈的道德规范意识，具有不得不为、时时自警的强制性。

首先，程颐强调"敬"要在外在的行为规范上做工夫。他说："俨然正其衣冠，尊其瞻视，其中自有个敬处。"②又说："动容貌，整思虑，则自然生敬。"③又说："言不庄不敬，则鄙诈之心生矣；貌不庄不敬，则怠慢之心生矣。"④这些话，明显带有孔子"非礼勿视听言动"的痕迹。的确，在程颐看来，"敬"不仅仅是一种生活态度，还必须落实到日常行为中来。谨礼，不仅是社会规范对个人的外在要求，而且是个人自觉地去按照社会规范来行事。从行为举止上严格要求自己，才能"习惯成自然"，才会在心里自然生出个"敬"的态度来。按照"体用一源"的思维方式，内在之人心与外在之行为乃是内外一体的，内心的敬必然表现为外在的庄重严肃。反之，外在的庄重严肃也会培养出内在的敬来。

其次，程颐更为强调"敬"要在内在的思想意念上做工夫。他说：

> 闲邪则诚自存，不是外面捉一个诚将来存着。今人外面役役于不善，于不善中寻个善来存着，如此则岂有入善之理？只是闲邪，则诚自存。故孟子言性善，皆由内出。只为诚便存，闲邪更着甚工夫？但惟是动容貌、整思虑，则自然生敬，敬只是主一也。主一，则既不之

---

① 程颢、程颐：《二程集》，北京：中华书局，1981年版，第188页。
② 程颢、程颐：《二程集》，北京：中华书局，1981年版，第185页。
③ 程颢、程颐：《二程集》，北京：中华书局，1981年版，第149页。
④ 程颢、程颐：《二程集》，北京：中华书局，1981年版，第7页。

东，又不之西，如是则只是中。既不之此，又不之彼，如是则只是内。存此，则自然天理明。学者须是将敬以直内，涵养此意，直内是本。①

"闲"是防止，"邪"指邪念，"闲邪"是防止邪念的产生。去除了不好的念头，则好的念头就会显现出来。程颐指出，今人常常一边在外面做着坏事，事后又来反省自己的内心，这就是将"诚"视为外在的东西。而真正的"诚"是要求在做事的同时，检点自己的举止和思虑，则自然而然就会生出敬来。与常人"由外而内"的工夫不同，这是一种"由内而外"的工夫。程颐非常看重《易传》所说的"敬以直内"，指明"内"乃是本，外在的行为举止乃是末。这种"内本外末"的思想，体现为程颐进一步将"敬"解释为"主一"。下面这段话是程颐论"敬"最重要的文字：

学者先务，固在心志。有谓欲屏去闻见知思，则是"绝圣弃智"。有欲屏去思虑，患其纷乱，则是须坐禅入定。如明鉴在此，万物毕照，是鉴之常，难为使之不照。人心不能不交感万物，亦难为使之不思虑。若欲免此，唯是心有主。如何为主？敬而已矣。有主则虚，虚谓邪不能入。无主则实，实谓物来夺之。今夫瓶罂，有水实内，则虽江海之浸，无所能入，安得不虚？无水于内，则停注之水，不可胜注，安得不实？大凡人心，不可二用，用于一事，则他事更不能入者，事为之主也。事为之主，尚无思虑纷扰之患，若主于敬，又焉有此患乎？所谓敬者，主一之谓敬。所谓一者，无适之谓一。且欲涵泳主一之义，一则无二三矣。言敬，无如圣人之言。《易》所谓"敬以直内，义以方外"，须是直内，乃是主一之义。至于不敢欺、不敢慢、尚不愧于屋漏，皆是敬之事也。但存此涵养，久之自然天理明。②

如上所言，"敬"之本在于内心，但敬并不意味着屏除耳目闻见，否

---

① 程颢、程颐：《二程集》，北京：中华书局，1981年版，第149页。
② 程颢、程颐：《二程集》，北京：中华书局，1981年版，第168—169页。

则就成了老子所说的"绝圣弃智";也不意味着屏除思想念虑,否则就陷入了禅宗所主张的"坐禅入定"。在程颐看来,人心如同一面镜子,不可能不与外物之间发生感应,所以闻见和思虑都是不可免除的。关键是,当内外发生感应之时,要做到不被外物牵引,就需要掌握应物的主动性,也就是必须做到内心有主。而要做到内心有主,就要敬。有了敬,才不会被外物役使,此时内心反而处于虚静的状态。反之,心中无主,外物就会充斥你的内心,此时心也就被堵住了。程颐举例说,好比装满水的瓶子,放到江海之中,也不会被浸染;否则,空瓶子,一点点水注下去,也永远注不满。总之,"心中有主"是"敬"的第一层含义。

但是,何谓"敬"?"所谓敬者,主一之谓敬。"程颐结合日常经验说,一心不可二用,当你心中有一件事的时候,其他事情就难以再去考虑了。从而,"主一"就是收敛内心,集中自己的思虑在某一件事上。俗话说"专心致志",这是"敬"的第二层含义。

那么,又何谓"一"?"所谓一者,无适之谓一。"《说文》:"适,之也。"[1]"之"是去到某地,意味着一种指向性。而"无适",也就是没有指向性。用哲学话语来表达,敬本身是无对象的。结合程颐所说的"一则无二三"来看,当一个人集中思虑做某一件事的时候,此一件事可谓是"一"。但此"一"乃是形而下"一",是与"二""三"相对的"一"。必须注意的是,程颐还要求通过"涵泳"的工夫,将在相对的形而下的"一"中所获得的"敬",提升到绝对的形而上的"一"的高度。无疑,此"形而上"的"一",也就是"天理",也只能是"天理",因为唯有天理才与形而下的万物无对。所以说,"敬"的第三层含义,已经超越了具体的对象所指,而上升到"天理"的高度。

再次,与"主敬"相关的问题是"主静"。"静"可谓是佛老共同追求的精神境界,儒家人物周敦颐、程颢也都讲"静"(所谓"主静立人极""动亦定,静亦定"),甚至程颐本人"每见人静坐,便叹其善学"[2]。但是,程颐更加注重的是"敬"而非"静"。

---

[1] 许慎撰、段玉裁注:《说文解字》,南京:凤凰出版社,2015年版,第125页。
[2] 程颢、程颐:《二程集》,北京:中华书局,1981年版,第432页。

问："敬还用意否？"

曰："其始安得不用意？若不用意，却是都无事了。"

又问："敬莫是静否？"

曰："才说静，便入于释氏之说也。不用静字，只用敬字。才说着静字，便是忘也。孟子曰：'必有事焉而勿正，心勿忘，勿助长也。'必有事焉，便是心勿忘；勿正，便是勿助长。"①

这段问答的背景是《孟子·公孙丑上》中的一段话："必有事焉而勿正心勿忘勿助长也"。关于这段话，程颐和程颢有不同的断句，也就有不同的理解。程颢的断句是："必有事焉而勿正心，勿忘，勿助长也。"而程颐的断句是："必有事焉而勿正，心勿忘，勿助长也"。程颢强调的是"勿正心"，也就是不要强行把捉此心，否则有碍于"和乐"的心态。相反，程颐说："'必有事焉'，谓必有所事，是敬也。勿正，正之为言轻，勿忘是敬也。"②可见，他强调的是"必有事焉""心勿忘"。如果不"用意"，也就是不在意念上做工夫的话，那就流入了禅宗的"无事"说。"心勿忘"，也就是要求在做工夫时不可忘了对心进行克制性的约束。程颐认为，"敬则自虚静，不可把虚静唤做敬"③。在程颐看来，"敬"属于修养的工夫，"静"属于经修养工夫之后所达到的心境。"静"不能是悬空的妄想，离开了"敬"来谈"静"，只能是禅宗。可见，与禅宗相比，程颐坚持认为一个人的道德修养只能从事上磨炼出来。这也是儒家入世与佛教出世的根本区别。

## 五、格物穷理

在工夫论问题上，与"涵养须用敬"并行的是"进学则在致知"。"涵

---

① 程颢、程颐：《二程集》，北京：中华书局，1981年版，第189页。

② 程颢、程颐：《二程集》，北京：中华书局，1981年版，第171页。

③ 程颢、程颐：《二程集》，北京：中华书局，1981年版，第157页。

养"偏重于内在的德性修养，"进学"偏重于外在的知识学习。但切不可认为，这种内外之别，乃可以两相对立。比如，程颐说"主敬"要"专心致志"，这自然有益于纯粹知识问题的解决。但程颐所说的"进学"并不仅指知识性的学习，其最终的指向依然是道德的修养。

关于"致知"，出自《大学》："古之欲明明德于天下者，先治其国；欲治其国者，先齐其家；欲齐其家者，先修其身；欲修其身者，先正其心；欲正其心者，先诚其意；欲诚其意者，先致其知。致知在格物。物格而后知至，知至而后意诚，意诚而后心正，心正而后身修，身修而后家齐，家齐而后国治，国治而后天下平。自天子以至于庶人，壹是皆以修身为本。"而《大学》的后文对"修身""齐家""治国""平天下"皆有进一步的说明，唯独对于"致知在格物"没有明确的解释，这也就给后儒留下了发挥的空间。先看汉儒郑玄的注释：

> 格，来也。物，犹事也。其知于善深则来善物，其知于恶深则来恶物。言事缘人所好来也。此致或为至。①

"致知在格物"，要理解"致知"，就必须首先理解"格物"。对"格物"的训释，就成了明晰此语的核心问题。其实，"格"字在先秦文献中，极为常见。比如，《尚书·舜典》中说"光被四表，格于上下"，《尚书·益稷》中说"祖考来格"等，说的都是宗教活动中所产生的与祖先神灵之间的精神感应。而郑玄则平铺直叙地将"格物"解释为"事来"，也就是"遇事"；将"致知"解释为"知善知恶"，强调的是道德；从而，"格物致知"，也就是要求以道德的行为去应事接物。

如果单纯从训诂的角度来看，以上的解释恐怕程颐都不会反对。但考察程颐的语录，可以发现，他屡次将"格"训为"至"。其实，程颐所说的"至"与郑玄所说的"来"以及"格"之字所从之"各"的本义，都是今人所说的"来到"的意思，在字义上并无多大区别。但程颐之所以强调以"至"训"格"，只能说其用心在于对"至"字有着另外的独特理解。

---

① 郑玄注、孔颖达疏：《十三经注疏·礼记正义》，北京：中华书局，1999年版，第1592页。

联系《大学》的上下文，程颐说：

> 《大学》曰："物有本末，事有终始，知所先后，则近道矣。"人之学莫大于知本末终始。致知在格物，则所谓本也，始也；治天下国家，则所谓末也，终也。治天下国家，必本诸身，其身不正而能治天下国家者无之。格犹穷也，物犹理也，犹曰穷其理而已也。穷其理，然后足以致之，不穷则不能致也。格物者适道之始，欲思格物，则固已近道矣。是何也？以收其心而不放也。①

　　程颐结合《大学》"本末始终"的观点，指出：格物是本、是始，平天下是末、是终。从而，学者的入手之处就是"格物"。那么，何谓"格物"？"格，犹穷也。物，犹理也。犹曰穷其理而已也。"也就是说，在程颐以"至"训"格"的背后，其所要表达的真正含义就不再是"来至"之"至"，而是"穷至"或者"至极"的意思。这样，程颐就明确将"格物"解释成了"穷理"，这完全是一种哲学化的创造解释。与前人相较，程颐既完全抛弃了"格"字在先秦所承担的宗教性领会之义，而且所谓"格物"也不仅仅是个道德的问题，或者说其入手处并不只是一个道德的问题。将"格"解释为"穷"，意味着作为"格"之对象的"物"无论在广度上还是在深度上都得到了极度的拓展。而就单个的对象物而言，"格物"就是要尽可能深入事物的内部，将其中所蕴含的道理挖掘出来以至明晰无疑。而所谓"物"，无论是外在于人的"物之为物"，还是与人相关的"事之为物"，都不再是平铺在人眼前的感官对象物，而是作为思维对象的事物背后所蕴含的道理。程颐说，当某一事物摆在面前时，如果能够采用穷理的方法来认知和处理的话，那就"近道"不远了。事实上也是，当我们将事物视为思维对象而非感官对象来研究时，此时我们的精神也会自动收敛起来。由此可见，"进学"的认知活动，与"主敬"的涵养工夫依然是内外一本的。

　　诚然，程颐所得出的"穷理"二字，并非其首创。《易传》中就说到

———————————
① 程颢、程颐：《二程集》，北京：中华书局，1981年版，第316页。

"穷理尽性以至于命"的话，程颐和其兄程颢都非常看重。但是在他们看来，"'穷理尽性以至于命'，三事一时并了，元无次序"①。"穷理尽性至命，只是一事。才穷理便是尽性，才尽性便至命。"②也就是说，"穷理"之所以重要，不仅因为这是与"性命"直接相关的问题，而且"穷理"简直就等同于"性命"问题。这也体现了二程"理"本论的特色，一切问题都可归结为"理"之大本。

进而，在"格物"的范围上，程颐要求将其扩大到万事万物之中：

> 或问："进修之术何先？"
> 曰："莫先于正心诚意。诚意在致知，致知在格物。格，至也，如'祖考来格'之格。凡一物上有一理，须是穷致其理。穷理亦多端：或读书，讲明义理；或论古今人物，别其是非；或应接事物而处其当，皆穷理也。"③

因为万事万物皆有其理，所以对于万事万物都要以穷理的方法去研究。也就是说，穷理作为一种活动，在范围上指向的是一切的自然存在物和人的实践活动。而且根据研究对象的不同，穷理的途径也是随之多样的。读书时，要讲明其中的义理；裁断人物时，要分辨出其中的是非；应事接物时，也要找到适当的方法。以上所说的"义理""是非""当"，都已经超出了知识层面的物理，而囊括了实践活动中的事理、伦理。但是，这里所存在的问题是：有限的穷理活动，何以能穷尽无限的理呢？学生当时就有这样的疑问：

> 或问："格物须物物格之，还只格一物而万理皆知？"
> 曰："怎生便会该通？若只格一物便通众理，虽颜子亦不敢如此道。

---

① 程颢、程颐：《二程集》，北京：中华书局，1981年版，第15页。
② 程颢、程颐：《二程集》，北京：中华书局，1981年版，第193页。
③ 程颢、程颐：《二程集》，北京：中华书局，1981年版，第188页。

须是今日格一件，明日又格一件，积习既多，然后脱然自有贯通处。"①

很明显，一物有一物之理，物、物之理不可能完全相同，但物理之间却是相通的。而要达到物理的贯通之处，需要以长期的知识积累为基础，终有一天会形成认知上的突破。今人一看到"贯通"二字，就想当然地认为受到了禅宗"顿悟"说的影响。其实，如果真能以穷理的方法来考察人类的认知活动，程颐的上述说法依然是符合实际认知过程的。比如，一个人没有相关的知识背景和架构，不可能在某一知识领域内做出独到的贡献。在经过长时期的知识积累和融汇后，认识的水平自然会上升到一个新的层次。

但依然无法解决的问题是：对某个领域之理的贯通能否超越领域之间的界限，如何才能由形而下的事物之理贯通到形而上的天理呢？作为哲学家的程颐，自然会想到学生有此一问。他说：

> 格物穷理，非是要穷尽天下之物，但于一事上穷尽，其他可以类推。至如言孝，其所以为孝者如何，穷理如一事上穷不得，且别穷一事，或先其易者，或先其难者，各随人深浅，如千溪万径，皆可适国，但得一道入得便可。所以能穷者，只为万物皆是一理，至如一物一事，虽小，皆有是理。②

按照程颐的意思，天下事物不可穷尽，也不一定要穷尽，但作为探究对象的事物之理则是可以穷尽的。因为万物之间以类相属，同类事物之间的理是类似的，从而在穷尽某一事物之理时，就可以将此理"类推"到同类事物中去。而根本上，万事万物之理又皆来源于天理，万事万物之理中已经包含了天理。可以说，程颐心目中的宇宙模式，皆是由理所层层构建的。所以，程颐本人担心的不是能否穷尽万事万物，而是要求"穷理"的活动不能放过每一个细小的事物和事物的每个细节。程颐之所以有这样的

① 程颢、程颐：《二程集》，北京：中华书局，1981年版，第188页。
② 程颢、程颐：《二程集》，北京：中华书局，1981年版，第157页。

思路并不难理解，因为在理论上，事物之理与形上天理是同构的，因而是可以穷尽的。但穷理之难，却在于面向事物时能否切切实实去做穷理的工夫。

今人看来，"穷理"几乎已经成了学者的共识。比如，今人所谓"研究"二字本身就是理学思维对日常话语影响的痕迹体现。但在北宋，"穷理"作为一个哲学问题被提出，却是破天荒的事情。可以说，程颐是宋明理学史上乃至中国哲学史上，第一个将"格物"作为哲学问题来考察的学者。"格物"成为后世理学家关注的理论焦点，与程颐的首倡是绝对分不开的。

## 六、心有体用

以上，已经从本体论、人性论、工夫论三个层面对程颐哲学进行了整体性的解读。但从本体到工夫的落实过程中，如何定位"心"的问题却有待进一步分析。这一问题对理学从北宋到南宋的发展至为关键。在程颐与弟子吕大临和苏昺等人讨论《中庸》"中和""未发已发"等概念的过程中，"心"的地位被突显出来。

《中庸》中说："天命之谓性，率性之谓道，修道之谓教。道也者，不可须臾离也，可离非道也。是故君子戒慎乎其所不睹，恐惧乎其所不闻。莫见乎隐，莫显乎微，故君子慎其独也。喜怒哀乐之未发谓之中，发而皆中节谓之和。中也者，天下之大本也。和也者，天下之达道也。致中和，天地位焉，万物育焉。"下面，结合《与吕大临论中书》①的记载，来分析吕大临与程颐讨论问题的推进：

第一步，吕大临认为，"中"属于"大本"，"和"属于"达道"，由"中"而行则显现为"道"，所以说"中者道之所由出"。由此看来，吕大临强调的是"中"与"道"的合而为一。但在程颐"体用"架构的思维中，这一说法存在语病，不够精确。程颐指出，一方面，从"体用一源"的角度来看，"中者道之所由出"一语，有将"中"与"道"视为二物之

---

① 文长不录，具体参见程颢、程颐：《二程集》，北京：中华书局，1981年版，第605—609页。

嫌，所以他强调"中即道"。但另一方面，从"体用分殊"的角度来看，"天命之谓性"的"性"与"大本"是"体"，"率性之谓道"的"道"与"达道"是"用"，所以他又强调"体用"不可混而为一。

第二步，吕大临申辩，他说的"中者道之所由出"与"率性之谓道"之义同，不是说"中"与"道"的为二，而是说"中即性"。"中即性"的说法，引起了程颐的极为不认同。他说："中也者，所以状性之体段。"也就是说，在程颐这里，"中"只是一个形容词，只是对"性"的描述语。因为"喜怒哀乐之未发谓之中"，所以"中"只是描述"性"处于"无过不及""不偏不倚"的状态。而反观吕大临的说法，"中即性"，就是将"中"等同于形而上的本体，这是程颐万万不能接受的。程颐举例说，比如说"天圆地方"，"方圆"只能用来描述"天地"，而不能将"方圆"等同于"天地"。如果说"中者道之所由出"，难道能说"天地"出自"方圆"吗？

第三步，吕大临接受了程颐将"中"做"不偏不倚"的解释。但他说："喜怒哀乐之未发，则赤子之心。当其未发，此心至虚，无所偏移，故谓之中。"至此可见，吕大临所理解的"中"并不是用来形容"性"，而是用来指代"心"的。在他看来，因为"赤子之心"不掺杂任何私见，所以符合不偏不倚的状态。前面自己之所以说"中者道之所由出"，乃是基于"赤子之心"能够承担衡量是非的价值源头而言。但在程颐看来，"赤子之心"作为"心"已经处于"发"的阶段，只是符合"中"的状态而已。如果将"中"与"心"混在一起，就是不识"大本"。因为"大本"为"性"而非"心"，所以"赤子之心"只能是"和"，而不能是"中"。

第四步，面对老师批评自己"不识大本"，吕大临引经据典，反复申说，最终将自己与老师分歧的焦点归结于："赤子之心"到底是"未发"还是"已发"的问题。进而他反问道：如果按照老师的说法，"心"皆是"已发"，那么"未发"之前岂不成了禅宗所说的"无心"了？这一反问，将程颐逼到了理论死角。有可能学生的反问启发了程颐，他承认自己将"心"归结为"已发"，的确表述不恰当，并最终总结道："凡言心者，指已发而言，此固未当。心一也，有指体而言者，（原注：寂然不动是也。）

有指用而言者，（原注：感而遂通天下之故是也。）惟观其所见如何耳。"也就是说，心是始终存在的，但有时展现为"已发"之"用"的层面，有时展现为"未发"之"体"的层面。而在程颐看来，吕大临反复所论都只是在"已发"的层面来说，并没有触及"体"的层面。

通读程颐与吕大临的讨论，程颐的思路非常清晰，他始终贯彻着"体用"的思维方式。在"体用"思维方式下，程颐一开始以"性"为"体"，以"心"为用，后来又将这一思维方式运用到对"心"本身的分析：心之体为"性"，为"未发"；心之用为"喜怒哀乐"，为"已发"。从"已发"的角度来说，程颐说过："心本善，发于思虑，则有善有不善。若既发，则可谓之情，不可谓之心。譬如水，只谓之水，至于流而为派，或行于东，或行于西，却谓之流也。"①这里，从程颐所说的"已发"不可谓之"心"只可谓之"情"来看，朱熹后来"心统性情"的观念也就呼之欲出了。

由以上"心有体用"的理论所引出的工夫问题是：不仅需要在"喜怒哀乐"上做工夫，而且需要在"喜怒哀乐之未发"上做工夫。由于"未发"属于"体"，"已发"属于"用"，从而由"致中"的工夫就能自然而然保证"致和"的实现。所以，苏昞等弟子常向程颐寻问"喜怒哀乐之前求中"的说法。程颐指出，"中"是不可"求"的，因为"求"即是"思"了，而"思"即是"已发"了，因而程颐主张："若言存养于喜怒哀乐未发之时，则可；若言求中于喜怒哀乐未发之前，则不可。"②也就是说，"喜怒哀乐未发之前"是不能做思虑工夫的，而只能"存养"。而所谓"存养"，也就是他说的在平日生活中做"涵养须用敬"的工夫。可见，中和的理论问题最终归结的还是工夫的修养问题。

二程大部分时间都在讲学，培养了很多弟子，其中有四大弟子为"游、杨、吕、谢"。游是游酢，杨是杨时，吕是吕大临，谢是谢良佐。四大弟子之中，又以杨时（号龟山）和谢良佐（号上蔡）最为著名，上蔡最

---

① 程颢、程颐：《二程集》，北京：中华书局，1981年版，第204页。
② 程颢、程颐：《二程集》，北京：中华书局，1981年版，第200页。

富创造性，龟山最有影响力。据说"明道喜龟山，伊川喜上蔡"①，杨时归乡时，程颢目送："吾道南矣。"②程颢过世之后，杨时继续向程颐问学。宋室南渡以后，杨时成为洛学在南宋最重要的传播者，一时学者皆可追溯到杨时这里，形成了所谓的"道南学派"。而理学的集大成者朱熹，正是这一学派在南宋的最重要传人。

---

① 黄宗羲：《宋元学案·龟山学案》，《黄宗羲全集》第四册，杭州：浙江古籍出版社，2005年版，第195页。

② 程颢、程颐：《二程集》，北京：中华书局，1981年版，第429页。

# 第六章　朱熹的理学集大成

　　朱熹（1130—1200年），字元晦，号晦庵、紫阳、考亭、沧州病叟、云谷老人、遁翁等，学者尊称"朱子"，祖籍徽州婺源，生长于福建尤溪，因长期讲学于崇安、建阳，故其学被称为"闽学"。朱熹在中国历史上的地位，不论承认不承认，都应当被认为是：孔子之后，一人而已。就宋明理学史而言，朱熹堪称理学的集大成者。所谓"集大成"，可以这么来说：北宋理学到朱熹这里汇流，南宋理学在朱熹这里顶峰，元、明、清之后或继承或批判都跳不过朱熹。今人常认为，朱熹最重要的贡献在《四书》，殊不知朱熹对于《五经》同样大有贡献，甚至对于诸子百家亦是无所不究。列举朱熹的著作，就可窥见一斑：《太极图说解》《通书解》《西铭解》《近思录》《伊洛渊源录》《四书或问》《四书章句集注》《诗集传》《楚辞集注》《周易本义》《孝经刊误》《小学书》《童蒙须知》《家礼》《通鉴纲目》，等等。后人汇编《朱子语类》140卷，《朱文公文集》120卷，今人编订《朱子全书》27册。对于朱熹，不是不可以批判，但不能不予以敬重。

　　即使批判也要建立在理解的基础之上，即使理解，即便从理学这一个角度来理解，今人也只能是盲人摸象。朱熹是真正建立起理论体系的哲学家，按照理学的理论架构，姑且把朱熹哲学简化为以下命题：

　　本体论层面：一、理气二分；二、理先气后；三、理静气动；四、理一分殊。

　　心性论层面：五、未发已发；六、心统性情；七、道心人心；八、天理人欲。

工夫论层面：九、主敬省察；十、即物穷理；十一、知先行后。

## 一、理气二分

朱熹之前的宋明儒学在本体论层面形成了两大系统，一是张载的气本论，一是二程的理本论，这是朱熹所身处的理学传统。朱熹要综合创新，就不得不对这两大传统进行判教。毫无疑问，朱熹最终选择的是二程，尤其是程颐。表面上看，这是朱熹个人的主观意见所致，其实这是由理学发展的理论必然而来。也就是说，理本论战胜气本论的理学发展方向，是由张载和二程的哲学品质决定的。二程比张载的哲学品质要高，程颐比程颢又更进一层。而朱熹比程颐，可谓又进一层。当然，朱熹归本于程颐，并不意味着他摒弃了气本论，而是将气本论改造和吸收到了自己的理论体系之中。且看朱熹对理、气关系的论述：

> 天地之间，有理有气。理也者，形而上之道也，生物之本也；气也者，形而下之器也，生物之具也。是以人物之生，必禀此理然后有性，必禀此气然后有形。其性其形，虽不外乎一身，然其道器之间分际甚明，不可乱也。[①]

在宇宙论问题上，佛教属于二元论，儒家属于一元论。张载和二程都认为现实世界之外不存在另一个世界。但对这同一个世界，张载的气本论将宇宙存在归结为气的不同变化形态。而二程则批判，气本论只是解释了宇宙的实然存在，无法说明宇宙存在的终极根据。在二程看来，世界虽然只有一个，但却有形而上与形而下两个层面。二程哲学的最大贡献就在于开发这一形而上层面，并将其明确为"理"。唯有"理"才能解释"气"何以存在、如何存在。朱熹继承了"形而上—形而下"的思维方式，认为

---

① 朱熹：《答黄道夫》，《朱子全书》第二十三册，上海：上海古籍出版社、合肥：安徽教育出版社，2002年版，第2755页。

要理解这个世界，理、气两个层面，缺一不可。"理"属于形而上层面，"气"属于形而下层面。"理"构成了宇宙的终极根据，"气"构成了宇宙的具体形态。没有"理"，宇宙不可能创生开来；没有"气"，宇宙不可能展现出来。就理、气归属于不同的层面而言，所以说"分际甚明"。没有理气二分的观念，对世界的理解就是模糊的，也是不完备的。挪用程颐关于人性"论气不论性，不明；论性不论气，不备"的说法，朱熹的宇宙观也遵从着同样的思路：论气不论理，不明；论理不论气，不备。这里，朱熹不仅强调"理"的本体地位，而且同样重视"气"的发用功能。唯有综合理、气两个观念，宇宙才能得到明晰而整全的理解。

但是，这种强调"分"的观念，容易面临二元论的理论危险。而且，也不符合人们对现实世界的常识观察。当时弟子就有这样的疑问，而朱熹则回答：

> 所谓理与气，此决是二物。但在物上看，则二物浑沦，不可分开各在一处，然不害二物之各为一物也；若在理上看，则虽未有物而已有物之理，然亦但有其理而已，未尝实有是物也。[1]

朱熹不可能不认识到，理气二分的观念将会招致二元论之疑。但在朱熹的话语中，用的是斩钉截铁式的"不可乱""决是"这样的词汇。由此可见，朱熹哲学并不会对现实世界迁就，理论一旦建立就有着理论的旨归。在形而下的层面，朱熹当然承认不可能存在一个理，一个气，然后结合在一起，而是直接浑沦为一。但是，唯有在形而上的层面将"理"从现实世界中剥离出来，才能凸显出理的本体地位。这样，世界的根据才得以挺立，对于世界的理解才得以深化。朱熹说，理、气是二物，但我们却不可将此二物做同质性的理解。用现代的哲学话语来说，气之为物，是可感知的具体存在物，是相对的；而理之为物，是思辨才得以把捉的观念存在物，是绝对的。在形而下的层面，我们看到的是理气不分而展现出的天地

---

[1] 朱熹：《答刘叔文》，《朱子全书》第二十二册，上海：上海古籍出版社、合肥：安徽教育出版社，2002年版，第2146页。

万物；在形而上的层面，理超越于气而独立自存为唯一。理、气是一还是二，就在于从何种层面来看。从物的层面，即从形而下的层面来看，理、气为一；从理的层面，即从形而上的层面来看，理、气为二。要为形而下的层面确立形而上的根据，就必须强调理与气的二分。

"理气二分"，是朱熹哲学的第一观念。由此，朱熹对于宇宙的整体观察，都渗透着强烈的分析思维。对于这一分析思维，朱熹有着精彩的论述：

> 大抵天下事物之理，亭当均平，无无对者，唯道为无对。然以形而上下论之，则亦未尝不有对也。盖所谓对者，或以左右，或以上下，或以前后，或以多寡，或以类相对，或以反相对反复推之，天地之间，真无一物兀然无对而孤立者。①

在朱熹看来，宇宙万物各安其位，这不是被人为安排如此，而是宇宙本身自然如此。就宇宙整体而言，就表现为一种两两相对的图式。在此相对之中，理解宇宙的最基本观念——空间、时间——都出来了。左右是空间的相对，上下、前后既是空间的也是时间的，或者说先有空间的观念进而带出时间的观念②。此相对的图式，既包括相和的对立，也包括相反的对立。多寡是量的相对，类别是质的相对。相对之中，既有和的相对，也有反的相对。不仅在形而下的层面是两两相对的，而且从形而上的层面来看，也是与形而下相对的。细细揣摩，这些观念丝毫不逊于西方哲学中亚里士多德等人的范畴体系。总而言之，在朱熹看来，宇宙就表现为一种几近完美的均衡图式。

"理气二分"，源自朱熹对张载和二程的综合。但此综合之中，又有创新。创新，一方面表现为朱熹将气的观念纳入"形而上—形而下"的体系

---

① 朱熹：《答胡广仲》，《朱子全书》第二十二册，上海：上海古籍出版社、合肥：安徽教育出版社，2002年版，第1904页。

② 中国传统对时间的理解是建立在空间的基础之上。比如，日、月首先是空间，其次才是时间，甚至"时"字本身就从"日"。看手表，是在看时间，其实看到的是空间。

中，从而构成了对宇宙的整全理解；另一方面表现为朱熹在程颐哲学的基础上对"理"进行了全面而深化的解读。所谓"全面"，是说朱熹将"理"的含义解释得更丰富。所谓"深化"，是说朱熹将"理"的应用推广到对人类社会的理解。

先看"全面"。朱熹对于理有诸多论述，难以一一引证。幸运的是，学生陈淳曾在书信中将"理"概括为兼有"能然""必然""当然""自然"四种含义，得到了朱熹的首肯。此四种含义，陈淳借助于孟子"孺子入井"的故事来说明：

> 理有能然，有必然，有当然，有自然处，皆须兼之，方于"理"字训义为备否？且举其一二：如恻隐者，气也；其所以能是恻隐者，理也。盖在中有是理，然后能形诸外为是事。外不能为是事，则是其中无是理矣。此能然处也。又如赤子之入井，见之者必恻隐。盖人心是个活底，然其感应之理必如是，虽欲忍之，而其中怵然自有所不能以已也。不然，则是槁木死灰，理为有时而息矣。此必然处也。又如赤子入井，则合当为之恻隐。盖人与人类，其待之理当如此，而不容以不如此也。不然，则是为悖天理而非人类矣。此当然处也。当然亦有二：一就合做底事上直言其大义如此，如入井当恻隐，与夫为父当慈、为子当孝之类是也。一泛就事中又细捡别其是是非非，当做与不当做处。如视其所当视而不视其所不当视，听其所当听而不听其所不当听，则得其正而为理。非所当视而视与当视而不视，非所当听而听与当听而不听，则为非理矣。此亦当然处也。又如所以入井而恻隐者，皆天理之真流行发见，自然而然，非一毫人为预乎其间，此自然处也。[①]

首先，乍见"孺子入井"，由于理内在于人心，从而天生就会外显为恻隐的能力，这是"能然"的一面；其次，人心之理与外物互相感应，想

---

① 朱熹：《答陈安卿》，《朱子全书》第二十三册，上海：上海古籍出版社、合肥：安徽教育出版社，2002年版，第2736页。

不去恻隐都不能够，这是"必然"的一面；再次，作为人按照道理应该去恻隐，否则就不是人，这是"当然"的一面；最后，恻隐的发动自然而然，并未掺杂任何人为的成分，这是"自然"的一面。这四种含义囊括了对"理"的所有可能性理解。

再看"深化"。张载的气本论讲的是宇宙"然"的一面，程颐的理本论讲的是宇宙"所以然"的一面。在上述的四种含义之中，朱熹本人又将其凝练为两种含义："所当然而不容已，与其所以然而不可易。"①"所以然"是程颐的说法，是从宇宙论的角度来论述事物的终极根据。而"所当然"则不仅是宇宙论的问题，而且牵涉人性论与伦理学的问题，主要解决的是道德主体与伦理规范的关系问题。在"所当然"的语境下，强调的是主体内在的道德意识与客观外在的伦理规范的统一。"当然"不仅意味着伦理规范之于道德主体的客观必然性，而且意味着道德主体之于伦理规范的主观选择性。同样以孟子"孺子入井"为例，今人对于同类现象曾提出异议，现实生活中的确存在着某些人遇到"孺子入井"的同类情境而不会恻隐的事实。但从朱熹的角度来立论，当这些人没有恻隐，这些人就失去了做人的资格，或者说这些人的道德意识尚未觉醒。所以，要解决上述道德难题，就必须将当然之理的普遍性规则树立为外在的伦理规范，进而强制性地去规范人类的道德意识和行为。这是朱熹"当然"之论的现实关怀所在。翻读朱熹的言论，"当然"的话语随处可见，占据着朱熹对"理"理解的核心地位。所以，朱熹后来又说："《大学》本亦更有'所以然'一句，后来看得且要见得所当然是要切处，若果见得不容已处，即自可默会矣。"②也就是说，领会了理的"所当然"之义，"所以然"就包含在其中了。这是将外在的伦理规范主动收摄到内在的道德意识的结果，也是从道德的他律走向道德的自律的过程。可见，从张载的"然"到程颐的"所以然"，再到朱熹的"所当然"，是理学在理论上的进一步深化和在实践上

---

① 朱熹：《大学或问》，《朱子全书》第六册，上海：上海古籍出版社、合肥：安徽教育出版社，2002年版，第528页。

② 朱熹：《答陈安卿》，《朱子全书》第二十三册，上海：上海古籍出版社、合肥：安徽教育出版社，2002年版，第2737页。

的扩展化应用。没有朱熹的集大成，理学不可能以各种方式影响到社会生活的方方面面。

## 二、理先气后

与"理气二分"紧密相关的问题是，理与气的先后问题。学生就两者的先后关系，曾提出很多疑问，朱熹有的时候回答"理先气后"，有的时候回答"理气本无先后"。据此，容易让人认为，朱熹本人的思想是混乱的。其实，这是没有深入朱熹的语境之中，也没有抓住朱熹哲学"形而上—形而下"两层的理论架构。而学生之所以提出理气先后的疑问，其实还是在追问宇宙的本体到底是理还是气？一方面，朱熹坚持认为"理"为本体，但另一方面，展示在世人面前的万物总是"理气为一"，又怎么能说"理在气先"呢？下面，结合师生间的相关问答，来逐步澄清朱熹的理路。

第一步，"理在气先"。这是朱熹"理气先后"问题的基础性观念。

> 未有天地之先，毕竟也只是理。有此理，便有此天地；若无此理，便亦无天地，无人无物，都无该载了！有理，便有气流行，发育万物。①

其实，根据朱熹"理气二分"的观念，就可以推导出"理先气后"的观念。因为"理""气"二物，"理"为宇宙的本体，是万物得以创生的根源。那么，若要追问两者的先后问题，只能说，理在先，气在后。但朱熹说"未有天地之先，毕竟也只是理"，貌似又会给人以这样一种误解：在宇宙生成的初始阶段，存在一个没有"气"只有"理"的阶段。也就是说，在时间上，宇宙先存在一个纯粹"理"的阶段，再发展为一个"理""气"掺杂的阶段。但不论是二程还是朱熹，他们"理本论"下的宇宙观都既没有终点，也没有始点，不可能存在理气割裂的阶段。更明白地说，

---

① 黎靖德编：《朱子语类》卷一，北京：中华书局，1986年版，第1页。

朱熹所说的"先后"不能从宇宙生成的时间角度来理解，只能转换到本体论的角度来理解。这就牵涉到如何来理解朱熹所说的"先后"。

第二步，所谓"先后"，是从"形而上下"来立论。其实，朱熹本人也考虑到了学生将"先后"误解为时间上的先后。

> 问："有是理便有是气，似不可分先后？"曰："要之，也先有理。只不可说是今日有是理，明日却有是气；也须有先后。且如万一山河大地都陷了，毕竟理却只在这里。"①

很明显，学生的提问是从形而下的层面来立论。的确，朱熹承认，从形而下的层面看，不能说理、气在时间上存在着"今日""明日"这样的先后问题。但是，非要追问到底，只能说理在先、气在后。这里朱熹用的是"要之"这样的词汇，其实是在说，从根本上来说，从理上来说，从本体上来说，从形而上来说。当转化到形而上的层面来说，即使山河大地这些具体有形的万物都消亡了，宇宙同样存在，只不过存在的样态发生了变化而已。那么，如何区分时间上的先后和形而上下的先后呢？朱熹有这样的话：

> 或问："必有是理，然后有是气，如何？"曰："此本无先后之可言，然必欲推其所从来，则须说先有是理。然理又非别为一物，即存乎是气之中；无是气，则是理亦无挂搭处。"②

所谓"推其所从来"，是说理气的先后问题，是可以"推"出来的。这里怎么来理解"推"，就又成了一个关键问题。在此问题上，冯友兰曾经提出一个影响很大的观点，他认为"理在气先"，是说"逻辑在先"。③

---

① 黎靖德编：《朱子语类》卷一，北京：中华书局，1986年版，第4页。
② 黎靖德编：《朱子语类》卷一，北京：中华书局，1986年版，第3页。
③ 冯友兰：《中国哲学史》下，《三松堂全集》第三卷，郑州：河南人民出版社，2001年版，第330页。

这一观点，明显受到了他所从学的"逻辑实证主义"的影响。这里必须予以澄清的是，"理气先后"的问题绝不只是一个纯粹的逻辑问题。

首先，"理"的存在无关乎"逻辑上的推"。也就是说，"理"既不是逻辑推理得以成立的大前提，也不是逻辑分析所得的结论概念。当然既不可以通过逻辑来证实，也不可能被逻辑所证伪。只能说，在观念上"理"被把握为一种绝对存在物。

其次，"理"的存在无关乎"逻辑的推"。也就是说，"理"的在先，不是为了解决某种逻辑矛盾而自圆其说，才不得不承认的形式概念，而是作为一种绝对存在物始终提供着现实世界的一切源泉。从而，"理"不仅是实存的，而且是充实的，其自身就蕴含着价值的根据。

再次，"推理"的"推"，作为一种方法，虽然不排斥理性认识上的逻辑推导；但作为一种工夫，更多的是渗透着如同二程所说的"体贴""默识"的意味。也就是说，"人"与"理"之间，不仅存在着一个"人"与"理"的认知关系，而且存在着一个"人"对"理"的实践行为上的主动接受。

从而，回到朱熹本人的话语中，所谓"先后"，说的只能是"形而上"与"形而下"的关系。朱熹曾极为明确地说：

> 问："先有理，抑先有气？"曰："理未尝离乎气。然理形而上者，气形而下者。自形而上下言，岂无先后！理无形，气便粗，有渣滓。"[1]

其实，翻开朱熹与门人大量关于"理气先后"的问答，朱熹的理论重点都是在强调："理"属于形而上者，"气"属于形而下者，形而上的"理"绝对优先于形而下的"气"。而如果非要给"先后"下一个现代的解释，姑且只能说是"价值在先"。

第三步，"理在气中"。从形而下的层面看，理在气中，无先后可言。

---

① 黎靖德编：《朱子语类》卷一，北京：中华书局，1986年版，第3页。

　　或问先有理后有气之说。曰："不消如此说。而今知得他合下是先有理，后有气邪；后有理，先有气邪？皆不可得而推究。然以意度之，则疑此气是依傍这理行。及此气之聚，则理亦在焉。盖气则能凝结造作，理却无情意，无计度，无造作。只此气凝聚处，理便在其中。且如天地间人物草木禽兽，其生也，莫不有种，定不会无种子白地生出一个物事，这个都是气。若理，则只是个净洁空阔底世界，无形迹，他却不会造作；气则能酝酿凝聚生物也。但有此气，则理便在其中。"①

　　当学生明确说"理在气先"之时，朱熹又立马来纠正学生偏于形而上的一边。就形而下的一边而言，理与气的关系是难以用"先后"这样的语言概念来分析。不过依然看得出，朱熹用"依傍"这样的话语，还是在强调理相对于气的主导地位。只不过，理的本体地位决定了理超越了"情意""计度""造作"这样的形而下的主观意识层面，而只能是形而上的"静洁空阔"世界，这无关乎人为的安排，也不掺杂任何的有形杂质，而是理本身的自然而然。而理之所以能够创生出宇宙万物的生生变化，则必须借助气的聚散流行。朱熹将"理"比作万物的种子，将"气"比作万物的具体形态。伴随着万物的成长过程，人所能看到的只是万物形态的变化，这是气在酝酿凝聚，而非理有什么变化。但是，有气则有理，当气发生聚散之时，理就贯彻在其中。这是说，没有理的存在，气也不会如此这般地运作流衍；气之所以能发生具体形态的变化，是因为理在背后起着决定性的作用。

　　统观"理气先后"的问题，朱熹始终贯彻着"形而上—形而下"的思维模式。就形而上立论，理气分而为二，理属于形而上的层面，气属于形而下的层面，形而上为形而下提供终极根据，这是"理在气先"。就形而下立论，理气浑然一体，气通过理的指导来流衍变化，理借助于气的聚散来创生万物，这是"理在气中"。要理解"理先气后"与"理在气中"看似矛盾的说法，就不能不看到朱熹"形而上—形而下"这一根本的思维模

────────────

① 黎靖德编：《朱子语类》卷一，北京：中华书局，1986年版，第3页。

式。应该说，这一思维模式为朱熹的理论提供了圆融的解释。

### 三、理静气动

围绕着理气关系，朱熹还探讨了两者动静的问题。而此一问题，朱熹借助的则是周敦颐的"太极"观念，或者说是对周敦颐"太极"观念的再改造。按照周敦颐在《太极图说》中"太极动而生阳"的说法，"太极"本身是有动静的。而朱熹则说：

> 盖太极者，本然之妙也；动静者，所乘之机也。太极，形而上之道也；阴阳，形而下之器也。[①]

这里，朱熹同样是在用"形而上—形而下"的思维模式来解释之。在朱熹看来，太极属于形而上的层面，从而也就是理；阴阳属于形而下的层面，从而也就是气。那么，作为"理"的太极，就超越了形而下的动静，只能是无动无静之静。而唯有作为"气"的阴阳，才存在动静问题。然而，阴阳之所以能动能静，却在于太极本身就蕴含着动静之理。要言之，太极本身无所谓动静，有动静的主体乃是阴阳，而太极乃阴阳之所以动静之理。为此，朱熹举了一个通俗的例子：

> 太极理也，动静气也。气行则理亦行，二者常相依而未尝相离也。太极犹人，动静犹马；马所以载人，人所以乘马。马之一出一入，人亦与之一出一入。盖一动一静，而太极之妙未尝不在焉。[②]

从形而下的层面来看，理在气中，也就是太极不离阴阳。"太极"好比是人，"动静"好比是马。人骑在马背之上，马有动静，而人无动静；

---

① 朱熹：《太极图说解》，《朱子全书》第十三册，上海：上海古籍出版社、合肥：安徽教育出版社，2002年版，第72页。

② 黎靖德编：《朱子语类》卷九十四，北京：中华书局，1986年版，第2376页。

马之所以动静，在于人的掌控；随着马的动静，人才会有动静。所以，太极本身无动静，有动静的是阴阳；太极是阴阳之所以能动能静的根据；太极挂搭在阴阳之上，随着阴阳的动静而动静。

至此，朱熹完全是用"理"来解释周敦颐的"太极"，理属于形而上的层面，则太极自然就不会存在动静的问题了。然而，要解释形而下的动静，则无法脱离理的创生功能，这是"太极之妙"的体现。因为"理在气中"，从而太极又贯乎动静。

### 四、理一分殊

朱熹在本体论层面的最后一个命题是"理一分殊"。这一命题的最先提出，源于程颐关于学生杨时针对张载《西铭》的提问而发。杨时的疑问是，张载在《西铭》中表达的"万物一体"思想有墨家"兼爱"的嫌疑，而程颐的回答是："《西铭》明理一而分殊，墨氏则二本而无殊（原注：老幼及人，理一也；爱无差等，本二也）。分殊之蔽，私胜而失仁；无分之罪，兼爱而无义。"①从程颐的理本论来看，墨家缺少形而上的理一观念，从而流为形而下的自私；缺少形而下的分殊观念，从而流为日用生活中的无义。

其实，先不谈由"理一分殊"观念所导出的伦理实践。用现代哲学话语来说，这一命题首先所要解决的是"一"与"多"、"普遍性"与"特殊性"、"统一性"与"多样性"关系的本体论问题。而诸如此类的哲学问题在朱熹这里得到了明确的认识。关乎此，朱熹最经典的表达是：

> 盖合而言之，万物统体一太极也；分而言之，一物各具一太极也。②

---

① 程颢、程颐：《二程集》，北京：中华书局，1981年版，第609页。
② 朱熹：《太极图说解》，《朱子全书》第十三册，上海：上海古籍出版社、合肥：安徽教育出版社，2002年版，第74页。

　　上文说朱熹理解的"太极"就是"理"。从形而上的层面来看，万物之所以统合为一体，在于天理的统一性，这构成了"统体一太极"；从形而下的层面来看，万物之所以表现为各自的多样性，在于万物本身之中也蕴含着各自的物理。然而，多样性、特殊性的物理的最终根据同是来源于统一性、普遍性的天理，这构成了"物物一太极"。这里，可以将统体之太极，看成是"大太极"；物物之太极，看成是"小太极"，但总归都是一种统一性的表达。因为就万物也蕴含着太极而言，意味着万物之理本身也构成了统一性，否则就无法展现为形而下的独立个体。要言之，物物之理，同是对天理的整全式分有。这里的关键在于如何理解"分"的问题。

　　先从读音上看。关于"分"，可以有两种读法：一是读平声的 fēn，一是读去声的 fèn。其实，这两种读法稍有不同而又各有意味，共同构成了对"理一分殊"命题的整合理解。读 fēn，意味着万物之理是从天理分有而来。从而，就万物的多样性而言，万物之理是有分的；就万物自身的统一性而言，万物之理又是无分的。读 fèn，意味着从天理分有而来的万物之理，有着各自的本分。从而，就万物的多样性而言，万物之理所获得的各自本分是不同的；就万物自身的统一性而言，万物之理皆获得了各自圆满的本分。

　　再从理论上看。所谓"分"，不能理解为物理学意义上的"分割"，而只能理解为类似于生物学意义上的"分化"。也就是说，并不因为万物之理分有了天理，而使得天理变得有所欠缺，也不因为万物之理是对天理的分有，而使得万物之理有所欠缺。朱熹曾用了一个比喻：

　　　　问："《理性命》章注云：'自其本而之末，则一理之实，而万物分之以为体，故万物各有一太极。'如此，则是太极有分裂乎？"曰："本只是一太极，而万物各有禀受，又自各全具一太极尔。如月在天，只一而已；及散在江湖，则随处而见，不可谓月已分也。"[1]

　　此喻所谓"月印万川"。天上之月，是本体，是太极；江湖之月，是

---

[1] 黎靖德编：《朱子语类》卷九十四，北京：中华书局，1986年版，第2409页。

功用，是万物。然而，江湖之月同是圆满的，是因为分有了天上之月这一太极之全体，从而江湖之月也各是一太极。显然，月印万川的现象告诉我们，并不因为江湖之月分有了天上之月，天上之月这一太极就已经分裂为不同的部分了。无论是天上之月，还是江湖之月，其本身皆各自圆满，亦皆是太极。所不同的是，天上之月乃理一之太极，江湖之月乃分殊之太极。

"月印万川"的比喻显得过于抽象，甚至被后世讥为受到了华严宗的影响。这里，不妨再来看朱熹举的一个更为浅近的实例：

> 如一粒粟生为苗，苗便生花，花便结实，又成粟，还复本形。一穗有百粒，每粒个个完全；又将这百粒去种，又各成百粒。生生只管不已，初间只是这一粒分去。物物各有理，总只是一个理。①

一粒谷子生而为苗，苗再生而为花，花再结而为实，又终成一粒谷子。这是一粒谷子生而往复的过程。朱熹将最初的一粒谷子比作"理一"，而将由一粒谷子生化出的百千万粒谷子比作"分殊"。很显然，百千万粒谷子与最初之一粒谷子之间就其形态而言并无不同，但百千万粒谷子的不同存在，恰好印证的不过是其所具之理乃是相同的。

其实，从朱熹通过举例解释"理一分殊"的理论建构来看，朱熹对分殊的重视是不待言的。但是，分殊的背后，朱熹总是归到理一的层面。这意味着，作为哲学家的朱熹总是不愿意放弃形而上的探求，也不能放弃，这既是理论透彻性的必然要求，也是理论所开发出的强大效用。因为失却了"理一"这一形而上的关照，不仅万物分殊之理的统一性得不到保证，而且宇宙生化的无限性更是无从谈起。总之，面对"理一分殊"，既要看到这一命题解释了万物存在的分殊合理性，更要看到万物存在背后的天理统摄性。

当然，"理一分殊"并非仅是一个纯粹的形上学命题，其现实的旨趣还是要落在对形而下事物之理的解释之中。分而言之，形而上的"理一"

---

① 黎靖德编：《朱子语类》卷九十四，北京：中华书局，1986年版，第2374页。

即所谓的"天理",由其分殊才有形而下的"物理""伦理"这样一些知识论和伦理学方向的关怀。这里引用朱熹的两段话加以说明。

关于"物理"的分殊,朱熹说:

> 如一所屋,只是一个道理,有厅,有堂;如草木,只是一个道理,有桃,有李;如这众人,只是一个道理,有张三,有李四,李四不可为张三,张三不可为李四。[1]

由屋子的"理一",而有厅、堂的分殊之理,从而厅、堂的形态是不同的;由草木的"理一",而有桃、李的分殊之理,从而桃、李的形态是不同的;由人类的"理一",而有张三、李四的分殊之理,从而张三、李四的形态也是不同的。反过来,人物形态的不同,是因为对天理的不同分殊,而此分殊不同之中,同类人物蕴含着一个统一性的同类物理,异类人物又皆蕴含着一个统一性的最高天理。

关于"伦理"的分殊,朱熹说:

> 所居之位不同,则其理之用不一。如为君须仁,为臣须敬,为子须孝,为父须慈。物物各具此理,而物物各异其用,然莫非一理之流行也。[2]

君、臣、父、子的不同,是伦位的不同,伦位的不同意味着分有着不同的伦理。分开来看,处于君、臣、父、子的不同伦位,有着仁、敬、孝、慈的伦理差异;统合来看,仁、敬、孝、慈的差异伦理,皆源于统一的道德准则。

综上所述,"理一分殊"在朱熹这里首先是一个形而上的本体论命题。在此本体论观照下,朱熹解释了宇宙的统一性在于形而上的天理;由形而上的天理本体,保证了万物分殊的多样性。进而,在形而下层面,面对万

---

[1] 黎靖德编:《朱子语类》卷六,北京:中华书局,1986年版,第102页。
[2] 黎靖德编:《朱子语类》卷十八,北京:中华书局,1986年版,第398页。

物的分殊，应当穷其物理；面对人伦的分殊，应当究其伦理。也就是说，"理一分殊"既解释了客观世界的自然存在现象，也规定了人文世界的当然运行法则，并将两者统合为一个天理流行的统一世界。

## 五、未发已发

"未发已发"的问题在朱熹的思想成熟过程中扮演着重要的角色，通过对此问题的反复参悟，造就了朱熹为学规模的真正挺立。关于这一问题，其文本的根据来源于《中庸》中所说的："喜怒哀乐之未发，谓之中；发而皆中节，谓之和。中也者，天下之大本；和也者，天下之达道。致中和，天地位焉，万物育焉。"而其问题的意识，发端于程颐和吕大临、苏昺等人的相关讨论。此后，这一问题成为从杨时到罗从彦到李侗直至朱熹的"道南学派"的重要理论话头。比如，杨时曾说："学者当于喜怒哀乐之未发之际，以心体之，则中之义自见。执而勿失，无人欲之私焉，发必中节矣！"[1]李侗也回忆道："某曩时从罗先生问学，终日相对静坐，只说文字，未尝一及杂语。先生极好静坐，某时未有知，退入堂中亦只静坐而已。先生令静中看喜怒哀乐未发之谓中，未发时作何气象？"[2]同样，李侗也把这种于静坐中"体验未发"的工夫传给了朱熹。然而，早年的朱熹并不能透悟此一问题，或者己之所学与师之所传并不能两相契合。其后，他在经过长期的论学与冥思之后，于乾道二年（1166年）的"丙戌之悟"获得了一次理论上的突破，又于乾道五年（1169年）的"乙丑之悟"完成了新的理解，前者称"中和旧说"，后者称"中和新说"。在回顾这段参悟往事时，朱熹写下了《中和旧说序》：

> 余蚤从延平李先生学，受《中庸》之书，求喜怒哀乐未发之旨，未达而先生没。余窃自悼其不敏，若穷人之无归。闻张钦夫得衡山胡

---

[1] 黄宗羲：《宋元学案·龟山学案》，《黄宗羲全集》第四册，杭州：浙江古籍出版社，2005年版，第205页。

[2] 李侗：《李延平集》，北京：中华书局，1985年版，第18页。

氏学,则往从而问焉。钦夫告余以所闻,余亦未之省也,退而沉思,殆忘寝食。一日,喟然叹曰:"人自婴儿以至老死,虽语默动静之不同,然其大体莫非已发。特其未发者为未尝发耳。"自此不复有疑,以为《中庸》之旨果不外乎此矣。后得胡氏书,有与曾吉父论未发之旨者,其论又适与余意合,用是益自信。虽程子之言有不合者,亦直以为少作失传而不之信也。然间以语人,则未见有能深领会者。

乾道己丑之春,为友人蔡季通言之,问辨之际,予忽自疑,斯理也,虽吾之所默识,然亦未有不可以告人者。今析之如此其纷纠而难明也,听之如此其冥迷而难喻也,意者乾坤易简之理,人心所同然者,殆不如是;而程子之言出其门人高弟之手,亦不应一切谬误,以至于此。然则予之所自信者,其无乃反自误乎?则复取程氏书,虚心平气而徐读之,未及数行,冻解冰释,然后知性情之本然、圣贤之微旨,其平正明白乃如此。而前日读之不详,妄生穿穴,凡所辛苦而仅得之者,适足以自误而已。至于推类究极,反求诸身,则又见其为害之大,盖不但名言之失而已也。于是又窃自惧,亟以书报钦夫及尝同为此论者。惟钦夫复书深以为然,其余则或信或疑,或至于今累年而未定也。夫忽近求远,厌常喜新,其弊乃至于此,可不戒哉![1]

应该说,"中和旧说"一开始是在与湖湘学派张栻(字钦夫)的论学影响下产生的,其后又拿胡宏的书信来印证,并认为达到了对"未发之旨"的正确理解,即使与程颐的说法有所违背亦坚信己说。可见,此时朱熹的"中和旧说"受到了湖湘学派的影响。然"中和旧说"的大意不过是"心为已发,性为未发",并且着重强调的是日用常行中之一切都处于心的已发状态之下,从而为学的工夫就是在已发之处的"心"上用功,亦即朱熹常说的"察识"。从而,朱熹于其师"体验未发"的工夫不能相契是理所当然的。这里,从"体用"的思维模式来说,朱熹认为,已发为用、为心,而未发则为体、为性。然而,当朱熹将这一见解公之于众的时候,却

----

① 朱熹:《中和旧说序》,《朱子全书》第二十四册,上海:上海古籍出版社、合肥:安徽教育出版社,2002年版,第3634—3635页。

发现就连自己的大弟子蔡元定（字季通）也不能领会，这导致了对自身的怀疑，又回过头来参验师门授受的"体验未发"工夫。

在再读程颐著作的契机之下，朱熹提出了更为成熟的"中和新说"。关于"中和新说"，朱熹的理解也分为两个层次。第一个层次是，朱熹将已发、未发，理解为"心之已发、未发"。也就是认为，心本身也存在未发、已发的两个时间先后次序。在《已发未发说》中，朱熹回顾了对程颐观点的再理解：

> 右据此诸说，皆以思虑未萌、事物未至之时，为"喜怒哀乐之未发"。当此之时，即是心体流行，寂然不动之处，而天命之性，体段具焉。以其无过不及，不偏不倚，故谓之中。然已是就心体流行处见，故直谓之性则不可。吕博士论此大概得之。特以中即是性，赤子之心即是未发，则大失之，故程子正之……程子所谓"凡言心者，皆指已发而言"，此却指心体流行而言，非谓事物思虑之交也。①

所谓"右据诸说"指的皆是程颐《与吕大临论中书》中的对话。这里，朱熹将《中庸》中的"已发"不再理解为喜怒哀乐的情感发动处这一具体时间点，而是理解为一切后天人的知觉、情感、认知、意志等（亦即"思虑"）心的流行作用总体。这也符合程颐始终视"心"为"用"的层面。而所谓"未发"，指的是"心"未与事物相接，尚未出现思虑之时，也就是"心"没有喜怒哀乐之时的寂然状态。朱熹承认，此时"心"与"性"是合一的。由此，朱熹所理解的"未发已发"就不再是"中和旧说"中所指向的分属"心""性"两个层面的概念，而是皆指向"心"这一个层面的概念。

与"中和旧说"中对"心"的重视一脉相承，在"中和新说"的第二个层次，朱熹开始将一贯的"体用"思维模式用来解读"心"。也就是说，朱熹继承了程颐"心有体用"的观念。且看朱熹的表述：

① 朱熹：《已发未发说》，《朱子全书》第二十三册，上海：上海古籍出版社、合肥：安徽教育出版社，2002年版，第3267—3268页。

然人之一身，知觉运用，莫非心之所为，则心者，固所以主于身，而无动静语默之间者也。然方其静也，事物未至，思虑未萌，而一性浑然，道义全具，其所谓中，是乃心之所以为体而寂然不动者也。及其动也，事物交至，思虑萌焉，则七情迭用，各有攸主，其所谓和，是乃心之所以为用，感而遂通者也。然性之静也而不能不动，情之动也而必有节焉，是则心之所以寂然感通、周流贯彻而体用未始相离者也。①

从而，"心之所以为体"即是"未发之中"，"心之所以为用"即是"已发之和"。或者说，"心之体"即是"未发"，处于无所偏倚的"中"的状态；"心之用"即是"已发"，达到无所乖戾的"和"的状态。这样，朱熹所理解的"已发未发"就不再是个时间上的先后次序关系，而是一个体用架构中的形而上下关系了。那么，再进一步追问，"心之体"具体何指？"心之用"又具体何指？朱熹人性论的典型命题"心统性情"就呼之欲出了。

## 六、心统性情

朱熹通过"已发未发"的两次参悟，不仅"心"的问题得到了重视，而且到了"中和新说"阶段，"情"的问题开始突显出来。在湖湘学派的人性论中，"性""心"分属于"体用"两个层面，并没有"情"的位置。如此，"心"与"情"的关系尚未得到深刻的探讨。由此带来的问题是，将"心"混同于"情"，从而有可能将人性中的情欲一面皆归罪于心。这样，不仅道德修养工夫的着力点得不到落实，而且甚至道德修养的主动性也无从谈起。为了解决这一问题，朱熹发掘了张载所提出的"心统性情"主张。

---

① 朱熹：《答张钦夫》，《朱子全书》第二十一册，上海：上海古籍出版社、合肥：安徽教育出版社，2002年版，第1419页。

在明晰了"心有体用"的观念之后，朱熹进一步将"心之体"和"心之用"做了明确的界定：

> 心主于身，其所以为体者性也，所以为用者情也。是以贯通乎动静而无不在焉。①

这样，朱熹从"心性二分"的架构中，将心解放出来。也就是说，处于体用架构中的不再是"心"与"性"的对立，而是"情"与"性"的对立。其中，"心"所起到的功能是"统"的作用。基于这样的区分，"性""心""情"各有明确的所指：

> 仁义礼智，性也；恻隐、羞恶、辞让、是非，情也；以仁爱，以义恶，以礼让，以智知者，心也。性者，心之理也；情者，心之用也；心者，性情之主也。②

在朱熹看来，"性"指的是人先天内在的诸如仁、义、礼、智的道德本性。"情"指的是人后天展现出的恻隐、羞恶、辞让、是非的道德情感。当然，朱熹这里用的"情"，特指的是"四端之情"，而泛指的"情"应该为"七情"亦即"喜、怒、哀、乐、爱、恶、欲"。"性"乃"情"之本体；"情"乃"性"之发用。但是，性体隐微难见、寂然不动，其要发挥功用，则依靠"心"这一主体，并由"心"掌控着发用的中节与否。从而，"心"包括"性情"两者而言，其所起到的功能，朱熹这里谓之"主"，也就是"统"的意思。那么，如何理解"统"或者"主"？

第一，"统"意味着是心将性与情两者统一在一起。也就是说，心中既有性，也有情。当单说"心"时，既有性的一面，也有情的一面，而且

---

① 朱熹：《答何叔京》，《朱子全书》第二十二册，上海：上海古籍出版社、合肥：安徽教育出版社，2002年版，第1839页。

② 朱熹：《元亨利贞说》，《朱子全书》第二十三册，上海：上海古籍出版社、合肥：安徽教育出版社，2002年版，第3254页。

此心始终存在，亦即"贯乎动静而无不在"。

第二，"统"意味着，心处于一个"统领""主宰"的地位。所以，朱熹说"统如统兵之统"①，又说"心则统性情，该动静而为之主宰也"②。但是，这里需要指出，所谓"统领""主宰"并不能理解为"心"能够代替"性"处于本体的地位。因为，如何统领、主宰还要符合作为理之当然的"性"。比如，用朱熹的比喻来说，统帅统兵要符合统兵之理。可见，"统"字无非是要揭示"心"的主体地位，将其主动性的一面突显出来。

第三，"统"意味着"性""心""情"三者不可孤立而言，而是一统的。如朱熹说："然心统性情，只就浑沦一物之中，指其已发、未发而为言尔；非是性是一个地头，心是一个地头，情又是一个地头，如此悬隔也。"③也就是说，三者只是从不同的角度立论，现实生活中并不可能将三者分开。作为一个人，其性先天存在，有性必发用为情，而心则就性情总体而言并成为道德修养的发动者。

七、道心人心

在"心有体用"观念的推演下，朱熹又提出"道心人心""天理人欲"的区分。先看"道心人心"。此一问题的文本根据，出于伪古文《尚书·大禹谟》中的记载："人心惟危，道心惟微；惟精惟一，允执厥中。"此所谓"十六字心传"，被二程视为尧、舜、禹转相传授的心法秘诀。朱熹则进一步视其为"道统"所系，并解释了为何有"道心人心"之别。

> 或问"人心、道心"之别。曰："只是这一个心，知觉从耳目之欲上去，便是人心；知觉从义理上去，便是道心。人心则危而易陷，道心则微而难著。微，亦微妙之义。"④

① 黎靖德编：《朱子语类》卷九十八，北京：中华书局，1986年版，第2513页。
② 朱熹：《孟子纲领》，《朱子全书》第二十四册，上海：上海古籍出版社、合肥：安徽教育出版社，2002年版，第3584页。
③ 黎靖德编：《朱子语类》卷五，北京：中华书局，1986年版，第94页。
④ 黎靖德编：《朱子语类》卷七十八，北京：中华书局，1986年版，第2009页。

可见，"道心人心"皆是就心的已发而言，并不是说人有两个心，而是说人之一心之中，存在着两种面向：一是面向道德理性的"道心"，一是面向感性欲望的"人心"。那么，这两种面向又是如何产生的？朱熹说：

> 心之虚灵知觉，一而已矣，而以为有人心、道心之异者，则以其或生于形气之私，或原于性命之正，而所以为知觉者不同，是以或危殆而不安，或微妙而难见耳。然人莫不有是形，故虽上智不能无人心；亦莫不有是性，故虽下愚不能无道心。二者杂于方寸之间，而不知所以治之，则危者愈危，微者愈微，而天理之公，卒无以胜夫人欲之私矣。精则察夫二者之间而不杂也，一则守其本心之正而不离也。从事于斯，无少间断，必使道心常为一身之主，而人心每听命焉，则危者安，微者著，而动静云为自无过不及之差矣。①

凡人之生，都有源自天命之性的"性体"和源自气质之性的"形体"，前者表现为人的道德理性，后者表现为人的感性欲望。当人心被欲望所占据之时，就会危殆不安，此所谓"危"；而人的道德理性则隐微潜存于人心深处，此所谓"微"。现实生活中，无论是上智之人还是下愚之人都交织着两者，只不过上智之人"道心"占据了上风，下愚之人"人心"占据了上风。这里需要注意到，在"道心人心"的区分中，朱熹并没有完全否定人心，而是看到了人心有着人性的根据，这是朱熹的深刻之处。但重要的是，朱熹要求在伦理实践中，主动地以道心来引导人心，亦即通过"精察"的工夫，使得道心与人心不相混杂；通过"守正"的工夫，使得人心不脱离"本心"，亦即道德理性的本来状态，亦即道心。进而，人心的欲望在道德理性的节制和引导下，达到"中"的状态，最终才能使人心得以安顿，道心达到彰显。

---

① 朱熹：《中庸章句序》，《朱子全书》第二十四册，上海：上海古籍出版社、合肥：安徽教育出版社，2002年版，第3674页。

### 八、天理人欲

再看"天理人欲"。与上述"道心人心"相同的是，"天理人欲"也是一组相对的概念。所不同的是，"道心人心"总在一个"心"的概念统摄下，而"天理人欲"则是专就"人心"而言。这对概念，其文本的根据，出于《礼记·乐记》的记载："人生而静，天之性也。感于物而动，性之欲也。物至知知，然后好恶形焉。好恶无节于内，知诱于外，不能反躬，天理灭矣。夫物之感人无穷，而人之好恶无节，则是物至而人化物也。人化物也者，灭天理而穷人欲者也。"这里的"天理"，指的是人生而具有的内在本性；"人欲"，指的是感物而动的感性欲望。如果被外物所诱惑的"好恶之情"得不到节制，就是灭天理而穷人欲。落实在现实生活中，理欲问题就成了道德修养的最基本课题。朱熹正是敏锐地抓住了这一问题意识，从而将此一对概念提出来，并将其视为理论的最终落脚点。如他说：

> 圣贤千言万语，只是教人明天理，灭人欲。①
> 学者须是革尽人欲，复尽天理，方始是学。②

在"道心人心"这对概念中，朱熹尚意识到两者的两相混杂，而在"天理人欲"这对概念中，朱熹则强调两者的绝对对立。如朱熹说："窃以谓人欲云者，正天理之反耳。谓因天理而有人欲则可，谓人欲亦是天理则不可。盖天理中本无人欲，惟其流之有差，遂生出人欲来。"③在这样的零和思维中，人欲绝对没有丝毫的价值可言。有人可能会为朱熹的理论辩护，认为朱熹所说的"灭人欲"并不是要否定一切欲望，只是反对过度的欲望而已。然而，且看朱熹对天理人欲的区分：

① 黎靖德编：《朱子语类》卷十二，北京：中华书局，1986年版，第207页。
② 黎靖德编：《朱子语类》卷十三，北京：中华书局，1986年版，第225页。
③ 朱熹：《答何叔京》，《朱子全书》第二十二册，上海：上海古籍出版社、合肥：安徽教育出版社，2002年版，第3674页。

问："饮食之间，孰为天理孰为人欲？"曰："饮食者，天理也；要求美味，人欲也。"①

问："饥食渴饮，冬裘夏葛，何以谓之天职？"曰："这是天教我如此。饥便食，渴便饮，只得顺它。穷口腹之欲便不是，盖天只教我饥则食，渴则饮，何曾教我穷口腹之欲？"②

在朱熹的回答中，貌似"饮食"的基本欲望得到了肯定。然而，问题的关键在于，当朱熹说"饮食者，天理也"，在这里"饮食"已经不属于"人欲"的范畴，而属于"天理"的范畴。更为直接地说，"饮食"是"天理"而非"人欲"。可见，欲望的正当性完全被限定在与其相对立的天理范围之内，而非按照欲望的本身来判定。在天理的统摄下，欲望一旦越出维持基本的生存条件（"饮食"），而有更进一步的要求（"美味"），就会被判定为一概否定的对象。实际上，天理人欲的绝对对立，意味着不论何种的欲望，不论欲望的多少，其本身都被视为无价值的存在。只有在接受"天理"的审判之后，才能对其作出价值上的判定。以"饮食"与"美味"而言，前者被天理肯定为"天理"，后者被天理否定为"人欲"。要言之，天理面前，容不得一毫人欲。

## 九、主敬省察

在工夫论问题上，朱熹基本上继承了程颐"涵养须用敬，进学则在致知"的思路，只不过论述得更加具体。先看涵养。涵养的工夫，又与朱熹的"已发未发说"紧密相连。在"中和旧说"阶段，朱熹更加注重的是，在已发之后随时随地去省察心中之理。但是，后来朱熹意识到，仅仅注重省察，将会"欠缺平日一段涵养工夫"。从而，到了"中和新说"阶段，朱熹将涵养于未发与省察于已发皆视为齐头并进的工夫进路。如朱熹说：

① 黎靖德编：《朱子语类》卷十三，北京：中华书局，1986年版，第224页。
② 黎靖德编：《朱子语类》卷九十六，北京：中华书局，1986年版，第2473页。

"大抵已发未发，只是一项工夫，未发固要存养，已发亦要审察。遇事时复提起，不可自怠，生放过底心。无时不存养，无事不省察。"①所谓"无时不存养"，指的是即使在尚未应事接物之时，也要直接面向心中之理做自我超越的体验工夫。所谓"无事不省察"，指的是在应事接物的过程之中，通过察识物理，进而印证心中之理。从而，存养与省察的最终目的，都是要体认心中之理的存在，因而两者又是分不开的。也就是说，有事时也要涵养，无事时也要省察。从而，涵养、省察又是贯乎动静而无不在的。应该说，朱熹并没有对涵养、省察作完全的割裂。当然，就涵养的具体方法而言，离不开师门授受的通过"静坐"来观未发气象。就省察的具体方法而言，即下面所要说的格物穷理。

而涵养、省察的直接方法，就是程颐所提倡的"敬"的工夫。在对"敬"的理解上，朱熹也无外乎如程颐一样将"敬"视为内、外两个面向。但朱熹也有自己新的理解。如朱熹说：

> 敬有甚物？只如"畏"字相似。不是块然兀坐，耳无闻，目无见，全不省事之谓。只收敛身心，整齐纯一，不恁地放纵，便是敬。②
> 敬不是万事休置之谓，只是随事专一，谨畏，不放逸耳。③
> 敬只是常惺惺法，所谓静中有个觉处，只是常惺惺在这里，静不是睡着了。④

统观这些文字，朱熹所理解的"敬"不仅有程颐在内的"主一"与在外的"严肃"等含义，而且朱熹将"敬"与"畏"并提。如果说，"敬"还是从人心主动一面的"下学上达"来说，那么"畏"就是从天理超越一面的"上学下达"来说，此间天理对人心的宰制性被突显出来。从而，在

---

① 黎靖德编：《朱子语类》卷六十二，北京：中华书局，1986年版，第1511页。
② 黎靖德编：《朱子语类》卷十二，北京：中华书局，1986年版，第208页。
③ 黎靖德编：《朱子语类》卷十二，北京：中华书局，1986年版，第211页。
④ 黎靖德编：《朱子语类》卷六十二，北京：中华书局，1986年版，第1503页。

自我警觉的前提下，直接让天理来时时监督、安抚此心的活动，由此身心达到收敛、纯一的平静状态。

十、即物穷理

与涵养并行的工夫是穷理。这里需要指出，从理学的理论体系来看，穷理属于工夫论的范畴。但从今人的视角来看，其中又蕴含了知识论的取向。或者说，理学的工夫论中既包括道德的修养，也包括知识的获取。从穷理的方法来说，除了直接的涵养本原之外，更为切实可靠的方法是通过研究外在的物理来印证内在的心之理，并最终体认天理的客观存在。与陆王一系的心学相比，程朱一系的理学有着浓厚的知识论兴趣。

朱熹对穷理的理解，同样是在程颐的理论道路上继续前进。而朱熹此方面的最大贡献，是通过对《大学》中"格物致知"进行补传，并将其与《论语》《孟子》《中庸》合编为"四书"。元明以后，经过朱熹注解的"四书"成为后世科举考试的教科书，其影响是难以估量的。首先来看这段经典的表述：

> 所谓致知在格物者，言欲致吾之知，在即物而穷其理也。盖人心之灵莫不有知，而天下之物莫不有理，惟于理有未穷，故其知有不尽也。是以《大学》始教，必使学者即凡天下之物，莫不因其已知之理而益穷之，以求至乎其极。至于用力之久，而一旦豁然贯通焉，则众物之表里精粗无不到，而吾心之全体大用无不明矣。此谓物格，此谓知之至也。①

在朱熹看来，所谓"格物致知"，就是"即物穷理"。这里，朱熹首先给出了一个知识论的架构："人心之灵莫不有知，而天下之物莫不有理。"在其他地方，朱熹更明确地说道："知者，吾心之知。理者，事物之理。

---

① 朱熹：《大学章句》，《朱子全书》第六册，上海：上海古籍出版社、合肥：安徽教育出版社，2002年版，第20页。

以此知彼，自有主宾之辨。"①这也完全符合知识论最基本的思维模式，即"主客二分"。所谓"主"，即作为认知主体的"人心之灵"；所谓"宾"，即作为认知客体的"万物之理"。朱熹说"人心之灵莫不有知"，这里的"知"既可以理解为人心内在的所知之理，也可以理解为人心现在的认知能力。但从朱熹"理有未穷，知有不尽"的表述来看，并不因为人心内在就具有所知之理，其当下就是完满具足的。在已知之理的基础上，还要利用人心的认知能力，通过穷理的工夫，才能将所知之理扩展出来。这无疑是一个循序渐进的知识获取过程。朱熹认为，只有通过不断的积累，才能对事物的外表、内里、细节、整体获得清晰的认识，才能使人心的内在之理和认知能力得到彰显。

至于朱熹说"豁然贯通"，后世常就此认为，这又流为了禅宗的"顿悟"之说。但只要注意到，这段格物补传，最后还是要达成"物格知至"的目的，也就是就着物理的研究和知识的获取而说，就不可轻易地将其混同于宗教上的体验境界。而从日常生活的学习过程来看，知识性的疑难被解决之后，也的确能够带来思维的通达和精神的愉悦。要言之，朱熹的"格物致知"，首先应当从知识论的命题来理解。

但是，朱熹所说的"知"，毕竟还具有心中固有的道德知识这一含义。这决定了"格物致知"又不能停留于对经验知识的满足，还必须上升到道德理性的层面，如此才能将自然世界的普遍规律与人文世界的伦理准则统合起来，以达成物理、伦理、性理、天理的贯通。

再就"格物致知"的具体解释来看，朱熹说：

> 格，至也。物，犹事也。穷至事物之理，欲其极处无不到也。②
> 致，推极也。知，犹识也。推极吾之知识，欲其所知无不

① 朱熹：《答江德功》，《朱子全书》第二十二册，上海：上海古籍出版社、合肥：安徽教育出版社，2002年版，第2038页。

② 朱熹：《大学章句》，《朱子全书》第六册，上海：上海古籍出版社、合肥：安徽教育出版社，2002年版，第17页。

尽也。①

所谓"格物"之"格"，意味着首先要接触事物，不能脱离事物，否则就是悬空的冥想。其次，这里的"物"，不仅仅是今人理解的自然科学意义上的客观存在物，还包括伦理实践意义上的行为处世。再次，"格物"的对象不是表面化的事物，而是事物内在所蕴含的必然性物理和当然性道理。最后，"格"有"穷至"的含义，是要将事物之理推展到极点，从而获得透彻性的认知，否则就不能停止认知活动。

所谓"致知"之"致"，同样具有推展到极点的含义。"致知"也就是从未知走向已知，从知之少走向知之多，从知之欠缺走向知之完备的过程。但需要指出，"致知"并不能独立于"格物"之外。就两者的关系而言，"致知"只不过是"格物"的认知成果。"知之尽"与"物之格"是完全同步展开、相辅相成的活动。

再就"格物"的内容而言，朱熹说：

> 若其用力之方，则或考之事为之著，或察之念虑之微，或求之文字之中，或索之讲论之际。使于身心性情之德，人伦日用之常，以至天地鬼神之变，鸟兽草木之宜，自其一物之中，莫不有以见其所当然而不容已，与其所以然而不可易者。②

这说明，格物的对象极为广泛，既包括于显著处处理人伦事务，又包括于隐微处察识意念思虑；既包括私人性的阅读经典，又包括公共性的讲学讨论；既包括积极向外求索知识，又包括反身向内明晓道理；既包括知识的经验积累，又包括道德的修养体悟。总之，一切的生活实践皆囊括在格物的范围之列。而格物的目的，是为了获得对一切"所以然"的事物规

---

① 朱熹：《大学章句》，《朱子全书》第六册，上海：上海古籍出版社、合肥：安徽教育出版社，2002年版，第17页。
② 朱熹：《大学或问》，《朱子全书》第六册，上海：上海古籍出版社、合肥：安徽教育出版社，2002年版，第527—528页。

律和"所当然"的伦理准则的认知和体验。

## 十一、知先行后

然而，从工夫修养的环节上来说，"致知"的最终目的乃是将所获之知落实到行动中来。由此，"知先行后"成为朱熹工夫论的最后一个命题。如果说，"格物致知"在朱熹这里更加偏向的是知识论的命题，那么"知先行后"则更多涉及伦理实践的问题。"知行"一词的文献根据，出于伪古文《尚书·说命中》的记载："非知之艰，惟行之艰。"这是说，知道一个道理并不难，难的是按道理来行事。理学家之中，明确讨论知行问题的当属程颐。他的观点可概括为"知先行后"，而且程颐本人更为看重的是"知"，并认为知与行相比，也很难。如他说："故人力行，先须要知，非特行难，知亦难也。"①这些思想都得到了朱熹的采纳。

与程颐相比，朱熹在"知行"问题上的更进一步，体现在他提出了经典的命题："论先后，知为先；论轻重，行为重。"②从这一命题来看，朱熹一方面继承了程颐"知先行后"的主张，另一方面也同样重视某种程度上来说被程颐忽视的"力行"。以"知先行后"来说，这关乎着体与用的关系问题。在体用思维的模式下，道德认知绝对优先于伦理实践。只有在获得真切的道德认知后，才能发出合乎伦理准则的实践行为。只有在道德认知的规范下，道德行为才是可能的，伦理实践才能获得正确的方向。否则，只能是冥行妄作。这是在强调道德认知的主动性，从而保障伦理实践的自觉性。而以"知轻行重"而言，则意味着道德认知还必须落实到伦理实践中来，这是工夫修养的最终归宿。因为，仅有道德认知，还不足以成就圣贤的理想人格。道德认知只有转化为道德行为，才能达成个人道德品质的圆满和公共伦理秩序的良性运转。

此外，朱熹对"知行"问题的推展，还体现在揭示出知与行"并进互发"的关系。朱熹说：

---

① 程颢、程颐：《二程集》，北京：中华书局，1981年版，第187页。

② 黎靖德编：《朱子语类》卷九，北京：中华书局，1986年版，第148页。

知、行常相须，如目无足不行，足无目不见。①

知与行，工夫须着并到。知之愈明，则行之愈笃；行之愈笃，则知之益明。两者皆不可偏废。②

知与行须是齐头做，方能互相发。③

首先，知与行不可偏废，并不可将两者割裂开来。仅有道德认知而无道德行为，那么道德只能是玄想空寂，真切的道德认知必然转化为实在的道德行为；反之，仅有道德行为而无道德认知，在现实中本就是难以想象的。其次，知相对于行的先，并不是时间上的先后次序，并不是先经过一段道德的认知工夫，再去做道德行为的工夫。因为就伦理实践的活动过程而言，道德认知与道德行为本就是交织在一起的。最后，知与行具有互相发明的辩证关系。道德认知能够引导道德行为的展开，道德行为的推进也会加深道德认知的体会。从而，在反复的认知和行为中，道德修养将递进到新的层次。

这里，需要提示的是，朱熹的"知先行后"有着丰富的内涵，并不能因为后世王阳明提出"知行合一"，就对两者做完全对立的理解。因为在貌似对立的命题之下，各自所面向的问题领域和具体概念的内涵都不尽一致。

综上所述，朱熹的哲学，无论从深度和广度上都超越了前人。其"集大成"的地位，不仅意味着对北宋理学进行了系统化的熔铸和再造，而且后世的拥护者和批判者皆无法跳过朱熹所设定的话语体系。即使与朱熹构成争锋的陆王心学，某种程度上来说，也只是对朱熹哲学做出了某一方面的推进。

---

① 黎靖德编：《朱子语类》卷九，北京：中华书局，1986年版，第148页。

② 黎靖德编：《朱子语类》卷十四，北京：中华书局，1986年版，第281页。

③ 黎靖德编：《朱子语类》卷一百一十七，北京：中华书局，1986年版，第2816页。

# 第七章　陆九渊的心本论

　　陆九渊（1139—1193年），字子静，号存斋，抚州金溪人，因讲学于象山，故学者称"象山先生"。陆氏兄弟六人，陆九渊最末，与五兄陆九龄并称"江西二陆"以比"河南二程"，又加上四兄陆九韶，合称"三陆"。与朱熹同时的南宋思想界，虽然有张栻的湖湘学派，吕祖谦的金华学派，陈亮、叶适的浙东事功派，但真正能对朱熹形成冲击的唯有陆九渊。从学脉上看，以上诸人皆可追溯至二程，但陆九渊却自认是学无师承，"因读《孟子》而自得之"[①]。朱陆虽然同时，但就理学的内在逻辑而言，陆却在朱之后。也就是说，理学如果没有发展到朱熹的集大成，就无法理解与之对峙的陆九渊心学的产生。与浩如烟海的朱熹著作相比，陆九渊一生不著书，其学问主要体现在通过讲学来针砭学生。而其讲学又很带有一份禅宗"不立文字，直指人心"的味道，所以用文字来表述陆九渊，难免有失陆学本色。然辞达而已，关键在于，能否透过仅有的文字关来领会陆学之要旨。

## 一、心即理

　　今人常将陆学称为"心学"，以示与程朱"理学"分庭。用"心学"来标识陆学，的确具有相当的合理性。众所周知，"心"乃是孟子的核心

---

　　① 陆九渊：《语录》下，《陆九渊集》，北京：中华书局，1980年版，第471页。

观念。而陆九渊面对北宋尤其是二程以来的理本论传统，却是截断众流，要自觉地来接续孟子这一观念。其实，不论陆九渊还是后来的王阳明，他们都并不反对理，只不过强调的是"心即理"。"心"与"理"的关系问题，构成了程朱和陆王两大学派的分歧起点。在朱熹那里，理本体更不消说，"心"同样是建构理学体系不可缺少的必要环节。但朱熹的说法始终是"心具众理""心与理一"等，其背后的思维模式乃是以"心理二分"为前提。也就是说，处于形上本体的只能是"理"，"心"虽然在形下界中起着统领、主宰的作用，但两者绝不可混淆。而陆九渊却将孟子的"心"观念提高到了本体地位，明确标出"心即理"。这样，整个宋明理学的本体论，也就从"理本论"转向了"心本论"。

虽然陆九渊自认直承孟子而来，但其心学之思却是起步于"宇宙"二字。早慧的陆九渊，四岁时就向父亲提出"天地何所穷际"的终极问题；十三岁时因读古书"四方上下曰宇，往古来今曰宙"，便自悟"宇宙内事乃己分内事，己分内事乃宇宙内事"，更写下"宇宙便是吾心，吾心即是宇宙"的警句。[①]这里，"四方上下"是空间，"往古来今"是时间，"宇宙"不过是指无限的时空。而宇宙之无限性又不外乎"吾心"这一有限性存在。这样，作为个体之"心"开始上升到了公共性、普遍性的高度，也就承担了唯有"理"才能承担的本体地位。从而，陆九渊继续说道："东海有圣人出焉，此心同也，此理同也。西海有圣人出焉，此心同也，此理同也。南海北海有圣人出焉，此心同也，此理同也。千百世之上至千百世之下，有圣人出焉，此心此理莫不同也。"[②]所谓"千百世上下""东南西北海"，同样是指无限的时空。既然"心"获得了本体地位，那么又必将打破具体时空之限制和个体差异之隔绝而获得无限性。既然吾心与宇宙本为一体，那么学问的首要目标就是要打破人与宇宙之间的间隔。所以说"宇宙不曾限隔人，人自限隔宇宙"[③]。当能打破这种间隔，人对宇宙的担当意识才能充分展现出来。如此，"人"在宇宙面前的主体精神，得到了

①　以上皆见陆九渊：《年谱》，《陆九渊集》，北京：中华书局，1980年版，第481—483页。

②　陆九渊：《年谱》，《陆九渊集》，北京：中华书局，1980年版，第483页。

③　陆九渊：《语录》上，《陆九渊集》，北京：中华书局，1980年版，第401页。

前所未有的高扬。陆九渊虽然不否认宇宙间有一客观存在之理，但他所理解的"宇宙"显然已经渗透了强烈的主体意味，这从"万物森然于方寸之间，满心而发，充塞宇宙，无非此理"①就可以看出。

"宇宙便是吾心，吾心即是宇宙"可以说是陆九渊早岁的自得之悟，其更为精练的理论化表达就是"心即理"这一命题。面对朱熹的"心理二分"，陆九渊说："盖心，一心也；理，一理也。至当归一，精义无二，此心此理，实不容有二。"②在陆九渊看来，心与理的关系，不可能是先有一个理的存在，再有待于人去认识，而是直接统一，或者说是同一的关系。如果要问，理从哪里来，那么只能是从心这里来；如果要问心从哪里来，那么只能是"天之所以与我者，即此心也。人皆有是心，心皆具是理，心即理也"③。这意味着作为本体的"心"本身是不可追问的，生而为人，先天即具此心，此心就是一切的大本大源。

然而，"心即理"的命题过于简易，人人都能领会却非易事。学生们常有疑惑，到底如何才是"心即理"？对于这一不可说的问题，只能有不可说的答案，陆九渊的教学也很类似禅宗的随机指点。来看两则例子，一是据学生詹阜民回忆：

> 某方侍坐，先生遽起，某亦起。先生曰："还用安排否？"④

老师起立，学生跟着起立。不用"安排"，意味着"心即理"的成立，既无须任何的外在条件，也无须刻意地主动寻求，而是此心之理当下呈现。先天之心作为一种价值判断能力，已然超越了一切的后天限制而存在。还有另外一则：

> 四明杨敬仲时主富阳簿，摄事临安府中，始承教于先生。及反富

① 陆九渊:《语录》上,《陆九渊集》,北京:中华书局,1980年版,第423页。
② 陆九渊:《与曾宅之》,《陆九渊集》,北京:中华书局,1980年版,第4—5页。
③ 陆九渊:《与李宰》二,《陆九渊集》,北京:中华书局,1980年版,第149页。
④ 陆九渊:《语录》下,《陆九渊集》,北京:中华书局,1980年版,第470页。

阳，三月二十一日，先生过之，问："如何是本心？"先生曰："恻隐，仁之端也；羞恶，义之端也；辞让，礼之端也；是非，智之端也。此即是本心。"对曰："简儿时亦晓得，毕竟如何是本心？"凡数问，先生终不易其说，敬仲亦未省。偶有鬻扇者讼至于庭，敬仲断其曲直讫，又问如初。先生曰："闻适来断扇讼，是者知其为是，非者知其为非，此即敬仲本心。"敬仲忽大觉，始北面纳弟子礼。①

杨敬仲，即杨简，乃陆九渊大弟子。需要说明的是，杨简问的是"如何是本心"，其实问的也就是"心"。陆学语境中，"心"随文起义，时而指血气之心，而所谓"本心"则是指先天本具之心体。面对杨简的反复追问，陆九渊始终只是用孟子"四端之心"的话来答复，这令杨简始终参悟不透。但恰逢断扇讼之后，陆九渊适时点出，本心就呈现为适才断案的是非之心，令杨简幡然醒悟，正式拜陆九渊为师。可见，要真正领悟"心即理"，非可从语言文字中求，而只在反观自心。应该说，"心即理"作为一个理论命题，其背后所指向的更是一个实践活动。

## 二、发明本心

由于在本体问题上，陆九渊坚持的是心本论，从而在工夫论上，也就必然与程朱分途。面对程朱所主张的"格物""静坐"等工夫论，陆九渊自然不可回避，但其理解却大异其趣。

关于"格物"：

先生云："格物是下手处。"伯敏云："如何样格物？"先生云："研究物理。"伯敏云："天下万物不胜其繁，如何尽研究得？"先生云："万物皆备于我，只要明理。"②

---

① 陆九渊：《年谱》，《陆九渊集》，北京：中华书局，1980年版，第487—488页。
② 陆九渊：《语录》下，《陆九渊集》，北京：中华书局，1980年版，第440页。

陆九渊同样承认，"格物"即程朱所说的"研究物理"。但当学生继续追问，物理如何穷尽之时，程朱"今日格一物，明日格一物"的循序渐进之路，在陆九渊这里就行不通了。陆九渊引孟子"万物皆备于我"的话，意味着明理之本在于明心。所谓"明理"，不可在心外探索，而只可在心内追寻。再看，陆九渊还有这样的说法：

> 格物者，格此者也。伏羲仰象俯法，亦先于此尽力焉耳。不然，所谓格物，末而已矣。①

所谓"此"，也就是"心"；所谓"格物"，首要在于"格心"。"心"与"物"相比，"心"是本，"物"为末。甚至说"心"之一字都容易走向文字障，只能用"此"这样的代词来意指。

另外，关于"静坐"：

> 先生谓曰："学者能常闭目亦佳。"某因此无事则安坐瞑目，用力操存，夜以继日。如此者半月，一日下楼，忽觉此心已复澄莹。中立窃异之，遂见先生。先生目逆而视之曰："此理已显也。"某问先生："何以知之？"曰："占之眸子而已。"因谓某："道果在迩乎？"某曰："然。"②

禅宗、程朱、陆九渊都很推崇"静坐"的工夫形式，但其中内容又不尽相同。根据程朱一贯的"静中主敬"说法，静坐中必然要挂搭着"主敬"这一意识层面的修炼，进而才能绕道体贴天理。而根据以上记述，虽然不能断定陆九渊所认可的"静坐"采取何种具体形式，但仅仅通过"闭目"这样的身体仪式，便可从"眸子"这样的身体表征观看出天理的自动彰显。两相比较，陆学工夫之简易直接，自不待言，而程朱之"主敬"甚至成了明心的障碍。

---

① 陆九渊：《语录》下，《陆九渊集》，北京：中华书局，1980年版，第478页。
② 陆九渊：《语录》下，《陆九渊集》，北京：中华书局，1980年版，第471页。

除了"格物""静坐"这些回应式的工夫论主张外，陆九渊自身的工夫论立说可以概括为"发明本心"。按照"心即理"的本体预设，任何向外的工夫途径皆成了赘疣，而只须也必须直面此心本身。陆九渊说：

> 人孰无心，道不外索，患在戕贼之耳，放失之耳。古人教人，不过存心、养心、求放心。此心之良，人所固有，人惟不知保养而反戕贼放失之耳。苟知其如此，而防闲其戕贼放失之端，日夕保养灌溉，使之畅茂条达，如手足之捍头面，则岂有艰难支离之事？①

在陆九渊看来，常人之所以不能领悟"心即理"，并不在于本体层面"心"与"理"之间存在着间隔，而在于此心在后天活动中受到了损害乃至丢失。从而，工夫就不在于在此心上增加一物，而在于护持好原有之本心，对本心加以保养，把丢失的本心拉回到自身。如果要问本心何以被戕贼乃至放失，那是因为"愚不肖者不及焉，则蔽于物欲而失其本心；贤者智者过之，则蔽于意见而失其本心"②。这里的理路是，此心昭昭具在，本来光明，只不过在后天活动中被遮蔽了而已。其中，愚不肖者被外在的物欲所牵引，贤智者被经验之我的意见所蛊惑。从而，工夫的要领就在于去除后天的遮蔽，用他的话来说又叫"剥落"。陆九渊说：

> 人心有病，须是剥落。剥落得一番，即一番清明，后随起来，又剥落，又清明，须是剥落得净尽方是。③

就工夫的过程而言，陆九渊也承认"剥落"人心的遮蔽有个循序渐进的过程，但关键在于，就工夫的有效性而言，这不是一个慢慢增长的过程，而是一个慢慢减损的过程。如果说程朱的工夫相当于老子所说的"为学日益"，那么陆九渊的工夫则相当于"为道日损"。其实，陆九渊工夫论

---

① 陆九渊：《与舒西美》，《陆九渊集》，北京：中华书局，1980年版，第64页。
② 陆九渊：《与赵监》，《陆九渊集》，北京：中华书局，1980年版，第9页。
③ 陆九渊：《语录》下，《陆九渊集》，北京：中华书局，1980年版，第458页。

之实质并不在于要做何种工夫才能明理，而在于强调所有的工夫都不能离开"心"这一大本来求。陆九渊将这种工夫称为"易简工夫"，其背后蕴含了强烈的主体人格精神：

> 人精神在外，至死也劳攘。须收拾作主宰。收得精神在内时，当恻隐即恻隐，当羞恶即羞恶。谁欺得你？谁瞒得你？[①]
>
> 请尊兄即今自立，正坐拱手，收拾精神，自作主宰。万物皆备于我，有何欠阙！[②]

既然"心"是一切价值的根源，那么发明本心就应当完全出于个体的自觉。甚至当学生问如何才能"立"时，陆九渊答道："立是你立，却问我如何立？"[③]个体的自觉要求将所有的工夫都从向外求索收摄回自家内心。所以，陆九渊又非常看重经典中的一个"自"字：

> "诚者自成也，而道自道也。""君子以自昭明德。""人之有四端，而自谓不能者，自贼者也。"暴谓"自暴"。弃谓"自弃"。侮谓"自侮"。反谓"自反"。得谓"自得"。"祸福无不自己求之者。"圣贤道一个"自"字煞好！[④]
>
> 自立自重，不可随人脚跟，学人言语。[⑤]
>
> 教小儿，须发其自重之意。[⑥]
>
> 自得，自成，自道，不倚师友载籍。[⑦]

这些话都是在说，一个人能否成就自己，还当取决于自己，不须依靠

---

① 陆九渊：《语录》下，《陆九渊集》，北京：中华书局，1980年版，第454页。
② 陆九渊：《语录》下，《陆九渊集》，北京：中华书局，1980年版，第455页。
③ 陆九渊：《语录》下，《陆九渊集》，北京：中华书局，1980年版，第443页。
④ 陆九渊：《语录》上，《陆九渊集》，北京：中华书局，1980年版，第427页。
⑤ 陆九渊：《语录》下，《陆九渊集》，北京：中华书局，1980年版，第461页。
⑥ 陆九渊：《语录》下，《陆九渊集》，北京：中华书局，1980年版，第459页。
⑦ 陆九渊：《语录》下，《陆九渊集》，北京：中华书局，1980年版，第452页。

外力。为学的根本之处在于提升自己的精神境界，否则向外的工夫越多，理越被遮蔽。

### 三、六经注我

面对朱熹"格物补传"等一系列经典注释工作，陆九渊针锋相对的观点是"六经注我"。但这并不意味着陆九渊主张不读书，只不过在他看来，"人谓某不教人读书……何尝不读书来？只是比他人读的别些子。"①这是说，读书的目的不是求知，而是体验书中的道理。陆九渊甚至教导学生"后生精读古书文"②，这是说，读书没必要去泛观博览，要读就读具有生命力的经典之作。他还说过"束书不观，游谈无根"③的名言，这是在批评不读书，强调学问不能脱离前人的经验总结而成为表达私人意见的一种空谈。

"六经注我"，见于以下两条语录：

> 学苟知本，六经皆我注脚。④
> 或问先生何不著书？对曰："六经注我，我注六经。"⑤

陆九渊所说的"本"，也就是"心"，也就是"我"。然而，切不可将"我"仅仅理解为作为个人的主体之我，或可称为"主体我"；更为重要的乃是本体意义上的"本心"，或可称为"本体我"。当然，两者并不相悖，"本体我"最终将落实为每一个现实生活中的"主体我"。所谓"我"，实是蕴含着本体与主体的统一。在陆九渊看来，"我"即是本，"六经"乃是末；"我注六经"，表面上是通过"主体我"的注经来解释经典之原义，而实际上需要看到，经典得以产生的源头乃是"本体我"的呈现。或可说，

①陆九渊：《语录》下，《陆九渊集》，北京：中华书局，1980年版，第446页。
②陆九渊：《语录》下，《陆九渊集》，北京：中华书局，1980年版，第466页。
③陆九渊：《语录》上，《陆九渊集》，北京：中华书局，1980年版，第419页。
④陆九渊：《语录》上，《陆九渊集》，北京：中华书局，1980年版，第395页。
⑤陆九渊：《语录》上，《陆九渊集》，北京：中华书局，1980年版，第399页。

不是"主体我"来注释经典，而是经典是对"本体我"的注释。如果能领会作为大本的"本体我"，那么也不妨碍"主体我"来注释经典，但关键依然是"我注六经"并不能停留在语言文字层面，而应当还原为生活实践。借用西方"诠释学循环"的说法，"六经注我"，是说经典来源于生活实践，这是诠释循环的开端；"我注六经"，是说生活实践又将成为经典得以再生的一个循环源头，从而产生新的经典。推而广之，今人再来读理学对"六经"的经典注释，同样是一个"我注六经"的生活实践。后人再来读今人的著作，亦复如是。如此往复，方可构成一个经典诠释的无穷循环。

从而，陆九渊认为，如朱熹那样疲于注疏，往往只是耗费精神。结果只能是，注释越多，离经典原义越远。他说：

> 某读书只看古注，圣人之言自明白。且如"弟子入则孝，出则弟"，是分明说与你入便孝，出便弟，何须得传注？学者疲精神于此，是以担子越重。到某这里，只是与他减担，只此便是格物。[①]

在朱熹那里，读书越多，对义理的领会将会越透彻。但在陆九渊看来，朱熹的注经只是朱熹的一套理学话语，而非六经之原义。面对六经，只需要借助古人对六经的文义疏通，自然能通达经典之原义。再具体到"孝悌"这样的伦理关怀，根本就无须任何注释，见字则义现。反之，庞大的理论体系只会构成"我注六经"的障碍。现实生活中，一个人的德性与知识并不一定成正比，往往越少受到世俗污染之人，本心更容易呈现。

至于"读书"，陆九渊自有一套方法论：

> 先生云："学者读书，先于易晓处沉涵熟复，切己致思，则他难晓者涣然冰释矣。若先看难晓处，终不能达。"举一学者诗云："读书切戒在荒忙，涵泳工夫兴味长。未晓莫妨权放过，切身须要急思量。自家主宰常精健，逐外精神徒损伤。寄语同游二三子，莫将言语坏

---

① 陆九渊：《语录》下，《陆九渊集》，北京：中华书局，1980年版，第441页。

天常。"①

　　读书之法，须是平平淡淡去看，子细玩味，不可草草。所谓优而柔之，厌而饫之，自然有涣然冰释，怡然理顺底道理。②

　　陆九渊的意思是，读书不可带有先入之见，否则只是拿自己意见去硬凑古人。在平淡读书中，才能透过文字理解古人的意思，才能做到与古人心同理同。读书本身不是目的，只是手段。反之，不把自己的意见清理干净，读书不过是"假寇兵，资盗粮"③。

　　更明确地说，陆九渊强调的是，读书的目的不是求知识，而是学做人。所以，他豪迈直言：

　　若某则不识一个字，亦须还我堂堂地做个人。④

　　人须是闲时大纲思量：宇宙之间，如此广阔，吾身立于其中，须大做一个人。⑤

　　上是天，下是地，人居其间。须是做得人，方不枉。⑥

　　人生天地间，如何不植立。⑦

　　在陆九渊这里，读书与做人并不构成必然联系，学问之大本是"自立"而不是读书，学问之目标是做人而不是知识。这些言论，深中当时章句训诂的枯陋之病，为理学别开生面，放在今天依然字字有声，令人奋发起立。

　　当然，以上对陆学的注释也是对陆学的障碍。要真正领会陆学，只须读读陆九渊本人的语录，只须发明自家之本心。

---

① 陆九渊：《语录》上，《陆九渊集》，北京：中华书局，1980年版，第407—408页。
② 陆九渊：《语录》下，《陆九渊集》，北京：中华书局，1980年版，第432页。
③ 陆九渊：《语录》下，《陆九渊集》，北京：中华书局，1980年版，第463页。
④ 陆九渊：《语录》下，《陆九渊集》，北京：中华书局，1980年版，第447页。
⑤ 陆九渊：《语录》下，《陆九渊集》，北京：中华书局，1980年版，第439页。
⑥ 陆九渊：《语录》下，《陆九渊集》，北京：中华书局，1980年版，第450页。
⑦ 陆九渊：《语录》下，《陆九渊集》，北京：中华书局，1980年版，第466页。

四、朱陆之辩

陆学简易直截，在本体论上力主"心即理"，在工夫论上讲求"发明本心"，如此而已。但要认识陆学在当时掀起的波澜，还须将其放在与朱熹的争辩中昭示。可以说，朱陆之辩构成了元明以后乃至于今的一大学术公案。下面，分为三个阶段来介绍：

（一）"鹅湖之会"

朱陆之辩的公开分歧因缘于吕祖谦。据《东莱年谱》记载："淳熙二年乙未，四月二十一日，如武夷，访朱编修元晦，潘叔昌从。留月余，同观关、洛书，辑《近思录》。朱编修送公于信州鹅湖，陆子寿、子静，刘子澄及江、浙诸友皆来会。"[①]淳熙二年（1175年），正值朱熹结束长达六年的"寒泉精舍"时期，此时朱熹为学规模已经建立，陆氏兄弟方声名鹊起。吕祖谦敏锐发现两家学术之异同，特邀同道诸人共赴信州鹅湖寺集会。关于此会详情，陆九渊语录中有段回忆，录之如下：

> 吕伯恭为鹅湖之集，先兄复斋谓某曰："伯恭约元晦为此集，正为学术异同，某兄弟先自不同，何以望鹅湖之同。"先兄遂与某议论致辩，又令某自说，至晚罢。先兄云："子静之说是。"次早，某请先兄说，先兄云："某无说，夜来思之，子静之说极是。方得一诗云：'孩提知爱长知钦，古圣相传只此心。大抵有基方筑室，未闻无址忽成岑。留情传注翻蓁塞，着意精微转陆沉。珍重友朋相切琢，须知至乐在于今。'"某云："诗甚佳，但第二句微有未安。"先兄云："说得恁地，又道未安，更要如何？"某云："不妨一面起行，某沿途却和此诗。"及至鹅湖，伯恭首问先兄别后新功。先兄举诗，才四句，元晦顾伯恭曰："子寿早已上子静船了也。"举诗罢，遂致辩于先兄。某云："途中某和得家兄此诗云：'墟墓兴哀宗庙钦，斯人千古不磨心。

① 吕祖谦:《东莱年谱》,《吕祖谦全集》第一册,杭州:浙江古籍出版社,2008年版,第744页。

涓流滴到沧溟水，拳石崇成泰华岑。易简工夫终久大，支离事业竟浮沉。'"举诗至此，元晦失色。至"欲知自下升高处，真伪先须辨只今"。元晦大不怿，于是各休息。翌日二公商量数十折议论来，莫不悉破其说。继日凡致辩，其说随屈。伯恭甚有虚心相听之意，竟为元晦所尼。[1]

陆氏兄弟本是学无师承，互为师友，面对敌手更当共商方策。从记载来看，二陆"心本"观念基本一致，但理解微有不同。陆九渊说对家兄诗句第二句稍有未安，即"大抵有基方筑室，未闻无址忽成岑"，而陆九渊的诗句是"涓流滴到沧溟水，拳石崇成泰华岑"，一个是用地基与房屋为喻，一个是用溪流与大海、石头与大山为喻，前者的比喻依然存在着质的不同，后者的比喻只是量的差异。换作理学的话语，前者的比喻依然存在着本末二分、体用二分的可能，后者的比喻则是即本即末、即体即用。其实，再看二陆的头句诗，也流露出二人对"心本"理解的深浅程度。陆九龄"古圣相传只此心"依然承认"心"的历史性，而陆九渊"斯人千古不磨心"则完全打破了时空隔绝与个体差异。至于二人在"心本"基础上批评朱熹的注经工作乃是错用了工夫，则完全一致。而陆九龄说"珍重友朋相切琢，须知至乐在于今"还有点以文会友的意思。但陆九渊将朱熹的工作斥为支离事业，自认工夫的易简，这让朱熹脸色大变。再说"真伪先须辨只今"，今天就要来比个高低，让朱熹更是无法接受。

另外，又据当时与会的陆九渊弟子朱亨道回忆：

> 鹅湖之会，论及教人。元晦之意，欲令人泛观博览，而后归之约。二陆之意，欲先发明人之本心，而后使之博览。朱以陆之教人为太简，陆以朱之教人为支离，此颇不合。先生更欲与元晦辩，以为尧舜之前何书可读？复斋止之。[2]

---

①陆九渊：《语录》上，《陆九渊集》，北京：中华书局，1980年版，第427—428页。

②陆九渊：《年谱》，《陆九渊集》，北京：中华书局，1980年版，第491页。

"尧舜之前何书可读"，的确是一个朱熹"格物"工夫论无法回答的问题。既然无书可读可以成就圣人，那么成就圣人就未必需要读书。从陆九渊一方的回忆来看，此次集会是陆学压倒朱学。当时吕祖谦虽然站在朱熹一方，有意调和两家，但终因朱熹的退守，双方不欢而散。三年之后，朱熹道经江西，陆九龄前来送行，朱熹方答诗曰："德业流风夙所钦，别离三载更关心。偶携藜杖出寒谷，又枉篮舆度远岑。旧学商量加邃密，新知培养转深沉。只愁说到无言处，不信人间有古今。"①其中，"旧学商量加邃密，新知培养转深沉"依然是朱熹循序渐进的一贯为学宗旨，"只愁说到无言处，不信人间有古今"则婉转批评了陆九渊"脱略文字、直趋本根"②的禅学路径。

对于"鹅湖之会"，黄宗羲曾有总结性的评论：

> 先生之学，以尊德性为宗，谓："先立乎其大，而后天之所以与我者，不为小者所夺。夫苟本体不明，而徒致功于外索，是无源之水也。"同时紫阳之学，则以道问学为主，谓："格物穷理，乃吾人入圣之阶梯。夫苟信心自是，而惟从事于覃思，是师心之用也"。两家之意见既不同……于是宗朱者诋陆为狂禅，宗陆者以朱为俗学，两家之学各成门户，几如冰炭矣……考二先生之生平自治，先生之尊德性，何尝不加功于学古笃行；紫阳之道问学，何尝不致力于反身修德，特以示学者之入门各有先后，曰"此其所以异耳"……二先生同植纲常，同扶名教，同宗孔孟。即使意见终于不合，亦不过仁者见仁，知者见知，所谓"学焉而得其性之所近"，原无有背于圣人，矧夫晚年又志同道合乎！③

以上，黄宗羲将朱陆分歧概括为"尊德性"与"道问学"的差异，这

---

① 陆九渊：《年谱》，《陆九渊集》，北京：中华书局，1980年版，第490页。

② 朱熹：《答吕子约》，《朱子全书》第二十二册，上海：上海古籍出版社、合肥：安徽教育出版社，2002年版，第2190页。

③ 黄宗羲：《宋元学案·象山学案》，《黄宗羲全集》第五册，杭州：浙江古籍出版社，2005年版，第278—280页。

是事实，但这仅仅是工夫论层面的不同。又说朱陆之辩的演化属于两家后学的门户之见，朱陆本人则是仁智互见、性格有异，不能不说其有一定的道理。但是，问题的关键在于，工夫论不同的背后根源于本体论的差异。可以说，处于理学总结阶段的黄宗羲亦有调和朱陆的意思。这种调和，在朱熹一方或可接受，但在陆九渊一方则万万不能认同。且看陆九渊语录中有这样一段记载：

> 朱元晦曾作书与学者云："陆子静专以尊德性诲人，故游其门者多践履之士，然于道问学处欠了。某教人岂不是道问学处多了些子？故游某之门者践履多不及之。"观此，则是元晦欲去两短，合两长。然吾以为不可，既不知尊德性，焉有所谓道问学？[1]

可见，朱陆双方的分歧不仅在于工夫论，更在于本体论。正是因为陆学"以心为本"所以以"尊德性"为宗，正是因为朱学"以理为本"方才以"道问学"为主，本体的不同最终导致两家的不可调和。

（二）"南康之会"

"鹅湖之会"后，朱陆另一次重要会晤是淳熙八年（1181年）的"南康之会"。此次会晤，缘于陆九龄过世，陆九渊赴南康请朱熹为家兄做墓志，朱熹则请陆九渊登白鹿洞书院讲《论语》"君子喻于义，小人喻于利"一章。据说，当时听者感动泣下，朱熹更说："某在此不曾说到这里，负愧何言。"[2]朱熹请陆九渊书写讲义，以刻石纪念。讲义如下：

> 此章以义利判君子小人，辞旨晓白，然读之者苟不切己观省，亦恐未能有益也。某平日读此，不无所感：窃谓学者于此，当辨其志。人之所喻由其所习，所习由其所志。志乎义，则所习者必在于义，所习在义，斯喻于义矣。志乎利，则所习者必在于利，所习在利，斯喻

---

①陆九渊：《语录》上，《陆九渊集》，北京：中华书局，1980年版，第400页。

②陆九渊：《语录》上，《陆九渊集》，北京：中华书局，1980年版，第428页。

于利矣。故学者之志不可不辨也。

科举取士久矣，名儒巨公皆由此出。今为士者固不能免此。然场屋之得失，顾其技与有司好恶如何耳，非所以为君子小人之辨也。而今世以此相尚，使汩没于此而不能自拔，则终日从事者，虽曰圣贤之书，而要其志之所乡，则有与圣贤背而驰者矣。推而上之，则又惟官资崇卑、禄廪厚薄是计，岂能悉心力于国事民隐，以无负于任使之者哉？从事其间，更历之多，讲习之熟，安得不有所喻？顾恐不在于义耳。诚能深思是身，不可使之为小人之归，其于利欲之习，怵焉为之痛心疾首，专志乎义而日勉焉，博学审问，慎思明辨而笃行之。由是而进于场屋，其文必皆道其平日之学、胸中之蕴，而不诡于圣人。由是而仕，必皆共其职，勤其事，心乎国，心乎民，而不为身计。其得不谓之君子乎。[①]

需要注意的是，"义利之辨"不仅是此次讲会的主题，更是陆九渊平生讲学的一大宗旨。且看陆门弟子之间的接引问答：

傅子渊自此归其家，陈正己问之曰："陆先生教人何先？"对曰："辨志。"正己复问曰："何辨？"对曰："义利之辨。"若子渊之对，可谓切要。[②]

陆九渊承认，人的认识受制于后天的习染。但为何相同的习染会造就不同的人格？那是因为习染得如何更取决于人的志向如何。如果志于"利"，则趋于"利"；如果志于"义"，则趋于"义"。要分判君子小人，核心就在于"辨志"，辨别人的志向是"义"，还是"利"。结合陆学"先立其大"的要旨，"志"是本，"习"是末。如此，要保证习染的正当，首要就在于在大本上认得清"义利"。据说，此次讲学轰动一时，因为陆九渊联系当时的科举取士，切中了学子们的心病要害。其实，陆九渊并不完

---

① 陆九渊：《白鹿洞书院论语讲义》，《陆九渊集》，北京：中华书局，1980年版，第275—276页。
② 陆九渊：《语录》上，《陆九渊集》，北京：中华书局，1980年版，第398页。

全反对科举。只不过指出，如果科举只以科场得失为志就会唯利是图，而如果能以圣贤自认，那么举业并不妨碍成人。

"义利之辨"不仅是陆学分判君子小人的核心，还体现在其对儒释之别的分判。他说：

> 某尝以义利二字判儒释，又曰公私，其实即义利也。儒者以人生天地之间，灵于万物，贵于万物，与天地并而为三极。天有天道，地有地道，人有人道。人而不尽人道，不足与天地并。人有五官，官有其事，于是有是非得失，于是有教有学。其教之所从立者如此，故曰义、曰公。释氏以人生天地间，有生死，有轮回，有烦恼，以为甚苦，而求所以免之。其有得道明悟者，则知本无生死，本无轮回，本无烦恼。故其言曰："生死事大。"如兄所谓菩萨发心者，亦只为此一大事。其教之所从立者如此，故曰利、曰私。惟义惟公，故经世；惟利惟私，故出世。儒者虽至于无声、无臭、无方、无体，皆主于经世；释氏虽尽未来际普度之，皆主于出世。①

朱熹常批判陆九渊是禅学，陆九渊讲学也的确禅风飘荡。但从陆九渊的儒释分判来看，陆学的儒家立场不容置疑。陆九渊的底线是，生而为人就当尽人道。儒家虽然在本体上有"无声无臭""无方无体"的言论，但其根本目标在于实现人道的公义而承担经世的责任；佛教即使关心生死大事，主张普度众生，但其立教之初是为逃避人世苦难而成就一己之私。用今天的话来说，这是儒释之间在人生观、价值观上的根本分歧。

此次会晤，朱熹邀陆九渊泛舟，曰："自有宇宙以来，已有此溪山，还有此佳客否？"②其中至乐，度越无限，朱陆之间可谓彼此争锋又彼此相惜。

---

① 陆九渊：《与王顺伯》，《陆九渊集》，北京：中华书局，1980年版，第17页。
② 陆九渊：《年谱》，《陆九渊集》，北京：中华书局，1980年版，第492页。

### （三）"无极而太极"之辩

虽然朱陆曾有白鹿洞这样的"蜜月期"，但两家分歧却终难调和。如果说前面的"鹅湖之会"展现出的是工夫论之争，那么两家关于本体的争议在"无极而太极"之辩中达到了高潮。此次辩论初始，源于陆九渊四兄陆九韶致书朱熹说周敦颐《太极图说》中的"无极"二字来源于老子，并不见于《通书》。另外，《太极图说》要么非周敦颐本人自作，要么是其早年未定之论。二人往返书信，可能因朱熹辞气居高临下，陆九韶不愿再辩，于是终止。后来，陆九渊主动接过这一话头，于淳熙十四年（1187年）向朱熹发出挑战。

下面，结合双方书信，以见二人在核心问题上的差异。

今天见到的周敦颐《太极图说》首句为"无极而太极"，其实是朱熹定本，而当时却有不同版本。朱熹之所以坚持这一文本，自然是为其理学体系服务。针对陆九韶的质疑，朱熹的回答集中于以下两点：

> 不言无极，则太极同于一物，而不足为万化之根；不言太极，则太极沦于空寂，而不能为万化之根。[1]
>
> 无极即是无形，太极即是有理。[2]

而陆九渊在引朱熹上述话语之后，提出反驳：

> 夫太极者，实有是理，圣人从而发明之耳，非以空言立论，使后人籍弄于颊舌纸笔之间也。其为万化根本固自素定，其足不足，能不能，岂以人言不言之故耶？[3]
>
> 《易》之《大传》曰"形而上者谓之道"，又曰"一阴一阳之谓道"，一阴一阳，已是形而上者，况太极乎？晓文义者举知之矣。自

---

① 朱熹：《朱熹答陆九韶书》一，见《陆九渊集》，北京：中华书局，1980年版，第561页。

② 朱熹：《朱熹答陆九韶书》二，见《陆九渊集》，北京：中华书局，1980年版，第562页。

③ 陆九渊：《与朱元晦》一，《陆九渊集》，北京：中华书局，1980年版，第23页。

有《大传》，至今几年，未闻有错认太极别为一物者……且"极"字亦不可以"形"字释之。盖极者，中也，言无极则是犹言无中也，是奚可哉……"无极"二字出于《老子·知其雄章》，吾圣人之书所无有也。《老子》首章言"无名天地之始，有名万物之母"，而卒同之，此老氏宗旨也。"无极而太极"，即是此旨。[1]

在朱熹看来，"无极"就是"无形"，是为了凸显与有形事物相区别的"理"的形而上地位，而"太极"是为了进一步强调理的实体存在，"无极"与"太极"是名异实同的关系。而在陆九渊这里，既然太极是实存之理，字义上的雕琢就无必要。其言下之意是，理是实存的，明理在于人的真切体验而非纠缠于语言文字。即使就字义而言，"极"也是"中"的意思，"无极"就是"无中"的说法根本说不过去。何况"无极"的文本和宗旨皆出自于老子，如果坚持"无极而太极"，就是"有生于无"，就是杂老氏于儒学。

面对陆九渊的挑战，朱熹共罗列了以下七条加以回应：[2]

第一，"极"的本义乃"究竟至极"，不可训为"中"。

第二，周敦颐《通书·理性命章》中所说的"中"是就人的气禀而言，而非指"太极"。

第三，"无极"是说"太极"的"不属有无，不落方体"，这是周敦颐"灼见道体"之处。

第四，"阴阳"为"形而下"，不可为"形而上"。

第五，自己用"不言无极，则太极同于一物，而不足为万化根本。不言太极，则太极沦于空寂，而不能为万化根本"来解释"无极而太极"，是推本周敦颐之意。

第六，陆九渊错将"太极"之"有"理解为形而下的有，错将"无极"之"无"理解为道家之无。

---

① 陆九渊：《与朱元晦》一，《陆九渊集》，北京：中华书局，1980年版，第23—24页。

② 文繁不录，具体参见朱熹：《朱熹答陆九渊书》五，见《陆九渊集》，北京：中华书局，1980年版，第551—554页。

第七，"无极"二字虽然出于老、庄，但不同于周敦颐所理解的"无极"。

以上七条，条分缕析，但在陆九渊看来，却是文辞缠绕，气象急迫，反不如朱熹平日文字明白。归根到底，竟是被"无极"二字所累。面对以上七条，陆九渊做出以下回应：[①]

第一，如果朱熹真能对"太极"有所实见，根本不必用"无极""真体"这些字眼来床上叠床，屋下架屋。

第二，即使"极"是究竟至极的意思，"无极"是"无形"的意思，儒家经典《诗》中的"无声无臭"，《系辞》中的"无方无体"就已足够，何必借用道家的"无极"话语。

第三，关于"中"字，有实义，有虚义，不可拘于一定。"中"之实义即"至极"的意思，指的就是"理"。朱熹号称精通训诂，不应不明白这一点。

第四，朱熹视"阴阳"为"形而下"，才是昧于道器之分，才是曲解了《易传》原义。

第五，朱熹所推本的周敦颐之意，也是任凭胸臆，不合《通书》本义。

第六，朱熹话语中"不传之秘""阴阳之外""不属有无""不落方体""迥出常情""超出方外"等话语，才是真正的借路禅宗。

第七，朱熹自视甚高而教学又牵扯文义，败坏了不少气质好的学者，当自省自反。

面对陆九渊的回应，朱熹再答书基本上是顺着陆九渊的理路一一申论旧说，并说陆九渊之言过于吹毛求疵，将子贡、有若、周敦颐、程颐这些先儒的话都不放在眼里，最终答曰："各尊所闻，各行所知，亦可矣，无复望其必同也。"[②]而陆九渊于回信中，感言朱熹前此还说不要如陆九韶那样断绝来信，不想如今自己却不愿再讨论下去，从而也就不再于理论问题

---

① 文繁不录，具体参见陆九渊：《与朱元晦》二，《陆九渊集》，北京：中华书局，1980年版，第25—30页。

② 朱熹：《朱熹答陆九渊书》六，见《陆九渊集》，北京：中华书局，1980年版，第560页。

继续辩论下去，只是对于朱熹的态度表示遗憾，希望日后能自悟其过。[①]
双方辩论，终是不了了之。

抛开双方争论细节，需要指出的是，此次辩论体现的是朱熹理气二分论与陆九渊心一本论的根本分歧。陆九渊作为挑战一方，攻势凌厉，朱熹被动应战，显得准备不足。书信往复之中，朱熹始终立足于自己"形而上—形而下"的思维方式在文辞上申论。而陆九渊往往能抓住对方漏洞加以驳斥，处处体现出对朱熹二分思维模式的不满。这一不满，在陆九渊的平时教学中多有体现，如说"道外无事，事外无道"[②]，又说"天理人欲之言，亦自不是至论。若天是理，人是欲，则是天人不同矣"[③]，等等。可以说，这一理论上的分歧乃是朱陆不可调和的根本原因。再从理论走向言辞，就不免夹带意气之争，甚至互相指责。当时学界对双方辩论抱有极大关注，大有劝双方无须再辩之论，但陆九渊答道："建安亦无朱晦翁，青田亦无陆子静。"[④]这是说，非是自家好辩而是为公理而辩，想必在朱熹也是一样。

反观朱陆之辩，陆九渊曾一度占据上风，但其死后，朱熹虽是痛失学友，但却依然批评一生以孟子自认的陆九渊"可惜死了告子"[⑤]云云。宋末开始，朱学压倒陆学渐居官方地位。后世学界，尊朱者有，尊陆者亦有，但更多的是和会朱陆。陆学开启的"心本论"还有待于明中叶的王阳明来光大发挥之[⑥]。

---

①陆九渊:《与朱元晦》三,《陆九渊集》,北京:中华书局,1980年版,第31页。

②陆九渊:《语录》上,《陆九渊集》,北京:中华书局,1980年版,第395页。

③陆九渊:《语录》上,《陆九渊集》,北京:中华书局,1980年版,第395页。

④陆九渊:《语录》上,《陆九渊集》,北京:中华书局,1980年版,第399页。

⑤黎靖德编:《朱子语类》卷一百二十四,北京:中华书局,1986年版,第2979页。

⑥王阳明曾评价陆九渊:"濂溪、明道之后,还是象山,只是粗些。"见王守仁:《传习录下》,《王阳明全集》,上海:上海古籍出版社,1992年版,第92页。但"粗"才是陆学特色,"粗"实是"易简",陆学并非王学可完全取代。

# 第八章 王阳明的良知学

王守仁（1472—1529年），字伯安，浙江余姚人，因筑室会稽山阳明洞，自号"阳明子"，后世习称"王阳明"，简称"阳明"。王阳明传奇人生，跌宕起伏，不仅学问传世，而且事功卓著，被誉为真正"三不朽"的人物。明代中叶，朱学已然定于一尊。此时，王阳明却大力表彰陆学，主动接过"心即理"的话头，发展出"心外无理""知行合一""致良知"等学说。这些学说，虽然得自王阳明本人的"百死千难"之中，但在学术层面却处处体现出对朱熹的不满和与之对立。与陆学的过于易简相比，王阳明则建构出了一套理论化的哲学体系。可以说，理论推进到王阳明这里，陆王的"心学"才作为一个一贯的学派堪与程朱的"理学"相并立。

## 一、心外无理

王阳明十二岁立志做圣贤，十八岁拜访娄谅得闻宋儒格物之学，此后又泛滥辞章、出入佛老，直至三十七岁"龙场悟道"，此谓"学凡三变而始得其门"[①]。此间，有一核心问题始终困扰在心中，亦即"物理吾心终若判而为二"[②]。据阳明自述：

---

[①] 阳明逝后，弟子总结其学思历程，后被黄宗羲概括为"前三变""后三变"之说。参见黄宗羲：《文成王阳明先生守仁传》，见王守仁：《王阳明全集》，上海：上海古籍出版社，1992年版，第1544页。

[②] 王守仁：《年谱》，《王阳明全集》，上海：上海古籍出版社，1992年版，第1224页。

　　众人只说格物要依晦翁，何曾把他的说去用？我着实曾用来。初年与钱友同论做圣贤，要格天下之物，如今安得这等大的力量？因指亭前竹子，令去格看。钱子早夜去穷格竹子的道理，竭其心思，至于三日，便致劳神成疾。当初说他这是精力不足，某因自去穷格。早夜不得其理，到七日，亦以劳思致疾。遂相与叹圣贤是做不得的，无他大力量去格物了。及在夷中三年，颇见得此意思乃知天下之物本无可格者。其格物之功，只在身心上做，决然以圣人为人人可到，便自有担当了。这里意思，却要说与诸公知道。①

　　在朱熹那里，"格物"首先是一个知识论问题，其成立的前提恰恰是"物理"与"吾心"的判然二分。而阳明"亭前格竹"之所以失败，就错在将朱熹之知识论用来解决"做圣贤"的伦理问题，自是行不通。也就是说，在为学的起点处，阳明所关心的并非朱熹的知识论问题，而是伦理学问题。用他自己的话来说："纵格得草木来，如何反来诚得自家意？"②即使获得对知识的认知，却不必然导出为人的道理。及至贬谪贵州龙场，经过一番幽独探索：

　　自计得失荣辱皆能超脱，惟生死一念尚觉未化，乃为石椁自誓曰："吾惟俟命而已！"日夜端居澄默，以求静一；久之，胸中洒洒……因念"圣人处此，更有何道？"忽中夜大悟格物致知之旨……始知圣人之道，吾性自足，向之求理于事物者误也。③

　　从而，阳明转求理于外物为求理于内心，其悟道之实质就是"心即理"这一命题，这也标志着阳明心学的正式成立。由此，在学术立场上，阳明开始走上与朱学决裂而转向陆学的道路。体现在学术活动中，阳明开

---

① 王守仁：《传习录下》，《王阳明全集》，上海：上海古籍出版社，1992年版，第120页。
② 王守仁：《传习录下》，《王阳明全集》，上海：上海古籍出版社，1992年版，第119页。
③ 王守仁：《年谱》，《王阳明全集》，上海：上海古籍出版社，1992年版，第1228页。

始复《大学》古本之旧、刊刻《朱子晚年定论》《象山文集》等，并宣称："圣人之学，心学也。"①但与陆学不同的是，阳明的"心即理"不是要去除语言文字的障碍，而是更用此说来重新解释《大学》以与朱熹相抗衡，并进一步发展出"心外无理""心外无事""心外无物"等命题。

对于《大学》，朱熹不惜颠倒文句，将"格物"提到"八条目"之先，并发挥程颐之意将其释之为"即物穷理"。而这些做法，在阳明看来，实无必要，实属过度诠释。他反问，如果"格物"真是"穷理"之义，《大学》何不直接说"致知在穷理"而说"致知在格物"②？在他看来，"《大学》之要，诚意而已矣。诚意之功，格物而已矣"③。在"八条目"次序上，"诚意"又重新摆在了"格物"之先。就"格物"的字义而言，阳明解"格作正字义，物作事字义"④。如此，"格物"就是"做事"，而"做事"则必先端正心中之意念，亦即"诚意"。从而，"格物"之义由外求物理而转向内求心理，这也是阳明悟道后的一贯所得。

然而，朱熹的《大学》定本早已上升为官学，阳明复古本之旧的行为在当时反而显得标新立异。要推倒朱熹的"格物"说，势必要重新解读《大学》。在与大弟子徐爱同舟归乡时，两人发生了一场关于《大学》宗旨的讨论：

> 爱问："至善只求诸心，恐于天下事理有不能尽。"
>
> 先生曰："心即理也。天下又有心外之事，心外之理乎？"
>
> 爱曰："如事父之孝，事君之忠，交友之信，治民之仁，其间有许多理在，恐亦不可不察。"
>
> 先生叹曰："此说之蔽久矣，岂一语所能悟！今姑就所问者言之：且如事父不成，去父上求个孝的理；事君不成，去君求个忠的理；交友治民不成，去友上、民上求个信与仁的理：都只在此心，心即理

① 王守仁：《象山文集序》，《王阳明全集》，上海：上海古籍出版社，1992年版，第245页。

② 王守仁：《传习录中·答顾东桥书》，《王阳明全集》，上海：上海古籍出版社，1992年版，第48页。

③ 王守仁：《大学古本序》，《王阳明全集》，上海：上海古籍出版社，1992年版，第242页。

④ 王守仁：《传习录下》，《王阳明全集》，上海：上海古籍出版社，1992年版，第119页。

也。此心无私欲之蔽，即是天理，不须外面添一分。以此纯乎天理之心，发之事父便是孝，发之事君便是忠，发之交友治民便是信与仁。只在此心去人欲、存天理上用功便是。"[1]

从徐爱的发问来看，正属于朱熹"即物穷理"的思路，而阳明则回应"心即理""心外无事""心外无理"。从两人后面所讨论的"事理"来看，这些也都是伦理学问题，而非朱熹的知识论问题。当问题意识从知识论转向伦理学，所谓"理"就不可能只停留于外在的客观事物之上。结合徐爱的问题，阳明指出，不能实行"孝""忠""信""仁"之理，自然与"父""君""友""民"这些外在事物无关；甚至当外在事物不存在之时，这些伦理却依然存在。当阳明说"心即理"，是说这些理皆内存于人心之中；说"心外无事"，是说一切事情皆不可独立于人心而存在；从而，当人心之理发而与事情相接之时，就会展现出不同的伦理。当然，阳明语境中的"心"，也必须从本体的角度来理解，也就是"心体"或"心之本体"。只有人心本体无私欲之蔽，才能发挥道德理性的功能。只要人心本体无私欲之蔽，必能发挥道德理性的功能。那么，是不是所有的工夫都只须用力于心体即可呢？果真如此，必将带来"务内遗外"之讥。事实上，当时学者如湛若水、罗钦顺等皆向阳明提出过此方面的质疑。这里，依然就着徐爱的问题看阳明如何答复：

爱曰："闻先生如此说，爱已觉有省悟处。但旧说缠于胸中，尚有未脱然者。如事父一事，其间温清定省之类有许多节目，不亦须讲求否？"

先生曰："如何不讲求？只是有个头脑，只是就此心去人欲、存天理上讲求。就如讲求冬温，也只是要尽此心之孝，恐怕有一毫人欲间杂；讲求夏清，也只是要尽此心之孝，恐怕有一毫人欲间杂，只是讲求得此心。此心若无人欲，纯是天理，是个诚于孝亲的心，冬时自然思量父母的寒，便自要去求个温的道理；夏时自然思量父母的热，

---

[1] 王守仁：《传习录上》，《王阳明全集》，上海：上海古籍出版社，1992年版，第2页。

便自要去求个清的道理。这都是那诚孝的心发出来的条件。却是须有这诚孝的心，然后有这条件发出来。譬之树木，这诚孝的心便是根，许多条件便是枝叶，须先有根然后有枝叶，不是先寻了枝叶然后去种根。《礼记》言：'孝子之有深爱者，必有和气；有和气者，必有愉色；有愉色者，必有婉容。'须是有个深爱做根，便自然如此。"①

阳明承认，内在之心体并不能代替伦理的实行，伦理还当落实为具体的事情。但是，伦理实践作为一整套操作程序，其发动的根源处在心。失却人心的主动将不会有道德的自觉，失却心体之理也不能保证伦理实践的持续性和有效性。既然伦理实践的源头在于此心，那么工夫的"头脑"就在于从做事上转移到在此心上来去"人欲、存天理"。阳明以"树木"为喻，心体是"根本"，伦理是"枝叶"，有根必然发而为枝叶。这是一个由内而外、由本而末的伦理实践过程，并不曾遗外。

需要重申，以上阳明所说的"心外无理"，其所谓"理"乃是"事理"，而非朱熹的"物理"。要用自己的"心外无理"来印证《大学》，就必然要扭转朱熹对"格物"的知识论解释。其中关键在于，如何来打通"物"与"事"这两个概念。依然来看两人的对话：

> 爱曰："昨闻先生之教，亦影影见得功夫须是如此。今闻此说，益无可疑。爱昨思格物的物字，即是事字，皆从心上说。"
>
> 先生曰："然。身之主宰便是心；心之所发便是意；意之本体便是知；意之所在便是物。如意在于事亲，即事亲便是一物；意在于事君，即事君便是一物；意在于仁民爱物，即仁民爱物便是一物；意在于视听言动，即视听言动便是一物。所以某说无心外之理，无心外之物。《中庸》言'不诚无物'，《大学》'明明德'之功，只是个诚意。诚意之功只是个格物。"②

---

① 王守仁：《传习录上》，《王阳明全集》，上海：上海古籍出版社，1992年版，第2—3页。
② 王守仁：《传习录上》，《王阳明全集》，上海：上海古籍出版社，1992年版，第6页。

　　徐爱领悟之后终有所得：《大学》所说的"物"乃是"事"字义。事实上，在朱熹那里，同样有"物，犹事也"①的说法。但是，其意思其实是，"事"也是"物"。就外延而言，"物"包括"事"；就内涵而言，"物"与"事"虽然都是认知的对象，但前者是知识的对象，后者是伦理的对象。而阳明则没有这样的区分，也就是无所谓物理与伦理之别，都是"事"。换用朱熹的表达方式，不是"物，犹事也"，而是"物，即事也"。所谓"身之主宰便是心，心之所发便是意，意之本体便是知，意之所在便是物"，尤其需要注意其中的末句可看成对"物"的直接定义。在阳明看来，人心所发之意念不可能纯粹空无，必然有其对象性所指，凡是进入意念对象范围之内的就是"物"。或者说，阳明不承认有任何独立于人心之外的客观物之存在。物之为物，必须收摄到人的主观意识领域，方可成为认知对象。一旦"物"的客观实在性被取消，"物"之于人也就突破了认知关系而进入人的生存境遇。在生存论意义上，《中庸》说"不诚无物"，是说如果没有"诚意"之心，"物"的价值意义就无法展现；《大学》说"明明德"，也就是"诚意"，是通过正"心中之物"去朗现心中本有之理，亦即"明德"。然而，从"心外无理""心外无事"跳跃到"心外无物"，还是造成了文字上的理解障碍。且看下面"岩中花树"的经典公案：

　　　　先生游南镇，一友指岩中花树问曰："天下无心外之物，如此花树，在深山中自开自落，于我心亦何相关？"先生曰："你未看此花时，此花与汝心同归于寂。你来看此花时，则此花颜色一时明白起来，便知此花不在你的心外。"②

　　面对阳明说"心外无物"，友人的理解方式依然是知识论的。从知识论角度来看，花树的开落，当然与人心的认知与否毫无关联，阳明当然也不会否认。但是，阳明的回答则强调"心""物"之间除了纯粹的认知关系之外，还存在着一种更高层面的意义关系。当此花与心未曾相遇之时，

----

　　①朱熹：《四书章句集注》，北京：中华书局，1983年版，第4页。
　　②王守仁：《传习录下》，《王阳明全集》，上海：上海古籍出版社，1992年版，第107—108页。

花虽存在，我亦存在，但我心归寂，花的意义也不曾得到呈现。但是，当此花与心相遇之时，两者之间发生感应，我心从寂静向此花敞开，此花亦带上我的心，从"无"（无意义）走向"有"（有意义）。未看此花时，花是花，我是我，心物二分；来看此花时，我是花，花是我，心物一体。而所谓"看"花，不再是以"眼"看的"看到"，而是以"心"看的"看望"，彼此成就一个审美的意义世界。

再将"心外无物"的理路向前推进，何止一物不在人心之外，整个宇宙亦不过是人心的呈现而已：

问："人心与物同体，如吾身原是血气流通的，所以谓之同体。若与人便异体了。禽兽草木益远矣，而何谓之同体？"

先生曰："你只在感应之几上看，岂但禽兽草木，虽天地也与我同体的，鬼神也与我同体的。"

请问。

先生曰："你看这个天地中间，什么是天地的心？"

对曰："尝闻人是天地的心。"

曰："人又什么教做心？"

对曰："只是一个灵明。"

曰："可知充天塞地中间，只有这个灵明，人只为形体自间隔了。我的灵明，便是天地鬼神的主宰。天没有我的灵明，谁去仰他高？地没有我的灵明，谁去俯他深？鬼神没有我的灵明，谁去辩他吉凶灾祥？天地鬼神万物离却我的灵明，便没有天地鬼神万物了。我的灵明离却天地鬼神万物，亦没有我的灵明。如此便是一气流通的，如何与他间隔得！"

又问："天地鬼神万物，千古见在，何没了我的灵明，便俱无了？"

曰："今看死的人，他这些精灵游散了，他的天地万物尚在何处？"①

① 王守仁：《传习录下》，《王阳明全集》，上海：上海古籍出版社，1992年版，第124页。

理学家之中，张载和程颢都将"万物一体"视为最高的境界所得，但一个立足于"气"，一个立足于"仁"。阳明晚年语录中时时流露出对程颢的赞赏，但其立足点则在于"心"。上述引文之中，学生所理解的"体"，乃是血气之体，乃是形而下之体，人与万物在此层面当然异体。但从形而上的本体层面来看，万物同体有赖于人心之灵明，亦即人之主体性。在阳明这里，个人之主体即宇宙之本体。需要注意的是，阳明所说的"一气流通"也不是形而下之气，而是人的精神之气，亦即"灵明"。当人的灵明贯注到天地、鬼神、万物之上，天地、鬼神、万物相对人的意义才呈现出来。人不死，则心之灵明不死，则宇宙意义呈现；人死，则心之灵明散失，则宇宙无意义。人不死，而心死，宇宙同样无意义。人心不仅是道德的本体，也是万物的本体，更是宇宙的本体。

## 二、知行合一

阳明悟道之后，在龙场时期就向当地夷人宣教"知行合一"。其实，将"心即理"的命题推展到"知行"问题上必然导出"知行合一"。在阳明看来，"外心以求理，此知行之所以二也。求理于吾心，此圣门知行合一之教"[①]。也就是说，世人之所以不能践行伦理规范，是因为将这些伦理视为心外之物，而要解决知而不能行的伦理困境，就必须将"理"的根基重植到人心的道德主体之上。从理论上看，这一命题很明显又是针对朱熹的"知先行后"而发。但是，不能因为两者文字上的对立，就忽视其背后不同的理论指向。与"心外无理"的问题意识一样，"知行合一"同样指向的是一个伦理学命题。然而，朱熹的"知先行后"虽然囊括伦理学问题，但却是从知识论路径入手。

关于"知行合一"，还是以阳明与徐爱之间的讨论最为代表：

> 爱因未会先生"知行合一"之训，与宗贤、惟贤往复辩论，未能

---

① 王守仁：《传习录中·答顾东桥书》，《王阳明全集》，上海：上海古籍出版社，1992年版，第43页。

决，以问于先生。

先生曰："试举看"。

爱曰："如今人尽有知得父当孝、兄当弟者，却不能孝、不能弟，便是知与行分明是两件。"

先生曰："此已被私欲隔断，不是知行的本体了。未有知而不行者，知而不行，只是未知。圣贤教人知行，正是安复那本体，不是着你只恁的便罢。故《大学》指个真知行与人看，说'如好好色，如恶恶臭'。见好色属知，好好色属行。只见那好色时已自好了，不是见了后又立个心去好。闻恶臭属知，恶恶臭属行。只闻那恶臭时已自恶了，不是闻了后别立个心去恶。如鼻塞人虽见恶臭在前，鼻中不曾闻得，便亦不甚恶，亦只是不曾知臭。就如称某人知孝、某人知弟，必是其人已曾行孝行弟，方可称他知孝知弟，不成只是晓得说些孝弟的话，便可称为知孝弟。又如知痛，必已自痛了方知痛；知寒，必已自寒了；知饥，必已自饥了：知行如何分得开？此便是知行的本体，不曾有私意隔断的。圣人教人必要是如此，方可谓之知。不然，只是不曾知。此却是何等紧切着实的工夫！如今苦苦定要说知行做两个，是什么意？某要说做一个，是什么意？若不知立言宗旨，只管说一个两个，亦有甚用？"[①]

徐爱说，"知而不能行"的社会现实意味着"知"与"行"分明是二。而阳明说，"知行合一"意味着从"知"与"行"的"本体"上说，两者本来为一。之所以出现"知而不能行"，是因为从本体到工夫的落实过程中，丢失了"知行"的本体。从而，一般所谓的"知"只是停留在认知的领域，而"真知"则必能落实到实践之中。也就是说，所谓"知行合一"，不是先有一个"知"，又有一个"行"，然后将两者合一，而是两者的本体本来为一。阳明举例说，比如，好好色、恶恶臭、饥寒痛痒等属于行，而当你见到好色、闻到恶臭、知道饥寒痛痒之时，这些行为就已经发动了。其中，知行之间既不存在时间上的先后关系，也不存在空间上的分立关

---

① 王守仁：《传习录上》，《王阳明全集》，上海：上海古籍出版社，1992年版，第3—4页。

系，而是当下的一体发生。再如，承认一个人"知孝"，必然是这个人已经做出了"孝行"。阳明说自己"知行合一"的宗旨，就是要世人在实践中真正做到知行合一，而不是在理论上来争论知行到底是一还是二。

然而，徐爱并不能当下领会，再看：

> 爱曰："古人说知行做两个，亦是要人见个分晓，一行做知的功夫，一行做行的功夫，即功夫始有下落。"
>
> 先生曰："此却失了古人宗旨也。某尝说知是行的主意，行是知的功夫；知是行之始，行是知之成。若会得时，只说一个知已自有行在，只说一个行已自有知在。古人所以既说一个知，又说一个行者，只为世间有一种人，懵懵懂懂的任意去做，全不解思惟省察，也只是个冥行妄作，所以必说个知，方才行得是；又有一种人，茫茫荡荡悬空去思索，全不肯着实躬行，也只是个揣摸影响，所以必说一个行，方才知得真。此是古人不得已补偏救弊的说话，若见得这个意时，即一言而足，今人却就将知行分作两件去做，以为必先知了然后能行，我如今且去讲习讨论做知的工夫，待知得真了，方去做行的工夫，故遂终身不行，亦遂终身不知。此不是小病痛，其来已非一日矣。某今说个知行合一，正是对病的药。又不是某凿空杜撰，知行本体原是如此。今若知得宗旨时，即说两个亦不妨，亦只是一个；若不会宗旨，便说一个，亦济得甚事？只是闲说话。"①

徐爱的问题是，既然"知行合一"，古人何必既要说"知"又要说"行"，难道不是为了同时做工夫吗？这也合乎朱熹"知行常相须"的立场。而阳明的回答很有意思：古人说知，是为了纠正世人只重行，不重知，从而最终不能行；古人说行，是为了纠正世人只重知，不重行，从而最终也不能行。也就是说，古人之所以"知""行"分说，恰恰暗合自己所说的"知行合一"。就"知行"的理论关系而言，"知是行的主意，行是知的功夫；知是行之始，行是知之成"。如果将这样的文句稍作调整为

---

① 王守仁：《传习录上》，《王阳明全集》，上海：上海古籍出版社，1992年版，第4—5页。

"知是主意，行是功夫；知是始，行是成"，从文字上来说并不背离阳明的表达方式，但却完全符合朱熹的理路。体察阳明的文句，说"知"必然挂搭着"行"说，说"行"必然挂搭着"知"说，最终的目的还是为了纠正世人要么只知不行，要么只行不知，最终还是知行不能合一。所以，阳明又说自己的"知行合一"，说"知"就是在说"行"，说"行"就是在说"知"，必须超越文字分说的表面去体验背后宗旨的合一。

另外，对于"知行"关系，阳明还有这样的经典表达："知之真切笃实处，即是行；行之明觉精察处，即是知，知行工夫本不可离。"①由本体上的知行为一，必然导出工夫上的知行合一。"真切笃实"的语汇本是用来指"行"，"明觉精察"本是用来指"知"，但阳明却做了一个反转。这意味着，将"知行为一"的本体贯彻到工夫中，"知"也是一种"行"，随着"知"的演进将获得"真知"，"真知"必将导出"笃行"；"行"中也包含了"知"，随着"行"的深化将做到"笃行"，"笃行"又将提升出新的"真知"，从而才能做到"知中行""行中知"，知行不仅合一而且并进。

"知行合一"作为救病的药方，不落"知""行"一边，有着非常现实的伦理指向，且并不妨碍从理论上来观其成效。从"行"的一边来看，阳明强调要通过事上的磨炼，才能获得真知。从而，"知"需要个体的切身领会参与其中，正所谓"哑子吃苦瓜，与你说不得。你要知此苦，还须你自吃"②。离开个体之行的"知"只是间接的外在之知，在自家行为中获得的知才是真知，真知才能促发真行的动力，这是阳明的一大贡献。但另一方面，从"知"的一边来看，阳明还有这样的告诫：

> 我今说个知行合一，正要人晓得一念发动处，便即是行了。发动处有不善，就将这不善的念克倒了。须要彻根彻底，不使那一念不善潜伏在胸中。此是我立言宗旨。③

---

① 王守仁：《传习录中·答顾东桥书》，《王阳明全集》，上海：上海古籍出版社，1992年版，第42页。

② 王守仁：《传习录上》，《王阳明全集》，上海：上海古籍出版社，1992年版，第37页。

③ 王守仁：《传习录下》，《王阳明全集》，上海：上海古籍出版社，1992年版，第96页。

这里所说的"要人晓得一念发动处，便即是行了"，虽然有其精微的一面，但不免取消了有形工夫的独立性。从而，阳明所说的做工夫，不自觉地转成了正念头。如果说，阳明的"心外无理"还是在强调要给工夫立个"头脑"，是由内而外的思维。而当将意念的发动也视为一种行，工夫又开始由外而向内收摄。可以说，阳明的"知行合一"本是为了应对工夫的失落而发，但随着理论的深化，工夫本身变得越来越简易，甚至走向了狭隘。所以当阳明直接面对"本体"与"工夫"之辨时，他说：

> 功夫不离本体，本体原无内外。只为后来做功夫的分了内外，失其本体了。如今正要讲明功夫不要有内外，乃是本体功夫。①

这是说，工夫虽然不分内外，但内是本，外是末，工夫的本体在内不在外，做工夫之本要在本体上做工夫。所谓事上磨炼，就有可能只是磨炼此心体，事业之成就与否反倒成了第二义。照此发展下去，"知行合一"中的"行"就有可能失落，这又不能不说是其理论的吊诡处。当然，在阳明本人或许无罅漏，而阳明后学的发展则非阳明所能照管。

## 三、致良知

"心外无理""知行合一"是阳明悟道后就已经建立的理论。其后的宣讲，也处处体现出要拿朱熹的理论来作为标杆。但阳明学的贡献，还体现在在这些理论的基础上继续向前推进为"致良知"。在阳明个人，这是自身体验的升华；在整个宋明理学史上，却是理学逻辑在本体论上的进一步深化。心学，在陆九渊那里还是在说"心即理"，但阳明更将此心之本体贞定为"良知"。"良知"相对于"心"，虽然在本体上显得更加隐秘，但在工夫上却显得更加直接。

据阳明自述，龙场悟道之后，就已经有"良知"的意思，只是点此二

---

① 王守仁：《传习录下》，《王阳明全集》，上海：上海古籍出版社，1992年版，第92页。

字未出，①可能是体验得还不够深刻。及至江西平宁王之乱，再遭张忠、许泰等小人的构陷，体验又更上一层，开始揭示"致良知"作为教法。据《年谱》记载：

> 自经宸濠、忠、泰之变，益信良知真足以忘患难，出生死……乃遗书守益曰："近来信得致良知三字，真圣门正法眼藏。往年尚疑未信，今自多事以来，只此良知无不具足。"②

也就是说，阳明之所以能提出"致良知"，得自于个人强烈的生命体验。自此以后，阳明将"良知"看得很重。他说："我此良知二字，实千古圣贤相传一点滴骨血也。"③又说："此乃千古圣学之秘，从前儒者多不曾悟到。"④直至晚年，他在征思州、田州的途中还在信中告诫自己的儿子："吾平生讲学，只是'致良知'三字。"⑤那么，"良知"的重要性何以体现？阳明何以晚年单提"致良知"作为自己的教法？只有结合心学的思维方式，才能一步步得以澄清。

第一步，"良知"是本体。阳明说：

> 夫心之本体，即天理也。天理之昭明灵觉，所谓良知也。⑥
>
> 心者身之主也，而心之虚灵明觉，即所谓本然之良知也。⑦

阳明之所以将心学更进一步，是因为在本体论上，不仅认为"心即理"，而且更将"心之本体"贞定为"良知"。从"理"到"心"的转换，

---

① 钱德洪：《刻文录叙说》，见《王阳明全集》，上海：上海古籍出版社，1992年版，第1575页。

② 王守仁：《年谱》，《王阳明全集》，上海：上海古籍出版社，1992年版，第1278页。

③ 王守仁：《年谱》，《王阳明全集》，上海：上海古籍出版社，1992年版，第1279页。

④ 王守仁：《年谱》，《王阳明全集》，上海：上海古籍出版社，1992年版，第1288页。

⑤ 王守仁：《寄正宪男手墨二卷》，《王阳明全集》，上海：上海古籍出版社，1992年版，第990页。

⑥ 王守仁：《答舒国用》，《王阳明全集》，上海：上海古籍出版社，1992年版，第190页。

⑦ 王守仁：《传习录中·答顾东桥书》，《王阳明全集》，上海：上海古籍出版社，1992年版，第47页。

意味着本体从外在之天理被置换为内在之人心。而人心之所以可以上升为本体，是因为人心先天具有"昭明灵觉""虚灵明觉"，亦即简称"灵明"的能力。这种"灵明"虽然也是一种"知"，但不是知识之知，而是道德之知，即所谓"良知"。"良知"之"良"，既包括先天本有的意思，也包括纯粹至善的意思。

第二步，"良知"是道德本体。阳明说：

　　是非之心，不虑而知，不学而能，所谓良知也。良知之在人心，无间于圣愚，天下古今之所同也。①

　　尔那一点良知，是尔自家底准则。尔意念着处，他是便知是，非便知非，更瞒他一些不得。尔只不要欺他，实实落落依着他做去，善便存，恶便去。他这里何等稳当快乐。此便是格物的真诀，致知的实功。②

　　良知只是个是非之心，是非只是个好恶，只好恶就尽了是非，只是非就尽了万事万变。③

从文本上来看，"良知""是非之心"这些话语，皆源出《孟子》。但不同的是：第一，阳明却将此良知提升到本体的高度；第二，于孟子的"四端之心"中，特别标出"是非之心"。其实，陆九渊也用"是非之心"来说"本心"，但陆学语境中的"是非之心"往往并没有做道德和知识的区分。而在阳明这里，"是非"总是在说人心的"善恶""好恶"，这是在阐明良知既具有道德理性的价值判断能力，又会通过感官知觉上的道德情感展现出来。也就是说，在阳明这里，本体不仅是形而上的，而且居于形而上地位的更是道德，本体的道德属性被凸显出来，或可称之为"道德本体论"。

第三步，"良知"更是宇宙本体。且看：

① 王守仁：《传习录中·答聂文蔚》，《王阳明全集》，上海：上海古籍出版社，1992年版，第79页。
② 王守仁：《传习录下》，《王阳明全集》，上海：上海古籍出版社，1992年版，第92页。
③ 王守仁：《传习录下》，《王阳明全集》，上海：上海古籍出版社，1992年版，第111页。

良知是造化的精灵。这些精灵，生天生地，成鬼成帝，皆从此出，真是与物无对。人若复得他完完全全，无少亏欠，便不觉手舞足蹈，不知天地间更有何乐可代。①

人的良知，就是草木瓦石的良知。若草木瓦石无人的良知，不可以为草木瓦石矣。岂惟草木瓦石为然，天地无人的良知，亦不可为天地矣。盖天地万物与人原是一体，其发窍之最精处，是人心一点灵明。②

初看起来，这些话难以理解，有启人好高之病。其实，按照"心外无物"的思维，当阳明将心之本体贞定为"良知"，"良知之外无物"也就是呼之欲出的理论了。心物一体，良知与万物一体，当能体会到自家之良知，天地万物的意义也就得到了呈现。

第四步，"良知"发用为"见闻之知"。阳明说：

良知不由见闻而有，而见闻莫非良知之用，故良知不滞于见闻，而亦不离于见闻……故"致良知"是学问大头脑，是圣人教人第一义……日用之间，见闻酬酢，虽千头万绪，莫非良知之发用流行，除却见闻酬酢，亦无良知可致矣。故只是一事。③

在阳明这里，良知与见闻的关系，乃是内—外、本—末、体—用关系。良知先天本有，而见闻则是后天发生的。有体必有用，作为本体的良知必能发用为后天的见闻之知。良知的本来具足，保证了后天见闻的随感随应。用必用其体，后天的见闻正当，有赖于良知的价值引导。不然，"记诵之广，适以长其傲也；知识之多，适以行其恶也；闻见之博，适以

① 王守仁：《传习录下》，《王阳明全集》，上海：上海古籍出版社，1992年版，第104页。
② 王守仁：《传习录下》，《王阳明全集》，上海：上海古籍出版社，1992年版，第107页。
③ 王守仁：《传习录中·答欧阳崇一》，《王阳明全集》，上海：上海古籍出版社，1992年版，第71页。

肆其辩也；辞章之富，适以饰其伪也"①。所以，良知不仅担当了见闻无限的根源，而且是统摄学问正当的"大头脑"。

第五步，从本体到工夫，"良知"的落实为"致"良知。当阳明领悟到"致良知"的秘诀后，其工夫论又回过头来批判朱熹的"格物致知"，并以此来打并早年所提出的"心外无理"和"知行合一"。

就批判的方面而言，阳明说：

> 致者，至也，如云丧致乎哀之致。《易》言'知至至之'，'知至'者，知也；'至之'者，致也。'致知'云者，非若后儒所谓充广其知识之谓也，致吾心之良知焉耳。②

这里非常明确，阳明所理解的"知"不是知识之知，而是道德之知，即良知。"致知"不是如朱熹所谓在后天的见闻活动中来累积经验知识，而是直接用力于此心之良知上的道德实践。相比于朱熹的知识论进路，阳明工夫论中的良知本身不曾增损，只是从本有的可能呈现为现有的实存。当然，"致"字不仅包含做工夫这一切实的实践活动，而且意味着要将做工夫的实践活动推到极致。

就打并的方面而言，阳明说：

> 所谓致知格物者，致吾心之良知于事事物物也。吾心之良知，即所谓天理也。致吾心良知之天理于事事物物，则事事物物皆得其理也。致吾心之良知者，致知也。事事物物皆得其理者，格物也。是合心与理而为一者也。③
>
> 孰无是良知乎？但不能致之耳。《易》谓"知至，至之"。知至者，知也；至之者，致知也。此知行之所以一也。近世格物致知之

---

① 王守仁：《传习录中·答顾东桥书》，《王阳明全集》，上海：上海古籍出版社，1992年版，第56页。

② 王守仁：《大学问》，《王阳明全集》，上海：上海古籍出版社，1992年版，第971页。

③ 王守仁：《传习录中·答顾东桥书》，《王阳明全集》，上海：上海古籍出版社，1992年版，第45页。

说，只一知字尚未有下落，若致字工夫，全不曾道着矣。此知行之所以二也。①

朱熹"格物致知"论的基础是"心理二分"，由对事物之理的穷格才能印证心中存在之天理。阳明虽然一生中都不曾抛弃"天理"的观念，但他强调不是"天理"内在于人心，而是"天理"即"心"即"良知"。当用"良知"来解释"天理"之时，"理在事物"的知识论前提被取消，"求理于外"的工夫论路向被反转。在"致吾心良知之天理于事事物物"的工夫中，作为良知的天理展现为事事物物之理，此"理"分不得内外，也即"心外无理"。而当将"致良知"和"知行合一"相打并之时，同样可以更清楚地看到，阳明所说的"知"就是"良知"，所说的"行"就是"致"，"知行合一"就是"致良知"。要做到"知行合一"，不外乎要求将"良知"切实贯彻到道德实践中去。甚至，阳明还用"致良知"来解释孟子的"必有事焉"。他说：

> 夫必有事焉，只是集义。集义只是致良知。说集义则一时未见头脑，说致良知即当下便有实地步可用工。故区区专说致良知，随时就事上致其良知，便是格物。②

照此来看，"致良知"也的确相比于"心外无理""知行合一"这些理论更能打破文字的缠绕，当下就可践行。其实，"致良知"本身并无理论可言，也不能用文字去传达其深意。"致良知"之关键，取决于能否时时刻刻将良知作为一件事情放在心中，从而应着外在事情的变化真正去做"致"的工夫。所以，当学生问及自己知道"致良知"之后，还有没有什么工夫的要领之时，阳明回答："既知致良知，又何可讲明？良知本是明白，实落用功便是。不肯用功，只在言语上转说转糊涂。"③也就是说，

---

① 王守仁：《与陆原静》二，《王阳明全集》，上海：上海古籍出版社，1992年版，第189页。
② 王守仁：《传习录中·答聂文蔚》，《王阳明全集》，上海：上海古籍出版社，1992年版，第83页。
③ 王守仁：《传习录下》，《王阳明全集》，上海：上海古籍出版社，1992年版，第109页。

"致良知"本身就是实落工夫，工夫不能实落时，还只是"致良知"的工夫未做到极致。反之，当你能体验到自家良知之时，继续去做工夫，体验又会更深一层。

阳明晚年论学，几乎处处说"致良知"，并曾自信地认为："我这个话头自滁州到今，亦较过几番，只是致良知三字无病。"①而"致良知"三字之所以无病，才得以无病，因为其中既包括了"良知"的本体，又涵盖了"致"的工夫，两个方面缺一不可。在阳明个人，这是自己一生工夫磨炼的思想结晶；而在心学理论上，这是对本体论和工夫论的直接打并和统一。

## 四、四句教

阳明本人为学多变，但皆经过自家的切实体验；阳明教法也多变，但同样是根据不同的学生"因病发药"。甚至，同一理论对于不同学生，教法亦随机不同。再就立言宗旨而言，阳明主观上是要维护既有的伦理规范，但客观上却起到了伦理解放的作用。阳明在世时，学生们就对阳明的学说产生了不同的理解。阳明死后所掀起的波澜，在阳明晚年的"四句教"中就能找到源头。关于"四句教"的记录，现存多种版本，这里采用最通行的《传习录》中的记载。文长，不烦录之如下：

> 丁亥年九月，先生起复征思、田。将命行时，德洪与汝中论学。汝中举先生教言，曰："无善无恶是心之体，有善有恶是意之动，知善知恶是良知，为善去恶是格物。"德洪曰："此意如何？"汝中曰："此恐未是究竟话头。若说心体是无善无恶，意亦是无善无恶的意，知亦是无善无恶的知，物是无善无恶的物矣。若说意有善恶，毕竟心体还有善恶在。"德洪曰："心体是天命之性，原是无善无恶的。但人有习心，意念上见有善恶在，格致诚正，修此正是复那性体功夫。若原无善恶，功夫亦不消说矣。"是夕侍坐天泉桥，各举请正。先生曰：

---

① 王守仁：《传习录下》，《王阳明全集》，上海：上海古籍出版社，1992年版，第105页。

"我今将行，正要你们来讲破此意。二君之见正好相资为用，不可各执一边。我这里接人原有此二种。利根之人直从本源上悟入。人心本体原是明莹无滞的，原是个未发之中。利根之人一悟本体，即是功夫，人己内外，一齐俱透了。其次不免有习心在，本体受蔽，故且教在意念上实落为善去恶。功夫熟后，渣滓去得尽时，本体亦明尽了。汝中之见，是我这里接利根人的；德洪之见，是我这里为其次立法的。二君相取为用，则中人上下皆可引入于道。若各执一边，眼前便有失人，便于道体各有未尽。"既而曰："已后与朋友讲学，切不可失了我的宗旨：无善无恶是心之体，有善有恶是意之动，知善知恶的是良知，为善去恶是格物，只依我这话头随人指点，自没病痛。此原是彻上彻下功夫。利根之人，世亦难遇，本体功夫，一悟尽透，此颜子、明道所不敢承当，岂可轻易望人！人有习心，不教他在良知上实用为善去恶功夫，只去悬空想个本体，一切事为俱不着实，不过养成一个虚寂。此个病痛不是小小，不可不早说破。"是日德洪、汝中俱有省。①

故事发生的时间是丁亥年，即嘉靖六年（1527年），此时阳明被重新启用，即将征讨广西思州、田州的叛乱。而在起行的前一天，两大弟子王畿（字汝中）和钱德洪（原名宽，以字行）围绕着阳明的教法发生争议。当晚，两位在天泉桥上求证于阳明，后世称之为"天泉证道"。从事情发生的起源来看，辩论由王畿发起，并将阳明的教法概括为"无善无恶是心之体，有善有恶是意之动，知善知恶是良知，为善去恶是格物"。但认为这并不是阳明的定教。王畿根据阳明的理论又推演出"心体是无善无恶，意亦是无善无恶的意，知亦是无善无恶的知，物是无善无恶的物"。后来王畿在《天泉证道纪》中，将其简称为"四无"，而前者方便来说则是"四有"，其实是"一无三有"。而阳明的回答不执一边，认为"四无"是对上根人立教，"四有"是对下根人立教。可以说，阳明四句教本身应当蕴含"四无"和"四有"两种教法。但是根据《传习录》的记录，阳明最

---

① 王守仁：《传习录下》，《王阳明全集》，上海：上海古籍出版社，1992年版，第117—118页。

后又重申了"四有"将其视为最终定教，认为如果以"四无"立教示人有可能会带来流弊，因为上根之人绝少。需要注意的是，《传习录》定稿于钱德洪，其中显示了他维护师说的形象。但同样，王畿的"四无"也得到了阳明的首肯。

就"四句教"的核心问题而言，其实还是阳明所说的本体与工夫的关系。从这一问题来看，很明显"四无"偏向于本体一边，"四有"偏向于工夫一边。而问题就出在，良知本体虽然人人同有，但工夫却是个个落实。从而，两者之间本就蕴含着本体与主体的无穷张力。从此来看，不论此次辩论的记载有何出入，阳明本人的观点有两点事实：一是阳明强调工夫的实修，否则病痛不小；二是阳明本人并不反对"无善无恶心之体"对本体的界定。这样，后世的争议就集中在如何来理解"无善无恶心之体"这一表述。如刘宗周、黄宗羲师弟甚至否认阳明有这样的说法，认为阳明本人平日的立言应当是"至善无恶心之体"，即使说过"无善无恶心之体"的话也不同意学生笔之于书，怕引起争议。而这句话之所以引起争议，乃是因为"无善无恶"的文字表述很接近告子所说的"性无善无不善"，也和禅宗慧能"不思善，不思恶"的宗旨难以区分。如果以此立教，将关涉到儒家与异端之辨的立场问题。但问题的关键在于，"无善无恶心之体"到底符不符合阳明的本意？

阳明本人的语录应该最有说服力，其实他平常并不回避以上两者：

> 又曰："告子病源从'性无善无不善'上见来。性无善无不善，虽如此说亦无大差；但告子执定看了，便有个无善无不善的性在内。有善有恶又在物感上看，便有个物在外。却做两边看了，便会差。无善无不善，性原是如此，悟得及时，只此一句便尽了，更无有内外之间。告子见一个性在内，见一个物在外，便见他于性有未透彻处。"①
>
> "不思善不思恶时认本来面目"，此佛氏为未识本来面目者设此方便。"本来面目"即吾圣门所谓"良知"。今既认得良知明白，即已不

---

① 王守仁：《传习录下》，《王阳明全集》，上海：上海古籍出版社，1992年版，第107页。

消如此说矣。①

以上可见，阳明本人并不反对告子和慧能的说法，只是认为不能执着地看，而应当超越儒家与异端的狭隘立场。话语之中，甚至透露出唯有"无善无恶"这样的字眼才真正揭示了儒家的人性本体。人性是无善无恶的，性无内外，那么物也是无善无恶的。这岂不正是王畿所说的"四无"？如果不能透悟这一层，才须要如"四有"那样去实落工夫。再借用慧能的"本来面目"，阳明说，这也是一种方便教法。但这样的字眼才真正揭示出无善无恶才是人性的本来样子，即自己所说的"良知"。按阳明的思路推演，也可以说，良知亦是无善无恶之知。

如果再将"无善无恶"与儒家人物的话语联系起来，将会更加明了阳明的用意。《传习录》中还有这样的讨论：

> 问："先生尝谓'善恶只是一物'。善恶两端，如冰炭相反，如何谓只一物？"
>
> 先生曰："至善者，心之本体。本体上才过当些子，便是恶了。不是有一个善，却又有一个恶来相对也。故善恶只是一物。"
>
> 直因闻先生之说，则知程子所谓"善固性也，恶亦不可不谓之性。"又曰："善恶皆天理。谓之恶者本非恶，但于本性上过与不及之间耳。"其说皆无可疑。②

这里，学生的问题是从形而下的层面把善、恶对立起来看。而阳明说的"至善"却是在形而上的本体立论，我们切不可将其等同于善、恶对立之善。心学理路中，心之本体作为形而上的层面，必然超出形而下的善、恶对立。也就是说，形而下的善、恶，都无法揭示本体，所以称之为"至善"，可以说"至善"本身是"无善无恶"的。在阳明这里，这是体验的又一次升华。由至善之本体才会发用出形而下的善、恶。当能透悟本体的

---

① 王守仁：《传习录中·答陆原静》，《王阳明全集》，上海：上海古籍出版社，1992年版，第67页。
② 王守仁：《传习录下》，《王阳明全集》，上海：上海古籍出版社，1992年版，第97页。

"无善无恶"，才能不执定于形而下的善、恶，才能对形而下的发用进行善恶的价值评判，从而最终导出人的善行。如此方能理解程颢说的性有善恶，天理有善恶，只是在说人性至善，天理至善，当不能发用为善时，才会流而为恶。反之，回复到人性本体，恶又会扭转为善。所以说，善恶只是一物。

再看：

> 问："古人论性，各有异同，何者为定论？"
>
> 先生曰："性无定体，论亦无定体，有自本体上说者，有自发用上说者，有自源头上说者，有自流弊上说者。总而言之，只是一个性，但所见有浅深尔。若执定一边，便不是了。性之本体原是无善无恶的，发用上也原是可以为善，可以为不善的，其流弊也原是一定善一定恶的。譬如眼有喜时的眼，有怒时的眼，直视就是看的眼，微视就是觑的眼。总而言之，只是这个眼，若见得怒时眼，就说未尝有喜的眼，见得看时眼，就说未尝有觑的眼，皆是执定，就知是错。孟子说性，直从源头上说来，亦是说个大概如此。荀子性恶之说，是从流弊上说来，也未可尽说他不是，只是见得未精耳。众人则失了心之本体。"
>
> 问："孟子从源头上说性，要人用功在源头上明彻；荀子从流弊上说性，功夫只在末流上救正，便费力了。"
>
> 先生曰："然。"①

这里需要注意，针对孟、荀的人性论，阳明都不是一味地赞同。在他看来，说性善，说性恶，都有可取之处，不过是从不同的角度立论。即使荀子说性恶，也有其贡献，这是看到了人性的流弊，可以督促不见本体的人去做工夫。即使孟子从人性的源头处说出了性善，亦只是说个大概。那是因为，在阳明这里，说善说恶都是在说人性的发用、流弊，都没有透悟人性本体。而人性本身并没有定体，要说的话，只能说"无善无恶"。至

---

① 王守仁：《传习录下》，《王阳明全集》，上海：上海古籍出版社，1992年版，第115页。

于阳明语录的确也有"至善"的表达，但只能理解为是对心体的赞叹之言，而非直接对心体的界定性话语。

回到"四句教"的讨论，可以说"无善无恶心之体"并非王畿或者钱德洪任意一人的杜撰，阳明本人的很多语录中都透露出这一信息，阳明本人平日定有类似的表达，只不过见诸文字的精确表述记录在此次辩论中。所以，当王、钱两位弟子前来求证时，阳明方才说正要来"讲破此意"，可见作为最终定教的重要性。而顺着"无善无恶"的思维，王畿的"四无"也的确说破了透悟心体后的工夫走向。但毕竟世人大多是下根之人，针对不能透悟心体的人，"四无"只能是秘教，"四有"方是显教。

然而，一旦立教，其流弊也就不受阳明左右。阳明征思州、田州后，随即过世，虽然自己"此心光明，亦复何言！"①但是，晚明学界却就阳明教法发生了莫大纷争，以至演化出各个后学学派。这些学派，抛开黄宗羲在《明儒学案》中所做的地域划分，大致表现出两种倾向：一个是王门左派，以王畿、王艮、罗汝芳以至李贽为代表，一任良知本体的见在流行，从而掀起了一股个性解放的潮流；一个是王门右派，以邹守益、聂豹以至刘宗周、黄宗羲为代表，强调工夫之实修，从而转化出从心学走向经史之学。

---

① 王守仁：《年谱》，《王阳明全集》，上海：上海古籍出版社，1992年版，第1324页。

# 第九章　戴震的理学批判

戴震（1724—1777年），字东原，号杲溪，徽州休宁人。戴震生活的十八世纪，是中国传统社会的最后一个盛世时期，也是思想禁锢最为严重的一个时期，此时占据学术主流的是面向经典文献的考据之学。从历史学的分期来看，常将清代与明代合称为"明清时期"，此时的乾嘉汉学家们无不对宋明盛行的理学发出或多或少的批判声音，但又与理学存在着割不断的联系。而如果从更广阔的视野来看，其实宋、元、明、清乃至于今，同属于中国历史从"前现代"走向"现代"的又一次社会大转型时期。从而，戴震的理学批判工作既是现代社会转型在学术上的反响，因而带上了某种现代性的因素，又是理学本身发展的内在理路所致，因而亦可看成是广义理学的一部分。可以说，戴震是继朱熹之后的又一个百科全书式人物，奠定其乾嘉学术领军地位的，也是他的考据之学。然而，戴震自认为最重要的工作乃是"正人心"的义理学，其对后世产生影响最大的也是对程朱理学的批判工作。其实，对理学的批判早在明清之际就已形成一股思潮式的运动，但唯有到了戴震这里，这种批判工作才得以达到阶段性的总结，甚至完成了对理学的根本性推倒。

## 一、气化生生

理学作为一个庞大的学术理论体系，到了王阳明那里就已经走向了理论发展的极致。在后王阳明时代，要么将阳明学内部的某一理论引向极端，要么不自觉地走向对程朱理学的回归。再经过明清易代的政治冲击和与之相伴随的理学批判思潮，不论是陆王抑或是程朱都渐渐淡出了学术的主流。然而不能忽略的是，清代在意识形态领域中对程朱的推崇却是较前代有过之而无不及。可以想见，戴震要来批判官方的学术话语不仅意味着要有足够的理论勇气，而且必须具备足够的学术广度和深度。要整体性地推倒程朱的立论，就必须在理学的本体论、人性论、知识论、伦理学等层面揭示程朱的理论渊源并进行针锋相对的话语重建。

程朱理学的最高观念，在于"理"之一字。程朱认为，在形而下的生活世界之外，存在着一个形而上的天理世界。不仅具体事物之理（物理）是对天理的分殊，而且一切人伦规范（伦理）皆来源于天理的下贯。在本体论层面，程朱尤其强调的是"理气二分"。而戴震在考察"理"观念的来源时，则指出：

> 盖程子、朱子之学，借阶于老、庄、释氏，故仅以"理"之一字易其所谓"真宰""真空"者而余无所易。①

客观来说，理学话语体系的创立是在对佛老的批判中建构的。在主观意图上，程朱等人几乎无不以批判佛老为己任，然而从他们的治学历程来看，皆经过了一个"出入佛老，归宗六经"的阶段，从而在对佛老的批判中，不自觉地杂袭了佛老的先入之见，却也是客观事实。戴震宣称"理"观念来源于佛老，就等于将程朱排除在了孔孟儒学的正统之外。而在摒弃"理气二分"的本体论思维之后，戴震开始回归传统的气化宇宙论。当然，戴震的气论思维有着强烈的天文、算术等知识考据背景，而其哲学式的表达则凝结在《法象论》一文中。在该文中，戴震首先指出：

> 观象于天，观法于地，三极之道，参之者人也。天垂日月，地窍于山川，人之伦类，肇自男女夫妇。是故阴阳发见，天成其象，日月

---

① 戴震：《孟子字义疏证·理》，《戴震全书》第六册，合肥：黄山书社，2010年版，第170页。

以精分；地成其形，山川以势会。日月者，成象之男女也；山川者，成形之男女也；阴阳者，气化之男女也；言阴阳于一人之身，血气之男女也……立于一曰道，成而两曰阴阳，名其合曰男女，著其分曰天地，效其能曰鬼神。①

戴震强调"立于一曰道"，所谓"一"就是指气化之一体，而非"气"与"理"的两行二分。至于"成而两曰阴阳"，是说气化本身可以表现为阴阳两种形态。阴阳之合，有了日月、山川、男女等具体形质的呈现；阴阳之分，有了天、地、人、物的生生不已；而阴阳的分合，并不存在时间上的先后，亦只是气化一体而同时展开。就气化所展现的创生功能而言，可谓神妙莫测，因此称之为"鬼神"。需要指出的是，在戴震的相关气论表述中，很少单独言"气"，总是"气化"两字连用。他的意思是，"气"的最基本特性就是"化"，言"气"必有"化"，言"化"必是"气之化"，"气"与"化"不可分离。也就是说，只要宇宙存在，那么宇宙本身就是运行不息的，宇宙存在的最终根据只是"气化"，根本无须什么形而上的"天理"来保证。紧接着，戴震论述了气化运行的内在价值：

盈天地之间，道，其体也；阴阳，其徒也；日月星，其运行而寒暑昼夜也；山川原隰，丘陵溪谷，其相得而终始也。生生者，化之原；生生而条理者，化之流。分者其进，合者其止，进者其生，止者其息。生者动而应求，立乎至博，息者静而自正，立乎至约。博，故与为条理也，约，故与为统会也。②

显然，戴震一贯的观点是：天地之间唯一存在的是气化之道。日月星、山川原隰、丘陵溪谷，皆是气化流行之后的有形品物。因而，"化之原"即指气化本身而言，此所谓"生生"；"化之流"即指气化的运行形态而言，此中内含着"条理"。戴震进一步从"分""合"的角度，论述了气

---

① 戴震：《法象论》，《戴震全书》第六册，合肥：黄山书社，2010年版，第463—464页。
② 戴震：《法象论》，《戴震全书》第六册，合肥：黄山书社，2010年版，第465页。

化生物的过程。在戴震看来，"分"表现为气化的分布展开，渐次生物；"合"表现为气化的收敛凝聚，逐步成形。此外，分、合也不存在时间上的先后，而是同时进行的。分、合的相容无间，体现了内在于气化本身之中的某种条理秩序。否则，分则杂乱无章，而不能生物；合则会归无极，而不能成物。通过"分合"的概念梳理，戴震不仅解释了气化的生生之道，而且揭示了生生之道的内在价值。简言之，戴震的宇宙论可以概括为：气化流行，生生不息，生生而条理。

由此导出的问题是：既然万物皆是气化运行的产物，那么人性也只能是气化之性；既然气化本身就是生生而条理的，那么人性的价值也当内在于气化之性中。从而，戴震的宇宙论建构为人性论展开奠定了基础。

二、血气心知

在形而上的层面，戴震摒弃了程朱"理气二分"的本体论，坚持"气化一体"的宇宙论。将这种气论思维运用到人性论问题上，自然就不可能接受程朱"义理之性"与"气质之性"的二分。如戴震所说："人之为人，舍气禀气质，将以何者谓之人哉？"[1]既然人性源于气化，那么戴震所言的"性"，就只能是程朱所言的"气质之性"。然而，戴震并非简单接过"气质之性"的话头，而是采用了一全新的人性概念，即"血气心知"。这一概念的文本依据，出于《礼记·乐记》所言："夫民有血气心知之性，而无喜怒哀乐之常；应感起物而动，然后心术形焉。"戴震正是吸取并改造了这一概念，使之成为自己人性论的核心范畴。

戴震之所以采用"血气心知"一词来规定人性，在问题意识上无疑是针对程朱的形上学人性论而发。戴震认为：

> 阴阳五行，道之实体也；血气心知，性之实体也。有实体，故可分；惟分也，故不齐。古人言性惟本于天道如是。[2]

① 戴震：《孟子字义疏证·性》，《戴震全书》第六册，合肥：黄山书社，2010年版，第188页。
② 戴震：《孟子字义疏证·天道》，《戴震全书》第六册，合肥：黄山书社，2010年版，第173页。

性者，分于阴阳五行以为血气、心知，品物区以别焉。①

　　这里，戴震将"血气心知"界定为性的"实体"，而非程朱常用的"本体"。而在"实体"的表述中，戴震想要揭示的是，人性离不开切实可见的人的身体（实体），以与虚无不可见的性理（虚理）相区别。戴震强调，天道为"阴阳五行"的气化所充实，因而可以化生出万物；人性为"血气心知"的实体所充实，因而身体的各个感官可以各司所能。

　　再进一步，对于"血气心知"这一概念，戴震在文本中时而"血气"与"心知"连用，时而又分用之。两者之所以可以连用，其根本原因在于：现实之中，气化就是人性的唯一实体，气化给出了"血气"的同时，也就给出了"心知"。其实，在戴震看来，"心知"不过也是一种"血气"。两者的区别在于，气化运行到不同阶段从而产生不同的具体样态而已。要言之，人性无外乎"血气"与"心知"的统一体，因为气化的一本，而有人性的一本。

　　那么，又该如何看待两者的区别呢？既然两者皆是气化的产物，那么也只有在气化的视野中，才能理解两者的区别。戴震说：

　　　　子产言"人生始化曰魄，既生魄，阳曰魂"；曾子言"阳之精气曰神，阴之精气曰灵，神灵者，品物之本也。"盖耳之能听，目之能视，鼻之能臭，口之知味，魄之为也，所谓灵也，阴主受者也；心之精爽，有思辄通，魂之为也，所谓神也，阳主施者也。主施者断，主受者听，故孟子曰："耳目之官不思，心之官则思。"是思者，心之能也。精爽有蔽隔而不能通之时，及其无蔽隔，无弗通，乃以神明称之。②

　　在戴震的气论思维中，气化本身表现为阴阳相对的自身运动，这在人这一存在物上也必有所体现。这里，戴震引用了子产和曾子的传统观念。

_____

①　戴震：《孟子字义疏证·性》，《戴震全书》第六册，合肥：黄山书社，2010年版，第177页。

②　戴震：《孟子字义疏证·理》，《戴震全书》第六册，合肥：黄山书社，2010年版，第154页。

子产认为，人之出生表现为身体性的"魄"和思维性的"魂"的统一体，前者属阴，曾子称之为"灵"；后者属阳，曾子称之为"神"。由阴阳相附以行的"魂魄"或者"神灵"，是人物存在的根本，也即戴震所说的"性之实体"。这些两两对应的关系，在戴震的人性论话语中就体现为"血气"与"心知"的对应。由这些实体的事实存在，便有基于这些实体之上的功能存在。"血气"可以细分为耳、目、鼻、口、四肢等身体感官，这些感官的功能在于对外在事物的声、色、臭、味等的感知，此之谓"精爽"。而"心知"也就是"心"的功能在于超越了这些身体感官的被动性（受），而具有主动辨别事物的理义功能（施），此之谓"神明"。由"精爽"以至于"神明"的过程，意味着人性的能力从对事实存在的被动接受而进入主动对其进行价值判断的领域。总之，有"血气"的存在，就有感知声、色、臭、味的能力；有"心知"的存在，就有思维义理的能力。

统观"血气心知"这一概念，两者的合而言之，是为了强调人性乃是被气化给出的具体存在，戴震以此来堵住程朱对人性做出形上学解释的可能。而在两者的分而言之中，戴震以"血气"来批评程朱对"人情""人欲"的漠视，以"心知"来批评程朱对"人心"与"义理"的割裂。与程朱将人性等同于终极的价值存在相反，戴震认为，在人性的事实存在之中就已经蕴含了人本身的存在价值和认知外在事物价值的能力。戴震称"血气心知"为人性的"实体"，意味着在对人性做出简单划一的价值判断之前，必须直接切入人性的内部，对其所蕴含的复杂内容做出事实性的分析。在人性为"实体"而可分的观念指导下，戴震在"血气心知"的基础上，进一步分析了人性的整体结构：

> 人生而后有欲，有情，有知，三者，血气心知之自然也。给于欲者，声色臭味也，而因有爱畏；发乎情者，喜怒哀乐也，而因有惨舒；辨于知者，美丑是非也，而因有好恶。声色臭味之欲，资以养其生；喜怒哀乐之情，感而接于物；美丑是非之知，极而通于天地鬼神。声色臭味之爱畏以分，五行生克为之也；喜怒哀乐之惨舒以分，时遇顺逆为之也；美丑是非之好恶以分，志虑从违为之也；是皆成性

然也。①

这段话之中，戴震明确指出，人性的完整结构应当包括"欲""情""知"。在此，可以将其分别称之为"欲性""情性""知性"。在戴震看来，"欲性"的功能在于滋养人的生命体，"情性"的功能在于沟通人际的交往互动，而"知性"的功能不仅在于对具体存在物的事实判断（"美丑"），而且包括对人的行事活动的价值判断（"是非"），由前者将导出为知识论奠基的"知识之知"，由后者将导出为伦理学奠基的"道德之知"。然而，这三者又是一体不分的，彼此关联而统属于人性之中。就人性的"横向"展开而言，人生而有"欲性"，欲望必然指向外在的生活欲求。由此，主体必然参与到对具体事物的认知和人际交往的互动之中。这些活动的展开和完成，又取决于"情性"的沟通功能和"知性"的认知功能。"知性"不仅引导着对具体事物的知识活动，而且引导着人际交往中的道德行为。通过认知的结果，主体又能主动调控自身的欲望和情感与他者之间的平衡，最终达到每个个体的欲望满足和情感通达。就人性的"纵向"发展而言，由"欲性"的生理诉求，个体的生命得以延续，人类的生存得以繁衍；由"情性"的人际沟通，个体的生活世界得以展开和扩大；由"知性"的认知引导，"知识"和"道德"又将不断内化于人性之中，使得主体能够超出自身的动物性存在，而成为文化价值的承载者和传递者。总之，欲、情、知作为人性的整体结构，在戴震的人性论建构中缺一不可。

三、心通物则

接下来，戴震深入到对程朱理学的工夫论批判。就工夫论而言，程朱两脚并行，亦即"格物致知"的知识论和"主敬涵养"的伦理学。先看戴震对程朱的知识论批判。客观地说，知识论始终是儒学传统中的一个薄弱环节，理学之中唯有程朱一系给予了足够的重视，这是程朱的贡献所在。然而，程朱知识论的最大问题在于，一旦离开天理本体的形上预设，形下

① 戴震：《孟子字义疏证·才》，《戴震全书》第六册，合肥：黄山书社，2010年版，第195页。

的认知活动就将失去可能性，甚至整个的知识论体系也将崩溃。戴震正是抓住了程朱知识论背后的"天理"根基，如他所言：

> 宋儒以理为"如有物焉，得于天而具于心"，人之生也，由气之凝结生聚，而理则凑泊附着之，（原注：朱子云："人之所以生，理与气合而已。天理固浩浩不穷，然非是气，则虽有是理而无所凑泊，故必二气交感，凝结生聚，然后是理有所附着。"）因以此为"完全自足"，（原注：程子云："圣贤论天德，盖自家元是天然完全自足之物。若无所污坏，即当直而行之；若少有污坏，即敬以治之，使复如旧。"）如是，则无待于学。①

根据程朱的本体论思维，既然"理"作为"完全自足"的自在之物而存在，那么后天知识活动的存在与否都不妨碍此"理"本身的存在。由此，在对待学问的态度上，必然会陷入"无待于学"的逻辑结论。问题是，既然戴震放弃了程朱的本体论思维，那么他就必须将"知识何以可能"的问题严格限定在形而下的认知活动之中。而要理解戴震的知识论建构，就必须就着认知主体、认知对象以及认知过程的展开等知识论问题本身来考察其具体内涵。

首先，就认知过程的展开而言，戴震是一个完全的可知论者。戴震曾坚定地说："天地、人物、事为，不闻无可言之理者也。"②显然，程朱同样承认事物之中存在着可被认知的事物之理。然而，程朱知识论所服务的理论目标在于印证作为事物之理所以然根据的"天理"。对于此"天理"，只有在主体通过一段"体贴"工夫之后，才会达到"豁然贯通"的境地。这是说，"天理"的存在已经超越了主体一切的感官甚至思维活动，既非"言"的对象，也非"思"的对象，只可意会而不可言传。因而，知识的获取在程朱那里，只是体贴天理的必要条件而非充分条件。相比之下，戴震则用了一个下面的比喻详细阐述了认知过程的具体展开：

---

① 戴震：《孟子字义疏证·理》，《戴震全书》第六册，合肥：黄山书社，2010年版，第163页。
② 戴震：《孟子字义疏证·理》，《戴震全书》第六册，合肥：黄山书社，2010年版，第162页。

心之精爽，巨细不同，如火光之照物，光小者，其照也近，所照者不谬也，所不照斯疑谬承之，不谬之谓得理；其光大者，其照也远，得理多而失理少。且不特远近也，光之及又有明暗，故于物有察有不察；察者尽其实，不察斯疑谬承之，疑谬之谓失理。失理者，限于质之昧，所谓愚也。惟学可以增益其不足而进于智，益之不已，至乎其极，如日月有明，容光比照，则圣人矣。[①]

心之神明，于事物咸足以知其不易之则，譬有光皆能照，而中理者，乃其光盛，其照不谬也。[②]

在这个比喻之中，认知主体与认知对象的关系，被比作"火光"与"物"的关系。"火光"自然能"照""物"，"心知"自然能"察""理"。这是说，通过认知主体所发出的心知之光，必然能够揭示深藏在对象事物深处的知识。其中，心知之光的性质决定着事物之理显现方式的差异。具体来说，光的"大小"决定了照射的范围，由此制约着所获知识的多少；光的"明暗"决定了照射的程度，由此制约着所获知识的精确度。在光的所照范围之外，知识处于未被认知的状态，这样就依然存在着谬误。在光源处于暗弱的情况下，所获知识的精确度将大打折扣，认知主体也依然存在着疑惑。

更为重要的是，心知之光对于事物之理不是单方面的照射关系，而是事物之理经过照射之后又能反射到认知主体之内，进而转化为"增益"进一步照射的光源。随着光源的渐大和渐明，所照的范围和精确度也将得到扩大和提升，认知主体最终将获得完备而精确的知识。在以上的认知过程中，主体虽然存在着认知能力的差异（光的大小与远近）和认知成果的差异（得理的多与少），但就两者的关系而言，戴震强调"有光皆能照"，也就是说，只要主体发挥自身的认知能力，就必然能够获得关于对象的客观知识。要言之，戴震相信，知识必然可以被主体所认知，只要将主体的认

---

① 戴震：《孟子字义疏证·理》，《戴震全书》第六册，合肥：黄山书社，2010年版，第154页。
② 戴震：《孟子字义疏证·理》，《戴震全书》第六册，合肥：黄山书社，2010年版，第156页。

知能力发挥至极致就"足以"获得真理性的知识。

其次，就认知对象而言，戴震所谓的"理"只能是事物内在的"物则""分理""条理"以及在此基础上经过主体重新构造的"理义"。

第一，关于"物则"。"物则"一语，出自《诗经·大雅》："天生烝民，有物有则。民之秉彝，好是懿德。"孟子进一步解释说："故有物必有则，民之秉彝也，故好是懿德。"（《孟子·告子上》）孟子引述这句话，意在为自己的性善论寻找依据，强调的是人之性善乃是天生的。而戴震抓住的则是"物"与"则"之间的关系。他说："故就事物言，非事物之外别有理义也；'有物必有则'，以其则正其物，如是而已矣。"[1]在此，戴震所要强调的是："理"非"物"，而是"则"；有"物"的存在，即有"则"的存在；而且，所谓"则"，只能是事物内在的"物之则"。实际上，"则"字本身就带有一种必然性的意味。这是说，离开形而下的事物，就别无所谓"理"，"理"只能是形而下的理。在戴震看来，将"理"做形而上的过度解释，所导致的最终结果只能是使"理"变质为异于事物本身的另一物。如此，就是从物之外来认识物本身，只能阻碍对事物本身的认知。相反，正确的认知活动，不过是按照事物内在的法则来认识事物本身而已。

第二，关于"分理"和"条理"。戴震对于"理"字最明快而完备的定义，见于《孟子字义疏证》的开篇，他说：

> 理者，察之而几微必区以别之名也，是故谓之分理；在物之质，曰肌理，曰腠理，曰文理；（原注：亦曰文缕。理、缕，语之转耳。）得其分则有条而不紊，谓之条理。孟子称"孔子之谓集大成"曰："始条理者，智之事也；终条理者，圣之事也。"圣智至孔子而极其盛，不过举条理以言之而已矣。《易》曰："易简而天下之理得。"自乾坤言，故不曰"仁智"而曰"易简"。"以易知"，知一于仁爱平恕也；"以简能"，能一于行无所事也。"易则易知，易知则有亲，有亲则可久，可久则贤人之德"，若是者，仁也；"简则易从，易从则有功，有功则可大，可大则贤人之业"，若是者，智也；天下事情，条

---

[1] 戴震：《孟子字义疏证·理》，《戴震全书》第六册，合肥：黄山书社，2010年版，第156页。

分缕析，以仁且智当之，岂或爽失几微哉！《中庸》曰："文理密察，足以有别也。"《乐记》曰："乐者，通伦理者也。"郑康成注云："理，分也。"许叔重《说文解字序》曰："知分理之可相别异也。"古人所谓理，未有如后儒之所谓理者矣。①

当戴震用"区以别""有别""相别异"等词语来解释"分理"时，意味着"理"本身就是可分的。所谓"分理"，指的是事物内部和事物之间互相区别的存在样态。而"分理"又可称之为"条理"，两者乃是同一之理。之所以可以采用不同的表述，只是因为从不同的视角来观看事物，可以得出对事物之理的不同理解。根据"得其分则有条而不紊，谓之条理"这一定义，戴震的意思是，事物内在互相区别的存在根据，决定了事物外在有条不紊的存在状态。而所谓"有条不紊"，指的是在事物表层的存在状态下，本身就蕴含着深层的秩序性和规律性。不仅如此，主体通过对事物"条理"的认知，又将内化为自身的"条理"，此所谓"智"。由"智"又可以形成对日常生活中作为秩序性表征的"礼"和作为规律性表征的"义"的认知。可见，在对"条理"概念的阐释下，戴震将事物存在的价值根据追索至事物运动发展的过程之中。这与程朱事先将作为事物"所当然之则"的"天理"安置到事物之中的形上学做法又是大大不同的。

第三，关于"理义"。戴震下面的几段话，极富启发意义：

> 理义非他，心之所同然也。何以同然？心之明之所止，于事情区以别焉，无几微爽失，则理义以名。②

> 心之所同然始谓之理，谓之义；则未至于同然，存乎其人之意见，非理也，非义也。凡一人以为然，天下万世皆曰"是不可易也"，此之谓同然。举理，以见心能区分；举义，以见心能裁断。分之，各有其不易之则，名曰理；如斯而宜，名曰义。是故明理者，明其区分

---

① 戴震：《孟子字义疏证·理》，《戴震全书》第六册，合肥：黄山书社，2010年版，第149页。
② 戴震：《原善》卷中，《戴震全书》第六册，合肥：黄山书社，2010年版，第19页。

也；精义者，精其裁断也。①

> 味也、声也、色也在物，而接于我之血气；理义在事，而接于我
> 之心知。血气心知，有自具之能：口能辨味，耳能辨声，目能辨色，
> 心能辨夫理义。味与声色，在物不在我，接于我之血气，能辨之而悦
> 之；其悦者，必其尤美者也；理义在事情之条分缕析，接于我之心
> 知，能辨之而悦之；其悦者，必其至是者也。②

很明显，"理义"作为"心之所同然"必然与人心相关。然而，切不可认为"理义"就直接存在于人心之内，那不过是人的"意见"而已。那么，"理义"存在于"事情"？如此说，并无不可。因为，"理义"的产生不可能脱离对对象事物的认知。然而，"理义"又并非对象事物刺激认知主体的直接所与。虽然没有认知主体能动参与的事物之理是客观存在的，但是只有在经过认知主体的主动参与之后，才能由"事物之理"转化为"理义"。因此，"理义"也绝非等同于事物之理。可见，戴震既反对脱离认知对象的主观主义，又反对缺失认知主体的客观主义。对"理义"的完整理解应当是"理义在事情之条分缕析，接于我之心知"，也就是说，作为认知成果的"理义"的确产生于人心内部，但只可能发生在心知完成对事情的精确审察之后。用现代哲学话语来说，"理义"既非主观亦非客观，或者说既是主观又是客观，总之是主客观交互之后的观念再生。这样，作为知识的事物之理经过主观重构之后重新被赋予了价值的意义。戴震将这些价值总称之为"理义"。更明确地说，所谓"理"不仅指对事物之理的精确性认知（"不易之则"），而且指认知主体与此相关的辨别事实能力（"心能区分"）；所谓"义"不仅指对事物之理展开的适当性认知（"如斯而宜"），而且指认知主体与此相关的判断是非能力（"心能裁断"）。统而观之，在"理义"一词的合用中，凝结了主观与客观相一致、知识与价值相统一的双重含义。

最后，就认知主体而言，存在着一个从"精爽"到"神明"的认知能

---

① 戴震：《孟子字义疏证·理》，《戴震全书》第六册，合肥：黄山书社，2010年版，第151页。
② 戴震：《孟子字义疏证·理》，《戴震全书》第六册，合肥：黄山书社，2010年版，第153—154页。

力扩展过程。关于这两个概念，戴震说：

> 凡血气之属皆有精爽，而人之精爽可进于神明。[1]

> 有血气，夫然后有心知，有心知，于是有怀生畏死之情，因而趋利避害。其精爽之限之，虽明昧相远，不出乎怀生畏死者，血气之伦尽然。故人莫大乎智足以择善也，择善则心之精爽进于神明，于是乎在。[2]

> 血气资饮食以养，其化也，即为我之血气，非复所饮食之物矣；心知之资于问学，其自得之也亦然。以血气言，昔者弱而今者强，是血气之得其养也；以心知言，昔者狭小而今也广大，昔者暗昧而今也明察，是心知之得其养也，故曰"虽愚必明"。人之血气心知，其天定者往往不齐，得养不得养，遂至于大异。苟知问学犹饮食，则贵其化，不贵其不化。记问之学，入而不化者也。自得之，则居之安，资之深，取之左右逢其源，我之心知极而至乎圣人之神明矣。神明者，犹然心也，非心自心而所得者藏于中之谓也。[3]

表面上看，戴震对"精爽"与"神明"这两个概念的使用是混乱的。有时，"精爽"就动物（包括人在内的"血气之属"）而言，"神明"特指人而言；有时，"精爽"就人的"血气"一面而言，"神明"就人的"心知"一面而言；有时，"精爽"就"心知"而言，"神明"就"心知"的"至乎其极"而言。实际上，这些看似混乱的用法，不过表明了两者之间并没有绝对的界限。而且，其中体现了认知能力在以下三个层面的进阶、提升和扩展。戴震的上述说法，可图示如下：

---

① 戴震：《孟子字义疏证·性》，《戴震全书》第六册，合肥：黄山书社，2010年版，第183页。

② 戴震：《原善》卷中，《戴震全书》第六册，合肥：黄山书社，2010年版，第16页。

③ 戴震：《孟子字义疏证·理》，《戴震全书》第六册，合肥：黄山书社，2010年版，第157页。

动物（血气—精爽）→人（血气心知—神明）

‖

血气（精爽）→心知（神明）

‖

心知（精爽）→心知之极（神明）

当然，戴震所说的认知能力，主要是就"人"而非"动物"而言，而且，主要是就人的"心知"一面而言。既然"心知"不能离开"血气"而单独存在，那么人的认知能力也不可能离开人的"血气"一面而单独发挥作用。要进一步理解戴震所说的"精爽"和"神明"，必须首先了解这两个概念的所指。在上述第二个层面中，可以看出："精爽"归属于人的"血气"，"神明"归属于人的"心知"。也可以说，"精爽"是由"血气"而来的能力，"神明"是由"心知"而来的能力。用现代哲学话语来说，"精爽"指人的感觉能力，"神明"指人的思维能力。但是，这两种能力又不可截然二分，而是同体并行的。其实，整个认知活动就体现为一个边感觉，边思维，再感觉，再思维的交相并进过程。

综上所述，戴震对认知主体、认知对象以及认知过程的展开，皆做出了自己的独特阐释。这一套知识论系统与程朱的最大区别是，不再需要以形而上的"天理"为本体预设，而是深深植根于人本身的认知活动之中。在这套系统中，戴震强调了认知对象的客观性，从而为知识的可能性奠定了基础；强调了认知主体的能力提升和扩展，从而将认知这一能力归属于人本身；强调了认知主体与认知对象之间"能知"与"所知"的必然联系，从而保证了知识论得以成立的可知论前提。在这套系统中，所谓"价值"（即"理义"）不可能也不必超越于具体的认知活动之上、之前、之外，而是就存在于客观的认知对象之中，是能被认知主体所重新构造的主客观交融的结果。

### 四、以理杀人

在伦理学层面，戴震最为引人注目的话语莫过于对程朱理学"以理杀人"的批判。随着戴震自身理论体系的完善，对程朱的批判也越来越强烈，直至晚年发出了这一口号式的怒斥：

> 其所谓"理"者，同于酷吏之所谓"法"。酷吏以法杀人，后儒以理杀人。浸浸乎舍法而论理，死矣，更无可救矣！①
>
> 尊者以理责卑，长者以理责幼，贵者以理责贱，虽失，谓之顺；卑者、幼者、贱者以理争之，虽得，谓之逆。于是下之人不能以天下之同情、天下之同欲达之于上；上以理责其下，而在下之罪，人人不胜指数。人死于法，犹有怜之者；死于理，其谁怜之！②

按照程朱的理论，天理普遍内在于人性之中，那么应当说：天理面前，人人平等。然而，现实的社会情况是，为尊者、长者、贵者代言的"理"却成了加剧现实不平等的美名。应该说，戴震并不仅仅是站在卑者、幼者、贱者的弱势群体角度来为其代言，而且意识到程朱所宣扬的"理"已经变相为权势话语的象征。在强势的话语权下，伦理规范的标准不再建立在人伦日用的应有基础之上，而是谁掌握话语权谁就有理。这样发展下去，理学维系人心的初衷，反而变成了祸乱社会的根源。"以理杀人"的出现，不能不说是理学自身演变过程中所出现的极大悖论。

当然，有必要将程朱理学的学术形态和作为统治工具的意识形态区别开来。但是，学术形态的程朱理学之所以可以被提升为统治意识形态，又在于在理论的根源处就存在着扼杀人性的可能。在理学的庞大体系中，本体论上表现为理、气的对立；人性论上表现为义理之性、气质之性的对立；进而落实在伦理观上，就表现为理、欲的对立，亦即所谓"存天理，

---

① 戴震：《与某书》，《戴震全书》第六册，合肥：黄山书社，2010年版，第479页。
② 戴震：《孟子字义疏证·理》，《戴震全书》第六册，合肥：黄山书社，2010年版，第159页。

灭人欲"。戴震要建构有别于程朱的伦理学，面临的首要任务就在于重新
校正"情""欲"与"理"的正当关系。他说：

> 理也者，情之不爽失也；未有情不得而理得者也。①
> 在己与人皆谓之情，无过情无不及情之谓理。②
> 欲，其物；理，其则也。③
> 天下必无舍生养之道而得存者，凡事为皆有于欲，无欲则无为
> 矣；有欲而后有为，有为而归于至当不可易之谓理；无欲无为又焉
> 有理！④

戴震指出，所谓"理"乃是指"情"的"不爽失""无过无不及"。这
意味着，"理"与"情"并不处于相互对立的悖反位置，"理"不过表现为
"情"的一种特殊存在样态而已。当"情"表现出不偏不倚的状态之时，
就是"理"。而所谓"无欲则无为"，意味着"欲"首先是人类得以生存发
展的原初动力，"理"之所以可能是被"欲"所给出的，"欲"的"至当不
可易"即"理"。一言以蔽之，所谓"理"不过是情欲本身的条理化。正
因为"情欲"之于"理"永远保持着事实层面的首出地位，从而戴震要求
必须将更高层面的道德价值始终建基于情欲的事实存在之上。所以，戴震
总结道：

> 有是身，故有声色臭味之欲；有是身，而君臣、父子、夫妇、昆
> 弟、朋友之伦具，故有喜怒哀乐之情。惟有欲有情而又有知，然后欲
> 得遂也，情得达也。天下之事，使欲之得遂，情之得达，斯已矣。惟
> 人之知，小之能尽美丑之极致，大之能尽是非之极致。然后遂己之欲
> 者，广之能遂人之欲；达己之情者，广之能达人之情。道德之盛，使

---

① 戴震：《孟子字义疏证·理》，《戴震全书》第六册，合肥：黄山书社，2010年版，第150页。
② 戴震：《孟子字义疏证·理》，《戴震全书》第六册，合肥：黄山书社，2010年版，第151页。
③ 戴震：《孟子字义疏证·理》，《戴震全书》第六册，合肥：黄山书社，2010年版，第158页。
④ 戴震：《孟子字义疏证·权》，《戴震全书》第六册，合肥：黄山书社，2010年版，第214页。

人之欲无不遂，人之情无不达，斯已矣。①

　　在戴震看来，情欲不仅是个人生存和人际交往的起点，而且是人类社会整体运行的原初动力。也就是说，一切的伦理实践活动皆由人的情欲而来。"道德"作为伦理建构的最终目标，并不在于否定情欲，而在于长养情欲。道德的兴盛，不过表现为天下人人的欲之得遂、情之得达。更为直接地说，道德价值的实现，体现为情欲价值的最大化。

　　然而，情欲并不可直接等同于道德，只有"无过情无不及情"才可称之为"道德"。那么，"无过无不及"的状态又是何以可能的？戴震的"以情絜情"说正是为解决这一问题而发。录之如下：

　　　　凡有所施于人，反躬而静思之："人以此施于我，能受之乎？"凡有所责于人，反躬而静思之："人以此责于我，能尽之乎？"以我絜之人，则理明。天理云者，言乎自然之分理也；自然之分理，以我之情絜人之情，而无不得其平是也。《乐记》曰："人生而静，天之性也；感于物而动，性之欲也。物至知知，然后好恶形焉。好恶无节于内，知诱于外，不能反躬，天理灭矣。"灭者，灭没不见也。又曰："夫物之感人无穷，而人之好恶无节，则是物至而人化物也。人化物也者，灭天理而穷人欲者也；于是有悖逆诈伪之心，有淫佚作乱之事；是故强者胁弱，众者暴寡，知者诈愚，勇者苦怯，疾病不养，老幼孤独不得其所。此大乱之道也。"诚以弱、寡、愚、怯与夫疾病、老幼、孤独，反躬而思其情，人岂异于我！盖方其静也，未感于物，其血气心知，湛然无有失，（原注：杨雄《方言》曰："湛，安也。"郭璞注云："湛然，安貌。"）故曰"天之性"。及其感而动，则欲出于性。一人之欲，天下人之所同欲也，故曰"性之欲"。好恶既形，遂己之好恶，忘人之好恶，往往贼人以逞欲。反躬者，以人之逞其欲，思身受之之情也。情得其平，是为好恶之节，是为依乎天理。②

　　① 戴震：《孟子字义疏证·才》，《戴震全书》第六册，合肥：黄山书社，2010年版，第195页。
　　② 戴震：《孟子字义疏证·理》，《戴震全书》第六册，合肥：黄山书社，2010年版，第150页。

　　在"以情絜情"这一短语中，前一个"情"字指"我之情欲"，后一个"情"字指"人之情欲"，而"絜"的本义是用麻绳束缚在物体的周围，用来测量物体的围长。很明显，戴震认为，只有经过"以情絜情"的运作机制之后，所出现的"平"的状态才可承担道德价值的标准。也就是说，只有当自我与他人双方的情欲达到互相平衡的状态之时，才会出现被双方共享的道德边界。

　　其中，不仅与"我之情欲"相对等的"人之情欲"，始终在道德的发生机制中承担着积极的建构意义；而且，最先出之于我本身的情欲也会被"反身"设置为主体的认知对象。这要求主体抛开一切的自我偏见，将"人之情欲"与"我之情欲"这两个对等的客观存在同时收摄到认知主体面前。进而，通过"絜"这样的反复认知活动，使得"我之情欲"主动向着"人之情欲"的方向靠拢。在此过程中，最先的"我之情欲"的具体内容和强度都将得到不断的调整，而产生一种新形态的"我之情欲"。同时，他人与我同具这样的认知能力，也会将原先的"人之情欲"调整为新形态的"人之情欲"。由此，将最终实现双方情欲的相互贯通和平衡，即"情得其平"。可见，"情得其平"的出现，并不意味着只是自我单方面被动地让步、妥协。而是说，在这一过程中，要求"我"主动地将自身设置为一无偏见的主体，因为毕竟道德得以发生的可能性取决于"我"，而不取决于"他人"。此中关键之处在于：当出现"有所施于人""有所责于人"的情况时，如果主体不能站在"人以此施于我""人以此责于我"的处境下，如果失去对"人之情欲"的事实承认和客观考察，那么很有可能主体之"我"就不能打破"我之情欲"的封域，而走向过或不及的偏私状态。所谓"反躬而静思""思身受之"，就是意在强调，在对双方情欲的测度计算中，"我"必须承担起自律的道德主体意识。可见，戴震既不承认"我之情欲"的先在合理性，也不承认"人之情欲"的先在合理性。"以情絜情"的主旨在于，只有主体将"人之情欲"收摄到自我意识之内来"设身处地"地换位思考，才有可能将"我之情欲"导引至合理的轨道之上，由此主体才能被判定为"道德"的主体。进一步说，"以情絜情"说所要强调的是：主体本身是无所谓道德的，只有主体将"我之情欲"与"人之情欲"放在对等的位置来考察，进而达到"情得其平"的状态时，才有道德主体的诞生。

综上所述，可以对"以情絜情"说做出以下几点概括：第一，既不可将自我的情欲作为道德标准，也不可将他人的情欲作为道德标准。这排除了道德的主观任意性。第二，自我的情欲与他人的情欲对道德的发生存在着对等的积极意义。这体现了个体性的平等意识。第三，道德只能发生在对自我与他人双方情欲的辨察分析中，这使得道德从自我的意识领域跨入公共的伦理领域。第四，道德的标准是指自我与他人双方情欲的平衡状态，道德发生的起点在于主体的自律反思。这保证了道德的公共客观性，强调了道德的主体自律性。应该说，以上这些特点，不仅是对程朱伦理学的理论反叛，而且无疑具有更适应于现代性生活方式的现实意义。

## 附录一：作为宋明儒学殿军的蕺山学何以成立
### ——以"本体与工夫"之辨为视角*

　　明末大儒刘宗周（1578—1645年，号"蕺山"）在中国哲学史上的地位，一直被作为宋明儒学的殿军来看待。这与明清之际的黄宗羲（1610—1695年，号"梨洲"）和以牟宗三为代表的现代新儒家等人对蕺山学的阐扬密不可分。黄宗羲身历明清鼎革，有感于整理故国文献的必要，因而编次《明儒学案》，有意凸显了同乡先贤王阳明和其先师刘蕺山的地位。牟宗三更是通过其发明的"宋明儒学三系说"，将刘蕺山提升到了堪与程朱、陆王比肩的人物。而牟宗三的发明，又源自其对宋明儒学在整个中国哲学史上所占地位的判定。牟宗三认为："夫宋明儒学要是先秦儒学之嫡系，中国文化生命之纲脉。随时表而出之，是学问，亦是生命。自刘蕺山绝食而死后，此学随明亡而亦亡。"[①]可见，黄、牟等人对蕺山学的定位都是在"明亡"这一时代大背景的关照下而展开的。而"明亡"作为一历史事件显然尚不足以界定学术之兴衰，且不论明清鼎革之后，依然存续了众多的理学名臣。究竟作为宋明儒学殿军的蕺山学能否成立，尚有待于对宋明儒学在理论上的发展做进一步的辨析。

---

* 原载《东海中文学报》，2017年总第34期，第113—128页。

① 牟宗三：《从陆象山到刘蕺山·序》，参见《牟宗三先生全集》第八册，台北：联经出版事业股份有限公司，2003年版，第5页。此外，关于宋明儒学殿军为何人，亦有其他说法。比如，刘述先认为，当为黄宗羲。参见刘述先：《黄宗羲心学的定位·绪言》，杭州：浙江古籍出版社，2006年版。但刘述先同样承认，黄宗羲为思想史家而非哲学家。本文认为黄宗羲作为刘蕺山之弟子，在思想体系之构造上并不出其师范围，缺乏原创性，故而选取刘蕺山而非黄宗羲为宋明儒学殿军这一说法。

## 一、"本体与工夫"之辨：后王阳明时代的理论困境

### （一）王阳明的"本体与工夫"之辨

众所周知，宋明儒学的兴起由拒斥佛老之道，重建儒家道统而来。佛老给予原始儒学最大的冲击莫过于夫子所罕言的"性与天道"，儒学的重新崛起势必在此形而上层面与佛老一决高下。因而，宋明儒学在初创时期就受到了佛老问题意识的指引，"北宋五子"在批判佛老的同时，无形之中先接受了对方体用、本末的理论架构，进而才去发掘原始儒学文本中的相关概念表而出之。由此，才将原始儒学所倡导的一整套形而下的伦理观念上溯至形而上的理论根源。这在南宋理学集大成者朱熹（1130—1200年，号"晦庵"，学者称"朱子"）的"天理"观念中得到了系统的表达。而宋明儒学发展至明代中叶，超越在上之"天理"的过高地位，拉大了与人之现实生存的巨大张力，如此使得天理的权威性受到质疑。为了挽救理学的漂浮无根和人间伦理秩序的合法性，王守仁（1472—1529年，号"阳明"）大力表彰与朱子相对的陆九渊（1139—1193年，号"象山"）心学，通过"心即理"的观念，将道德本体重置到人心内在的"良知"之上。由此，程朱理学所阐扬的"主敬""格物""知先行后"等一套面向现实生活界中人伦事物的工夫论，开始有被"致吾心之良知于事事物物也"[①]所取代之势。众所周知，在阳明学话语中，所谓之"事事物物"，乃是"心外无物"。因而，朱子所理解的"格物"等工夫在阳明这里，一开始就不再是向外的穷究事物之理，而是将工夫致力于人心内在的良知本体之上。

需要辨明的是，"良知"与"天理"相较，虽然没有打破"形而上"与"形而下"的体用思维方式，但却使得个体修养层面上的本体与工夫皆统一于良知之上。问题是，就理论建构而言，本体不离工夫，工夫不离本

---

① 王守仁：《传习录中·答顾东桥书》，《王阳明全集》，上海：上海古籍出版社，1992年版，第45页。

体，如阳明所言"合着本体的，是工夫；做得工夫的，方识本体"①。然而，就"致良知"的实际工夫运作而言，必须时刻将做工夫致力于本体之上，如阳明所言"功夫不离本体，本体原无内外"②。可见，在"本体与工夫"之辨的问题上，王阳明本人始终强调工夫应当被涵摄于本体之中。就本体与工夫的孰轻孰重立论，不得不言王阳明偏向于本体一边，工夫一边并不具备自存的独立性。

因而，阳明学的理论重心落脚于对本体层面的辨析。而王阳明对心体论说的典型话语可谓是"无善无恶是心之体"③。这一话语可分两方面观之：一方面，处于形上界的心体，乃是超越于形下界的万事万物而存在，因而只能采取"无……"这样的句式才足以名之；另一方面，心体本身处于未发之中，在未与事物相接之时，尚不存在善、恶这样的价值判断，否则就无以彰显本体的超越性。所以，"无善无恶"一语既强调了心体的纯粹性，但同时又必须能够为现实生活中各种善恶行为提供理论根源。由此，理论的吊诡之处就展现为，作为超越善恶的心体既要为现实生活中的善行提供理论说明，也要为现实生活中的恶行提供理论说明。而且，从阳明学流变的事实来看，其进一步的发展的确出现了"酒色不碍菩提路"的狂禅路径走向。因而，王阳明本人关于"本体与工夫"之辨所蕴含的内在可能性，也就成了王门后学在此问题上争执不下的滥觞。

（二）泰州学派对"本体"的消解

在后王阳明时代，弟子们在"本体与工夫"之辨问题上，产生了极大的分歧。抛开黄宗羲按地域划分的局限，可以将这些弟子划分为两种趋向：一是王门左派，这些弟子执定良知本体人人具足，如王畿（1498—1583年，号"龙溪"）的"良知现成说"、王艮（1483—1541年，号"心斋"）的"良知日用说"等一任良知本体的发用流行，从而为"满街皆是圣人"大开方便之门；一是王学右派，这些弟子强调良知工夫之难求，如

---

① 王守仁：《传习录拾遗》，《王阳明全集》，上海：上海古籍出版社，1992年版，第1167页。
② 王守仁：《传习录下》，《王阳明全集》，上海：上海古籍出版社，1992年版，第92页。
③ 王守仁：《传习录下》，《王阳明全集》，上海：上海古籍出版社，1992年版，第117页。

钱德洪（1496—1547年，号"绪山"）的"事上磨练说"、邹守益（1491—1562年，号"东廓"）的"良知主敬说"、聂豹（1487—1563年，号"双江"）和罗洪先（1504—1564年，号"念庵"）的"良知归寂说"等在理论上继续深研心体，力图通过工夫的实修来收摄本体之流荡。

王阳明门下在社会上产生影响最大的莫过于以王艮为首的泰州学派。王艮讲学的宗旨在于"百姓日用即道"，所谓"道"不再是高远难求的不变之天理，而是流行于世俗的百姓日用生活之中。由于其讲学没有什么高深的理论辨析，因而吸引了大批的灶丁、盐户、樵夫等中下层小市民。王艮将师门的"致良知"做了一个翻转，即"良知致"①。且看他如何通过《明哲保身论》赋予良知以新的效用。王艮说："明哲者，良知也。明哲保身者，良知良能也。所谓不学而知，不学而能者也，人皆有之，圣人与我同也。知保身者，则必爱身如宝。能爱身，则不敢不爱人；能爱人，则人必爱我；人爱我，则吾身保矣。"②这里，与其师王阳明相较，作为本体的良知，其发用的能动功能开始转化为保爱一己之身的功利性。《大学》中原本作为家、国、天下起点之"身"，开始从一个德性修养的伦理本位，转化为需要保护珍爱的生命对象。由此，作为先验良知的道德本体义开始淡出理论的关注点之外，反而，生活经验层面的身体利益成为理论的最终归宿点。

沿着这一路向，泰州学派经过颜钧（1504—1596年，号"山农"）、何心隐（1517—1579年，号"夫山"）诸人再传至李贽（1527—1602年，号"卓吾"）已然不再执着于良知之学的话语体系了。以李贽为例，他的思想核心在于"童心"二字："夫童心者，真心也。若以童心为不可，是以真心为不可也。夫童心者，绝假纯真，最初一念之本心也。若失却童心，便失却真心；失却真心，便失却真人。人而非真，全不复有初矣。童子者，人之初也；童心者，心之初也。"③在李贽的"童心说"中，心学理论的重心已由先验本体之心的存有与否直接转到了后天经验之心的真假问

---

①王艮：《年谱》，《王心斋全集》，南京：江苏教育出版社，2001年版，第73页。

②王艮：《明哲保身论》，《王心斋全集》，南京：江苏教育出版社，2001年版，第29页。

③李贽：《童心说》，《焚书·续焚书》，北京：中华书局，1975年版，第98页。

题上。这样的问题转换，意味着作为本体和工夫合一的"心"的观念之中已经去除了良知的本体之义，直接下降到了现实生活中知冷知热的肉团心。相较而言，良知作为未发之心体是无时不在的，原不会丧失；而童心作为随意念而发的初心，则很有可能被后天社会生活中所遭遇的闻见道理而左右，以致丧失。依据现实的生活经验，不管李贽所说的"真心"是作为"童子之心"，还是作为"最初一念之本心"，皆是指作为感官存在意义上的"肉团心"，而非道德本体意义上的"良心"。比如，不论是童子还是成人，在面对穿衣吃饭等生存所需之时，其最直接的表现就是感官情欲的自然流露。在此之时，人心尚未受到外在伦理规范的影响和制约。李贽倡言："夫私者，人之心也。人必有私，而后其心乃见。若无私则无心矣。"①在李贽看来，人心甚至就可以直接等同于私心。阳明学发展到李贽这里，与"天理之公"价值相对的"人欲之私"开始进入儒学的正面话语之中。

（三）江右王门对"工夫"的贞定

作为王阳明一生精神之所在的江右地区（今江西省），②是王学发展的另一重镇，其中主要表现为两大派别：一是邹守益的"良知主敬说"；二是聂豹、罗洪先的"良知归寂说"。抛开两派的区别不谈，就"本体与工夫"之辨问题而言，这两派的共同特征是抑制良知本体的活灵活现，转向注重工夫层面的实修。下面简要述之。

比如，邹守益认为："敬也者，良知之精明而不杂以尘俗也。戒慎恐惧，常精常明，则出门如宾，承事如祭……故道乘之国，直以敬事为纲领。"③可以看出，邹守益强调"良知之精明"虽然不失作为学问头脑之良知的主宰作用，但由于过分注重"戒慎恐惧"的修养工夫，丢失了阳明良知教随感随应的活泼一面。更有甚者，邹守益将"良知"与"敬"字并提，在工夫取向上已然回归到了程朱理学的"主敬"路向之上。

---

① 李贽：《德业儒臣后论》，《藏书》，北京：中华书局，1959年版，第544页。

② 黄宗羲：《明儒学案·江右王门学案》，《黄宗羲全集》第七册，杭州：浙江古籍出版社，2005年版，第377页。

③ 邹守益：《简胡鹿崖巨卿》，《邹守益集》，南京：凤凰出版社，2007年版，第507页。

另外，黄宗羲在评价聂豹之学时说道："先生（聂豹）之学，狱中闲久静极，忽见此心真体，光明莹彻，万物皆备。乃喜曰：'此未发之中也，守是不失，天下之理皆从此出矣。'及出，与来学立静坐法，使之归寂以通感，执体以应用……唯罗念庵（罗洪先）深相契合，谓双江（聂豹）所言，'真是霹雳手段，许多英雄瞒昧，被他一口道着，如康庄大道，更无可疑。'"①其实，根据王阳明的良知教，良知的发用本来是无分动静、未发已发、寂静感通的，但"良知归寂说"明显过分强调了心体向内收敛的一面，或者说，致力于将工夫用于心体上。这种务内遗外的工夫，一方面进一步将阳明的良知本体推进到人心的隐微之地，另一方面也遏制了良知的发用流行，而这样的理路得到了明末大儒刘蕺山的进一步发挥。

## 二、蕺山学的本体论："慎独"与"诚意"

### （一）刘蕺山的"本体与工夫"之辨

黄宗羲概括晚明学风："阳明先生之学，有泰州、龙溪而风行天下，亦因泰州、龙溪而渐失其传。泰州、龙溪时时不满其师说，益启瞿昙之秘而归之师，盖跻阳明而为禅矣。然龙溪之后，力量无过于龙溪者；又得江右为之救正，故不至十分决裂。泰州之后，其人多能赤手以搏龙蛇，传至颜山农、何心隐一派，遂复非名教之能羁络矣。"②可见，晚明时期泰州一派占据着学界的主导地位，从而造成了儒学滑向禅学的空谈学风。对于已然越出儒家名教的"异端"行为，需要在本体与工夫两个层面加以救治。这正是身处晚明末世的蕺山学兴起的理论缘由所在，也是蕺山学建构的理论任务所在。

刘蕺山针对王阳明良知教的流弊，说道："今天下争言良知矣，及其

---

① 黄宗羲：《明儒学案·江右王门学案》，《黄宗羲全集》第七册，杭州：浙江古籍出版社，2005年版，第427页。

② 黄宗羲：《明儒学案·泰州学案》，《黄宗羲全集》第七册，杭州：浙江古籍出版社，2005年版，第820页。

弊也，猖狂者参之以情识，而一是皆良；超洁者荡之以玄虚，而夷良于贼，亦用知者之过也。"①这里的猖狂者指泰州，超洁者指龙溪。猖狂者冲破了伦理规范的束缚，造成感性情欲的泛滥；超洁者脱离了道德实践，过高地强调良知的灵明觉悟，与禅宗的玄悟打并在一起。面对这样的问题，一方面要重建儒家道德本体的庄严性，防止情感的过分渗入所导致的认人欲为天理，另一方面要培养个体的道德自觉意识，将工夫修养切实贯彻到生活的日用常行之中。

面对"本体与工夫"之辨的理论问题，刘蕺山认为："本体只是这些子，工夫只是这些子，并这些子，仍不得分此为本体，彼为工夫。既无本体与工夫之分，则亦并无这些子可指。"②可见，作为阳明后学的刘蕺山在此依然遵循的是王阳明"本体与工夫"两不相离的教诲。但问题的分歧在于，当这种"即本体即工夫"的理路运用到工夫的实际运作过程中，刘蕺山却与王阳明发生了偏离。与王阳明"致工夫于本体"的侧重不同，刘蕺山有鉴于晚明空谈学风下工夫的丧失，却不得不倾心于在工夫一边寻求着落。在与泰州后学陶奭龄（1571—1640年，号"石梁"）的会讲中，陶、刘双方发生了辩论。据"证人社"《会录》中记载：

> 陶先生曰："学者须识认本体，识得本体，则工夫在其中。若不识本体，说甚工夫？"先生曰："不识本体，果如何下工夫？但既识本体，即须认定本体用工夫。工夫愈精密，则本体愈昭荧。今谓既识后遂一无事事，可以纵横自如，六通无碍，势必至猖狂纵恣，流为无忌惮之归而后已。"③

观此辩论，陶、刘两者同样认为，工夫为本体所涵摄，不存在本体之外的工夫。但分歧在于，刘蕺山进一步强调的是，本体自身并非完满自足，有待于工夫的精密实修才得以呈现。如果说，不存在本体之外的工

---

① 刘宗周：《证学杂解》，《刘宗周全集》第二册，杭州：浙江古籍出版社，2007年版，第278页。

② 刘宗周：《学言》，《刘宗周全集》第二册，杭州：浙江古籍出版社，2007年版，第404页。

③ 刘宗周：《证人社会录》，《刘宗周全集》第二册，杭州：浙江古籍出版社，2007年版，第507页。

夫，那么同样也不存在工夫之外的本体。因而，在刘蕺山看来，"学者只有工夫可说，其本体处直是着不得一语。才着一语，便是工夫边事。然言工夫，而本体在其中矣。大抵学者肯用工夫处，即是本体流露处；其善用工夫处，即是本体正当处。若工夫之外别有本体，可以两相凑泊，则亦外物非道矣。"①

如此，本体的发用与否，并不依赖于良知的自觉。反而，本体的实存倒是由现实生活界中具体工夫的实行所证明。正是由于理论与现实的反差，使得刘蕺山开始重新阐释《大学》《中庸》等经典，并提出了取"致良知"学说而代之的"慎独说"和"诚意论"。

（二）就"本体与工夫"的合一而言"慎独"

"慎独"思想最早见诸《礼记》中《大学》《中庸》两篇。《大学》云："所谓诚其意，毋自欺也。如恶恶臭，如好好色，此之谓自谦，故君子必慎其独也。"《中庸》云："故君子戒慎乎其所不睹，恐惧乎其所不闻，莫见乎隐，莫显乎微，故君子慎其独也。"所谓"慎独"无外乎有两层含义：（1）独处，在不存在与其他关系性角色共处的情境下，即一个人闲居之时，能够保持戒慎恐惧的状态；（2）独知，即使在与其他关系性角色共处的情境下，即大庭广众之中，对于人所不知、唯己所知的事情也要做到"不自欺"。后一种意义上的"独知"在宋明儒学中被阐释为一种与本体论相对的工夫论话语，比如朱子认为："独者，人所不知而己所独知之地也。言幽暗之中，细微之事，迹虽未形而几则已动，人虽不知而己独知之，则是天下之事，无有著见明显而过于此者。"②在朱子这里，要求对于人所不知的几微之事，必须在其念头的发动层面就下工夫克制其中可能存在的私欲。王阳明也结合自己的"致良知"说，认为："所谓人虽不知而己所独知者，此正是吾心良知处。"③在阳明这里，致良知工夫的实现与否与个体的道德自觉，即"独知"息息相关。

---

① 刘宗周：《答履思二》，《刘宗周全集》第三册，杭州：浙江古籍出版社，2007年版，第309页。
② 朱熹：《四书章句集注》，北京：中华书局，1983年版，第18页。
③ 王守仁：《传习录下》，《王阳明全集》，上海：上海古籍出版社，1992年版，第119页。

需要注意的是，与朱子、阳明从工夫修养层面来解释"慎独"不同，刘蕺山"慎独说"的最大特色在于："独"乃本体，"慎独"乃本体与工夫的合一，并将其视为自己学术建构的核心观念。如其所言，"慎独是学问第一义"①。刘蕺山曾在《中庸首章说》中详细阐释了自己的慎独理论，录之如下：

> 君子求道于所性之中，直从耳目不交处，时致吾戒慎恐惧之功，而自此以往，有不待言者矣。"其"指此道而言，道所不睹不闻处，正独知之地也。"戒慎恐惧"四字下得十分郑重，而实未尝妄参意见于其间。独体惺惺，本无须臾之间，吾亦与之为无间而已。惟其本是惺惺也，故一念未起之中，耳目有所不及加，而天下之可睹可闻者，即于此而在。冲漠无朕之中，万象森然已备也。故曰"莫见莫显"。君子乌得不戒慎恐惧、兢兢慎之！慎独而见独之妙焉。"喜怒哀乐之未发谓之中"，此独体也，亦隐且微矣。及夫发皆中节，而中即是和，所谓"莫见乎隐，莫显乎微"也。未发而常发，此独之所以妙也。②

由于"独"字本身带有"不睹不闻""隐且微"等隐秘色彩，因而极为符合将阳明的"良知显教"（牟宗三语）收摄到人心深处的理论要求。刘蕺山正是通过将此内心体察的"独知之地"提升到了本体的层面，从而完成了"独体"的构造。进而，通过自己的"慎独"新论，完成了对《大学》和《中庸》的重新诠释。刘蕺山说道："《大学》言心到极至处，便是尽性之功，故其要归之慎独。《中庸》言性到极至处，只是尽心之功，故其要亦归之慎独。独，一也。"③可见，刘蕺山通过"独体"的观念打并了程朱理学和陆王心学各自侧重的"性体"和"心体"分离下的不同工夫取向。所以说，"独之外，别无本体，慎独之外，别无工夫。"④由此，我们

---

① 刘宗周：《学言》，《刘宗周全集》第二册，杭州：浙江古籍出版社，2007年版，第396页。
② 刘宗周：《中庸首章说》，《刘宗周全集》第二册，杭州：浙江古籍出版社，2007年版，第299页。
③ 刘宗周：《学言》，《刘宗周全集》第二册，杭州：浙江古籍出版社，2007年版，第389页。
④ 刘宗周：《中庸首章说》，《刘宗周全集》第二册，杭州：浙江古籍出版社，2007年版，第300页。

也方可理解黄宗羲评价其师的"慎独"之学："先生之学，以慎独为宗。儒者人人言慎独，唯先生始得其真。"①明确地说，刘蕺山之前所谓之"慎独"是就工夫一边而言，而刘蕺山所谓之"慎独"是就本体与工夫的合一而言。

（三）就本体的至善而言"诚意"

刘蕺山弟子董玚（生卒年不详，号"无休"）在编订《刘子全书》时，有按语说："先生于阳明之学凡三变，始疑之，中信之，终而辩难不遗余力。始疑之，疑其近禅也；中信之，信其为圣学也；终而辩难不遗余力，谓其言良知，以《孟子》合《大学》，专在念起念灭用工夫，而于知止一关全未堪入，失之粗且浅也。夫惟有所疑然后有所信；夫惟信之笃，故辩之切，而世之竟以玄妙称阳明者，乌足以知阳明也哉？"②可见，刘蕺山之于阳明学的态度有一个渐变的过程。首先，目睹阳明后学空谈良知，从而对阳明学本身产生怀疑。其次，揭发"慎独"之旨，以达到阳明所倡导的"本体与工夫"的合一。最终，又由阳明后学而反观阳明学本身，对阳明学的核心观念"良知"辩难不遗余力。而刘蕺山晚年的"诚意说"正是为了完成这一理论目的而发。

针对《大学》八条目之一的"诚意"一条，王阳明说道："《大学》工夫只是诚意。"③可见，在阳明学话语中，"诚意"与"慎独"同样属于工夫论层面的修养。阳明又说："意之所在便是物。"④在此，"意"作为心体与外物相接的关联点，属于已发层面。而这些说法在刘蕺山看来，则是有待纠正的。他批驳阳明道："只因阳明将意字认坏，故不得不进而求良于知；仍将知字认粗，又不得不退而求精于心。"⑤在刘蕺山看来，"意者，

---

① 黄宗羲：《明儒学案·蕺山学案》，《黄宗羲全集》第八册，杭州：浙江古籍出版社，2007年版，第890页。

② 刘宗周：《蕺山刘子年谱》，《刘宗周全集》第六册，杭州：浙江古籍出版社，2007年版，第147页。

③ 王守仁：《传习录上》，《王阳明全集》，上海：上海古籍出版社，2007年版，第39页。

④ 王守仁：《传习录上》，《王阳明全集》，上海：上海古籍出版社，2007年版，第6页。

⑤ 刘宗周：《良知说》，《刘宗周全集》第二册，杭州：浙江古籍出版社，2007年版，第318页。

心之所存，非所发也"①。从而，"意"非已发，而属未发之心体；"诚意"非工夫论，而是本体论。另外，"意者，心之所以为心也。止言心，则心只是径寸虚体耳。着个意字，方见下了定盘针，有子午可指。然定盘针与盘子，终是两物。意之于心，只是虚体中一点精神，仍只是一个心，本非滞于有也，安得而云无?"②心中有"意"，"意"为心根，从而保证了心体具有"好善恶恶"的指向功能。若用现代汉语来表述，刘蕺山所理解的"意"就不再是王阳明所理解的"意念"，而是具有价值导向内涵的"意志""意向"等义。

因为"意"好善恶恶，因而在本体论上刘蕺山与王阳明对心体的价值判断发生分离。依阳明而言，"无善无恶心之体"，而在刘蕺山看来，心体只有"至善"可说。所以，他认为："王门倡无善无恶之说，终于至善二字有碍。"③在阳明学话语中，因为善与恶作为价值判断只能就心的已发层面而言；而在蕺山学话语中，"意"作为心中之主的价值根源，则决然是好善恶恶的。由此，是"意"而非"心"，才是人之所以为善的本体所在。

## 三、蕺山学的工夫论："立人极"与"迁善改过"

### （一）就工夫的修养目标而言"立人极"

因为刘蕺山的理路是"本体与工夫"的打并合一，因而在对"独"与"意"作本体阐释的同时，也就意味着"慎独"与"诚意"作为工夫论已经获得了新的内涵。然而，"慎独""诚意"这样的传统话语尚不足以对治晚明的"援禅入儒"运动，刘蕺山在讲学的过程中深感有必要构建一套新的儒学工夫论。

在刘蕺山看来，泰州学派"满街皆是圣人"的口号消除了"圣人"与

---

① 刘宗周：《学言》，《刘宗周全集》第二册，杭州：浙江古籍出版社，2007年版，第390页。

② 刘宗周：《答董生心意十问》，《刘宗周全集》第二册，杭州：浙江古籍出版社，2007年版，第337页。

③ 刘宗周：《学言》，《刘宗周全集》第二册，杭州：浙江古籍出版社，2007年版，第439页。

"常人"之间应有的间隙，从而使得宋明儒"希圣希贤"的修养工夫失落为"有上截无下截"的狂禅路径。因而重新树立"圣人"这一理想人格在人伦秩序建构中的理想高度，就显得尤为必要。在此问题上，刘蕺山正是通过对理学开山周敦颐（1017—1073年，号"濂溪"）"立人极"一语的阐发而完成这一目标的。周敦颐在《太极图说》中说道："圣人定之以中正仁义而主静，立人极焉。"①结合周敦颐在《太极图》中所描述的一套宇宙生成论，"太极"本身的阴阳和合造就了宇宙万物的生生之道。天道下贯于人道，唯有圣人方能与天地合德。圣人承担着制定人伦秩序准则的角色，因而圣人乃是人道之极则，亦即"人极"。刘蕺山尤为推崇周敦颐学说，并在其晚年再三修订的《人谱》一书中，仿《太极图》《太极图说》而作《人极图》《人极图说》。

但不可简单地认为，刘蕺山只不过是将周敦颐描述的天道运行谱系照搬到人道谱系之中。在周敦颐的《太极图》理路中，由太极、阴阳、五行、万物逐步推演，整个宇宙生成过程自然而然，无需任何外在助力；而在刘蕺山的《人极图》理路中，人极、动静、五伦、百行、成圣，其中始终存在着一种道德自律的"常惺惺"意识。这种道德自律意识尤其体现在成就圣人的最后一步"迁善改过以作圣"的过程中："自古无现成的圣人，即尧、舜不废兢业。其次只一味迁善改过，便做成圣人，如孔子自道可见……一迁一改，时迁时改，忽不觉其入于圣人之域，此证人之极则也。"②可见，刘蕺山接受了周敦颐"人极"在工夫修养次序上的终极性准则。但刘蕺山强调"自古无现成的圣人"，也就是说，作为"人极"的圣人在现实的生活世界中并不是完足自存的。"圣人"只是一人格性存在，而且只能存在于理想世界之中。而"人极"之于常人的意义在于，只有当常人将"人极"自觉树立为一理想人格之后，才会生发出道德的自觉。要证人之为人，首先就得立"人极"之大，进而在不间断的工夫践履中方可靠近之。这也正符合了"即工夫而求本体"的蕺山学特色。

---

① 周敦颐：《太极图说》，《周敦颐集》，北京：中华书局，1990年版，第6页。

② 刘宗周：《人谱续篇一·证人要旨》，《刘宗周全集》第二册，杭州：浙江古籍出版社，2007年版，第9页。

（二）就工夫的修养次第而言"迁善改过"

宋儒在人性论问题上区分了"天地之性"与"气质之性"，认为前者绝对至善，后者可能为恶，由此陷入了人性二本的理论困境。既然刘蕺山重新将心体定位于至善，但何以避免重蹈"气质之恶"的传统话语，他提出了自己的一套"以过代恶"的理论。所谓"以过代恶"，是说在蕺山学话语中，并不存在与"善"相对的"恶"的问题。所谓"过"，只不过是善的缺失而已。

"迁善改过"一语出自《易·益》："君子以见善则迁，有过则改。"在此，"过"无非是指社会交往过程中存在的不合理行为。但刘蕺山对"过"的阐释，带有自己的特色。在刘蕺山看来，伴随着"独体"或"意体"存在着"一点浮气"，此之为"妄"。"妄"乃"藏在未起念以前，仿佛不可名状，故曰'微'"①。此"微过"是后来种种过错的根源。进而，刘蕺山将人在七情、九容、五伦、百行等层面上逐渐展现的不合理行为解释为隐过、显过、大过、丛过等。在刘蕺山"以过代恶"思维中，只有对这些潜存过错的执迷不悟，才最终导致各种现实恶行的发生。用现代眼光来看，"过"与"恶"相较，"过"属于潜意识和意识层面，"恶"属于行为层面。要防止"过"的可能转化为"恶"的现实，就必须在意识层尤其是潜意识层加以对治，所以"工夫吃紧处，总在微处得力"②。为此，刘蕺山设计了一套精致的改过工夫：

> 一炷香，一盂水，置之净几，布一蒲团座子于下，方会平旦以后，一躬就坐，交跌齐手，屏息正容。正俨威间，鉴临有赫，呈我宿疚，炳如也。乃进而敎之曰："尔固俨然人耳，一朝跌足，乃兽乃禽，种种堕落，嗟何及矣。"应曰："唯唯。"复出十目十手，共指共视，皆作如是

① 刘宗周：《人谱续篇二·纪过格》，《刘宗周全集》第二册，杭州：浙江古籍出版社，2007年版，第10页。
② 刘宗周：《人谱续篇二·改过说一》，《刘宗周全集》第二册，杭州：浙江古籍出版社，2007年版，第17页。

言，应曰："唯唯。"于是方寸兀兀，痛汗微星，赤光发颊，若身亲三木者。已乃跃然而奋曰："是予之罪也夫。"则又教之曰："莫得姑且供认。"又应曰："否否。"顷之，一线清明之气徐徐来，若向太虚然，此心便与太虚同体。乃知从前都是妄缘，妄则非真。一真自若，湛湛澄澄，迎之无来，随之无去，却是本来真面目也。此时正好与之葆任，忽有一尘起，辄吹落。又葆任一回，忽有一尘起，辄吹落。如此数番，勿忘勿助，勿问效验如何。一霍间，整身而起，闭合终日。①

上述引文又名"静坐法"，为刘蕺山工夫论之具象性表达。从中，可以看出刘蕺山所要求的是通过静坐工夫以实现内心的自我警醒和监察。值得注意的是，其中不乏宗教性的深刻体验，而且其特异之处在于，此种体验所对治的对象之起点不再是日用生活层面的各种恶行，而是直接面向意识深层的念头过失。且不论蕺山之静坐工夫能否与佛老划清界限，但就其工夫历程的整体性和细节性来看，确是为静坐工夫的修养指明了一现实可行的路径，从而将宋明儒学的工夫论推向了理论的极致。

综上所论，"本体与工夫"之辨乃是由程朱理学中"天理"的高悬与"工夫"的实修之间的过分张力所致。王阳明通过"良知说"将"天理"收摄于人心，完成了本体与工夫的理论合一的同时，取消了本体至善的价值判断和工夫在实践领域中的独立性。王门后学中的泰州学派空谈本体，以至消解了本体，造成了工夫的流荡；明末刘蕺山有鉴于此，沿着江右王门"良知归寂"的理路，将本体与工夫之辨推向高潮。蕺山学在本体与工夫合一的理路中，通过"独体"打并了程朱理学的"性体"和陆王心学的"心体"；在本体论上，创制了至善无恶之"意体"以修正王阳明无善无恶之"心体"；在工夫论上，重新树立"立人极"的圣人人格，并通过"过"与"恶"的区别构建了一套道德自律的"改过"工夫。正是由于蕺山学在"本体与工夫"之辨的心学语境中，将"本体"与"工夫"两个向度的理论均已发挥至极致，作为宋明儒学殿军的蕺山学方才得以成立。

---

① 刘宗周：《人谱续篇二·讼过法》，《刘宗周全集》第二册，杭州：浙江古籍出版社，2007年版，第15—16页。

# 附录二：重建政统与学统

## ——明清之际学术转型的内在理路*

　　在儒学发展史上，明清之际有着特殊的历史地位。其之所以特殊，不仅在于出现了政权易主的朝代鼎革，尤为重要的是，作为中国人安身立命的儒学传统在其内部出现了前所未有的危机。在回首中华文化的历史进程时，人们往往可以用先秦、两汉、魏晋、隋唐、宋明、清代这样的历史学时期来区别不同的学术形态①，唯独需要将"明清之际"这样一个区间提取出来加以重视，这足以说明了其重要性。但对于此期的学术形态本身却迟迟未有定论。如果将明清之际的儒学置于学术史的进程中来看，其连接的乃是前期的理学和后期的朴学。关于这三者的关系，学界出现了多种解释模式，其中较为典型的如以梁启超、胡适为代表的"理学反动说"和以钱穆为代表的"每转益进说"。客观地说，这两种解释产生于民国之后的中西文化论争时期，双方由于各自的学术背景或是有取于明清之际的反"玄学"和乾嘉的考证方法符合西方的科学精神，或是带着吾国文化沦亡的悲情注重宋学的渐变和延续。虽然不能掩盖以上两种解释都有各自合理性之依据，但也难免存在"以今律古"之嫌。其后，余英时在其师钱氏的方向上给出了"内在理路说"，然而，余氏又重在史学眼光的省视，对儒家思想观念的演变相对忽视。在此，我们愿意接受"内在理路"这一话语表达，重新考察此期儒者的现实关怀和学术走向。

---

　　* 原载《云南社会科学》，2015年第2期，第27—33页。

　　① 通常的观念是：先秦子学、两汉经学、魏晋玄学、隋唐佛学、宋明理学、清代朴学。

### 一、天崩地解：政统与学统的双重倒塌

用黄宗羲的话来说，明清之际是个天崩地解的时代。而"天崩地解"一词不仅刻画出了明亡的历史事件在一个传统士大夫心目中留下的无限悲痛和愤慨，更是突出了这个时代政治的昏暗和主流价值的缺失。向来以先进文化自诩的天朝上国何以又一次被外族入侵？如此不堪的历史结局势必要回溯到晚明社会的复杂现状。

政治上，腐朽的政体架构一方面不能应付内外的不断战事，另一方面激化了执政集团内部的各方利益代表的权力争衡。经济上，随着嘉靖、万历以来的手工业、商业不断的发展，在传统社会的母体内部孕育了以商品为主体的市场经济因素，出现了有史以来最为繁盛的市民社会景象。而当时的明王朝对新兴的工商业施以各种名义的严重课税，使得这种新的社会群体亟须寻求自身利益的合法保护。文化上，科举时文不再是有识之士唯一的上进之路，变质的理学说教已然压服不了言论自由的强大呼声。

明初取消了丞相制度，使君权失去了相权的制约。洪武、永乐两朝又通过锦衣卫、东厂、西厂等特务机关的设置进一步加大了对廷臣的监督，使君权空前得到集中。这一时期全国大权如此高度集中于君主一人之身的现象实非历朝历代所能比，这预示着传统的"家天下"政体已然发挥到了自身的极致。

万历中后期，神宗皇帝长期不上朝理政，大权旁落于阉寺之手。由宦官掌权的锦衣卫组织成了实际上的国家权力机构，因而激起在野人士清议四起。面对神宗的荒怠，朝中形成秦党、齐党、楚党、浙党、东林党等朋党之争，而其他各党基本依附阉寺一党打压东林党，以致出现"外论所是，内阁必以为非；外论所非，内阁必以为是"[①]的局面。

天启一朝，以"九千岁"自居的魏忠贤为清除异己制造《东林点将录》，对作为学术和政论团体的东林党人肆意开列罪名，酿成众多惨案。

---

① 黄宗羲：《明儒学案·东林学案》，《黄宗羲全集》第八册，杭州：浙江古籍出版社，2005年版，第730页。

同时，在宫廷内部出现了"红丸""梃击""移宫"三大案。在这些案件的背后，实是君权、阉党和清流多方力量的角逐。如此，腐朽而松散的政治体制导致北方战事一再失利。明王朝又以征辽练兵为由，派出宦官四处敲诈勒索，酿成了各地的反矿税斗争不断。加上土地的兼并集中和自然灾害的发生，最终引发了西北地区以李自成、张献忠为首的大规模农民起义。

与岌岌可危的政局形成鲜明对比的是晚明商品经济的勃兴。明中叶之后，矿产、盐业、棉纱、丝织、茶叶、陶瓷、刻书等行业逐渐发展，形成了很多无田而富的行商大贾。脱离土地的自由民增加了社会人口的流动，逐渐在工商业发达的城镇聚集。在江南一带尤其是运河两岸和长江三角洲的苏州、松江、常州、镇江、江宁、杭州、嘉兴、湖州等地，出现了许多的小村镇和城市，从而造就了市民社会的形成。市民社会的生活方式又大大激发了市民阶层为理学说教所压制的私利追求和情欲表达。因而，在思想观念上一方面要求冲破以家族为单位而确立的传统伦理规范和价值原则，另一方面使得市民阶层重组个体之物质富足和精神追求的合理搭配。最终，反映市民生活的传奇、院本、杂剧、小说等文学样式在晚明社会流行开来，其中所彰显的思想观念一方面引起了保守士人的忧患，另一面却逼迫着儒学面对既定的社会事实，作出有效的理论回应。

学术上，广泛流行于晚明社会的乃是阳明学。而王阳明晚年的"无善无恶"之旨却取消了心体善恶的价值判断，给良知的泛滥流行打开了冲破道德束缚的缺口。在后王阳明时代，王学为天下裂，其中影响最大的当属泰州学派。而出身泰州学派的李贽力倡"童心说"："夫童心者，真心也。若以童心为不可，是以真心为不可也。夫童心者，绝假纯真，最初一念之本心也。若失却童心，便失却真心；失却真心，便失却真人。人而非真，全不复有初矣。子者，人之初也；童心者，心之初也。"①而不论"真心"是作为"童子之心"，还是作为"最初一念之本心"，其最直接的表现就是饱食暖衣等生存条件所需，尚未受到外在伦理规范的影响和制约。可以看出，"童心说"将与孟子所说的"四端之心"相对的自私自利的一面展现了出来。

---

① 李贽：《焚书》，北京：中华书局，1975年版，第98页。

## 二、经世致用：明清之际的实学指向

儒学自孔子创立之初就是"修己以安人，修己以安百姓"（《论语·宪问》）的内圣外王并重之学。虽然这样的理想并未真正在传统社会的舞台上上演，但从儒家的主观动机上来说，却从来没有放弃过治世的诉求。儒学发展到宋代，为了应对道家和佛教形上学的挑战，将学问的重心转移到了性理的辨析上，而相对忽视了外王的一面。与朱子同时虽然有浙东陈亮和叶适等人重视事功的言论，但在理学占据正统的时代其呼声相对过于弱小。到了明代，王阳明推崇陆象山心学，通过良知理论将天理从形上界拉回到活动的人心之中，打开了心与外在世界的互动，但却造成了空谈良知的流弊，儒学外王的一面也始终没有成为正视的课题。

这一时期思想家群星璀璨，但跳过这些儒者们家庭环境、个人经历、学术成果等因素的不同，"经世致用"则是他们共同的呼声。"经世致用"作为一种学术精神，在不同的时代可以表现出不同的含义：有时强调主体的道德修养，有时强调事功趋利，有时强调治国、安邦、平天下，有时强调实行、实用。[①]很明显，在社会急剧动荡的明清之际，"经世致用"的后两义更加凸显。另外，就"经世致用"的表现形式来看，在社会稳定、思想一统的年代，如此的呼声常常暗藏在学术工作的背后，而在社会转型、思想争鸣的年代，常常作为为学的目标直接显现在学者的话语表达之中。在明清鼎革的年代，为了学以用世，治国安邦、实行实用的诉求自然异常地凸显出来。一时儒者竞相批判理学的空疏无用，将自己的为学宗旨定位于"经世致用"。此种言论几乎是人人尽有，个个提倡，下面仅举几例。

如黄宗羲言：

> 儒者之学，经纬天地。而后世乃以语录为究竟，仅附答问一二条于伊、洛门下，便侧身儒者之列，假其名以欺世。治财赋者则目为聚

---

① 王杰：《反省与启蒙：经世实学思潮与社会批判思潮——以明清之际的思想家群体为例》，《中共中央党校学报》，2008年第1期，第48—53页。

敛，开阖扞边则目为粗材，读书作文者则目为玩物丧志，留心政事则目为俗吏，徒以"生民立极、天地立心、万世开太平"之阔论钤束天下。一旦有大夫之忧，当报国之日，则猛然开口，如坐云雾，世道以是潦倒泥腐，遂使尚论者以为立功建业别是法门，而非儒者之所与也。①

如顾炎武言：

五胡乱华，本于清谈之流祸，人人知之。孰知今日之清谈有甚于前代者？昔之清谈谈老庄，今之清谈谈孔孟，未得其精而已遗其粗，未究其本而先辞其末。不习六艺之文，不考百王之典，不综当代之务，举夫子论学论政之大端一切不问，而曰"一贯"，曰"无言"。以明心见性之空言，代修己治人之实学。股肱惰而万事荒，爪牙亡而四国乱。神州荡覆，宗社丘墟。②

如王夫之为学：

自少喜从人间问四方事，至于江山险要、士马食货、典制沿革，皆极意研究。读史，读注疏，于书志年表，考驳同异，人之所忽，必详慎阅之，而更以见闻证之。③

可见，上述言论是直接受到了"神州荡覆，宗社丘墟"的明亡刺激。他们将理学、心学的章句语录比之于魏晋年间的清谈老庄，从而主张重视当世之务，要求回归《六经》之旨。在他们的心目中，"欲挽虚窃，必重实学"④可谓是当时的一致要求。

① 黄宗羲：《赠编修弁玉吴君墓志铭》，《黄梨洲文集》，北京：中华书局，1959年版，第220页。
② 顾炎武：《日知录·夫子之言性与天道》，《日知录集释》，上海：上海古籍出版社，2006版，第402页。
③ 王敔：《姜斋公行述》，见王夫之：《船山全书》第十六册，长沙：岳麓书社，1996年版，第81页。
④ 方以智：《东西均·道艺》，北京：中华书局，2001年版，第182页。

为学之"虚"与"实"成了大儒们严辨儒与佛、道的界限。这里有必要解释一下，经世致用风气下的"虚实"问题。当初宋明理学的出现正是针对佛、道的虚玄而发，当其悄然升起的时候，也曾自我激励"学颜子之所学，志伊尹之所志"[①]，也曾自我期许"为天地立志，为生民立道，为去圣继绝学，为万世开太平"[②]。南宋时期，理学经过朱子的集大成之后，成功与政治联姻而作为治世教民的官方意识形态，不可谓其不是经世之实学。当朱子构建的天理世界无法再适应时代的发展，阳明学的兴起也可谓正是为了挽救天理之虚。纵观阳明一生，疏刘瑾之奸、平宁王之叛、定四方之乱，岂能不谓之为实学！而晚明市民社会背景下主张"穿衣吃饭即是人伦物理"[③]的异端思想，却也恰恰是最为关注现实的学问。到了明清之际，儒学关于虚实之辨的话头之所以又一次占据了学界讨论的中心，只不过表明了"崇实"一直是儒家初衷不改的价值理念。只是，此时之"实"随着时代的发展，其内涵再度发生了改变。我们虽不能根据儒家某一派的学说就武断地判定此实彼虚，但却可以从他们所批判的对象和从事的学术活动中，总结出他们所认为的"实"究竟何指。

从以上诸儒的言论中，我们就不难发现他们所主张的实学已不再是恒定之天理或活动之心体，而是蕴含在儒学经史传统之中的地理、兵革、财赋、典制等形下之学。因此，这一期的学者都不约而同地致力于经学和史学的研究。

### 三、天下为公：重建政统的理论基础

自秦汉以来，中国实行的一直是君主集权制。在"家天下"的政治体制下，所有臣工之权皆是来自君主的授予，官吏的设置无非是君主权力的下放和扩散。这样一种自上而下的君主集权制，不仅造成了国家治理成本的加大，而且导致了社会运转效率的缓慢。另外，随着市民社会所带来的

---

① 周敦颐：《通书·志学》，《周敦颐集》，北京：中华书局，1990年版，第23页。

② 张载：《张子语录中》，《张载集》，北京：中华书局，1978年版，第320页。

③ 李贽：《焚书·答邓石阳》，北京：中华书局，1975年版，第4页。

经济繁荣，权力的高度集中已不能适应各种新生事物的出现，要求权力的分散落实就成了社会治理的必然呼吁。明亡之后，君权作为政治权力的象征，成了儒学批判的主要目标；分权的政治模式，成了重构政体的主要方向。

众所周知，儒家一贯的政体建构次序是家、国、天下。在儒家推崇的理想社会中，尧、舜、禹、汤作为"王天下"之主，被赋予了"为天下之公利而不为一家私利"的人格。这样的圣人政治成了后世一直向往的理想形态。汉儒郑玄在注《礼记·礼运》中"天下为公"时说："公犹共也。禅位授圣，不家之。"孔颖达疏曰："天下为公，谓天子位也。为公，谓揖让而授圣德，不私传子孙。"[1]可以说，"天下"就是万民公利的代名词，"天下观"就是儒家政治体制建构的理论源泉。

而在礼崩乐坏的春秋战国时期，周天子作为王乃是有位无权，政治权力已被各诸侯国的国君所窃取。秦汉之后，建立在一家之姓私利上的"国"更是僭越了天下实权。如此，天下不过是一家之天下。在明亡的背景下，儒家的天下观念再度成为重构政体的理论基石。顾炎武首先区分了"天下"与"国"的观念："有亡国，有亡天下。亡国与亡天下奚辨？曰：易姓改号谓之亡国；仁义充塞，而至于率兽食人，人将相食，谓之亡天下。"[2]像明清易代这样的现象，历史上屡见不鲜，自然只可谓之亡国。而要重新建立合法政权，就需要重新秉持"天下为公"的儒学理念。

"天下为公"表明了儒家要求将政治合法权建立在万民公利的基础之上。后世居于天子之位的君主作为传统社会权力的象征，也必然被要求能代表天下万民之公利。而事实情况却是：在君权时代，君主一己的利益却凌驾于天下万民的利益之上，这样就颠倒了天下与君的关系，混淆了最高权力的来源应该是万民而不是君主。正如黄宗羲所批判："古者以天下为主，君为客，凡君之所毕世而经营者，为天下也；今也君为主，天下为

---

① 郑玄注、孔颖达疏：《十三经注疏·礼记正义》，北京：北京大学出版社，1999年版，第659页。
② 顾炎武：《日知录·正始》，《日知录集释》，上海：上海古籍出版社，2006年版，第756页。

客，凡天下之无地而得安宁者，为君也。"①

不能代表万民利益的君主早被孟子视为"独夫""民贼"。（《孟子·梁惠王下》《孟子·告子下》）明清之际的唐甄直斥："自秦以来，凡为帝王者，皆贼也。"②他认为："天子之尊，非天帝大神也，皆人也。"③这样，君主被拉到了"天下面前，人人平等"的地位，君主的神圣性也就荡然无存了。面对明末农民起义的形势，唐甄继续说道："李自成虽尝败散，数十万之众，旬日立致。是故陕民之谣有之曰：'挨肩膊，等闯王。闯王来，三年不上粮。'民之归也如是，盖四海困穷之时，君为仇敌，贼为父母矣。"④这可谓是对君权的绝大讽刺。

关于君与民的关系，历史上曾有孟子著名的"民贵君轻论"（《孟子·尽心下》），后世对君主的批判也不绝如缕。但明清之际的儒者往往从人性的深度，质疑君主权力的合法性来源。如黄宗羲认为："有生之初，人各自私也，人各自利也，天下有公利而莫或兴之，有公害而莫或除之。有人者出，不以一己之利为利，而使天下受其利；不以一己之害为害，而使天下释其害。此其人必千万于天下之人。"⑤与黄氏持相同言论的是顾炎武，顾氏认为："天下之人，各怀其家，各私其子，其常情也。为天子为百姓之心，必不如其自为，此在三代以上已然矣。圣人者因而用之，用天下之私以成一人之公而天下治。"⑥如前文所言，人性之私的观点在晚明的李贽那里就得到了认可，在当时却被认作异端思想，但到了明清之际，在像黄、顾这样被一致公认的大儒这里，已经成了儒家理解人性的典型观念。总之，在黄、顾等人看来，作为人君需要能够克服自己之私利，明了君主的职分乃是为天下之公利，进而行仁政以满足天下人人之私利。在天

---

① 黄宗羲：《明夷待访录·原君》，《黄宗羲全集》第一册，杭州：浙江古籍出版社，2005年版，第2页。

② 唐甄：《潜书·室语》，北京：中华书局，1963年版，第196页。

③ 唐甄：《潜书·抑尊》，北京：中华书局，1963年版，第67页。

④ 唐甄：《潜书·明鉴》，北京：中华书局，1963年版，第108—109页。

⑤ 黄宗羲：《明夷待访录·原君》，《黄宗羲全集》第一册，杭州：浙江古籍出版社，2005年版，第2页。

⑥ 顾炎武：《郡县论五》，《顾亭林诗文集·亭林文集》，北京：中华书局，1983年版，第14页。

下观念的指导下，针对不能履行职分的君主，万民自然有权有易君之举。

重新构建政体，当然不能仅仅停留于批判的武器上，这与空谈的讲学形式相去不远，也远未达到实学、实用的经世诉求。因此，在提供权力合法性的批判之外，还需针对现实的政体状况给出具体的政治理念和改革方案。《明夷待访录》一书阐发了这一时期最高的儒家理想社会蓝图。其中有三点尤为值得注意：（1）将君臣关系定位为"君与臣，共曳木之人"①。臣之出仕，乃是"为天下，非为君也；为万民，非为一姓也"②。传统的君为臣纲的统属关系被纠正为"共为天下事"③的师友关系。（2）将君和臣皆设置为国家权力机构之一，主张"有治法而后有治人"④。（3）将"天下之是非"⑤公之于学校。学校不仅是国家养士的机构，还当成为国家权力的监督机构，发挥其舆论监督权。这在一定程度上也反映了当时民间社会的参政议政需求。

## 四、回归六经：重建学统的必由之路

有学无位的学者，在重建政统方面，要么是利用言论的武器对现实政治予以批判，要么是在思想的深度重新思考政体的合法性依据。但作为明朝遗民的黄、顾、王等人又往往拒绝参与清代政权，这就阻碍了他们的政治理念能在身处其中的清朝被贯彻执行。另一方面，作为刚刚取得政权的满人，唯恐其君权统治不能稳固，自然很难接受带有现代性色彩的新型儒学理念对自身君权合法性的否定。但现实的政治困境并不能构成儒学理论

---

① 黄宗羲：《明夷待访录·原臣》，《黄宗羲全集》第一册，杭州：浙江古籍出版社，2005年版，第5页。

② 黄宗羲：《明夷待访录·原臣》，《黄宗羲全集》第一册，杭州：浙江古籍出版社，2005年版，第4页。

③ 黄宗羲：《明夷待访录·原臣》，《黄宗羲全集》第一册，杭州：浙江古籍出版社，2005年版，第4—5页。

④ 黄宗羲：《明夷待访录·原法》，《黄宗羲全集》第一册，杭州：浙江古籍出版社，2005年版，第6—7页。

⑤ 黄宗羲：《明夷待访录·学校》，《黄宗羲全集》第一册，杭州：浙江古籍出版社，2005年版，第10页。

发展的致命影响，因为学统从来都不是仅仅依附于政统而存在。"经世致用"的诉求也并不因为重构政统的此路不通而被放弃。在重构政统的现实道路不可取的时代，退而回归经学以待访无疑是更为可行的选择。

（一）重建学统的方向：由宋学余绪到返回孔孟

明清之际的大儒，在学术上面临的是王学末流所导致的空疏学风。为了救王学之敝，清初时期在理学内部产出了修正王学、黜王尊朱、调和朱王等取向。

修正王学的学者以黄宗羲最为代表。学宗阳明的黄宗羲，接续其师刘宗周的王学修正路子，将心学中长期存在的本体与工夫之辨明确定位于："心无本体，工夫所至，即其本体"①。

与黄氏同师刘宗周的张履祥虽然其学脉可以算在王学门下，但其非难阳明的态度可谓是决绝不留余地。如他称："姚江大罪，是逞一己之私心，涂生民之耳目，排毁儒先，阐扬异教。而世道人心之害，至深且烈也。"②又曰："姚江著书立说，无一语不是骄吝之私所发。又其言闪烁善遁，使人不可把捉，真释氏之雄杰也。"③其为学已走上程朱"居敬穷理"一路，可谓是由王返朱的典型。

另外，面对朱、王之争，当时大多数学者持的是调和朱王的态度。如关中学者李颙更是企图以"悔过自新说"会合理学各家，其言曰：

> 古今名儒倡道救世者非一，或以"主敬穷理"标宗，或以"先立乎大"标宗，或以"心之精神为圣"标宗，或以"自然"标宗，或以"复性"标宗，或以"致良知"标宗，或以"随处体认"标宗，或以"正修"标宗，或以"知止"标宗，或以"明德"标宗。虽各家宗旨不同，要之总不出"悔过自新"四字，总是开人以悔过自新的门路，但不曾揭出此四字，所以当时讲学费许多辞说。愚谓不若直提"悔过

---

① 黄宗羲：《明儒学案·自序》，《黄宗羲全集》第一册，杭州：浙江古籍出版社，2005年版，第3页。

② 张履祥：《备忘三》，《杨园先生全集》，北京：中华书局，2002年版，第1138页。

③ 张履祥：《备忘四》，《杨园先生全集》，北京：中华书局，2002年版，第1173页。

自新"四字为说，庶当下便有依据，所谓"心不妄用，功不杂施，丹府一粒，点铁成金也"。①

以上诸儒，可谓依然依违于朱、王之间。而当时对朱、王都能进行自觉反思的大儒当推王夫之。王夫之猛烈批评王阳明心学，一反朱子对形上之天理的重视。在宋学中，他"希张横渠之正学"，发扬了张载的气学思想，而将学问的立足点放在形下世界。其论道器、体用、理气、知行等，一以后者为据；其论身心、动静、有无等，皆主两者交相互用。从王夫之构建的庞大体系来看，整个宋明理学内部的理本论、心本论、气本论等典型形态都得到了总结。

其后，学界渐渐从依附宋学走向了与宋学决裂的对立面。其中以颜元最为代表。颜元不仅视宋明理学为禅学，更是痛斥汉唐注疏训诂之无用，其气魄之大可谓是明清之际的儒者中绝无仅有。诚如梁启超所言："有清一代学术，初期为程朱陆王之争，次期为汉宋之争，末期为新旧之争。其间有人焉举朱陆汉宋诸派所凭借者一切摧陷廓清之，对二千年来思想界，为极猛烈极诚挚的大革命运动。其所树的旗号曰'复古'，而其精神纯为'现代的'。其人为谁？曰颜习斋及其门人李恕谷。"②我们虽不可按学术流派将颜元归为某派与某派之争，但颜元体现出来的"争"之精神却是比任何一派都为激烈。而颜元所争者，唯在于孔孟之道。他明确将程朱之学与孔孟之道对立：

> 归博来，医术渐行，声气渐通，乃知圣人之道绝传矣。然犹不敢犯宋儒赫赫之势焰，不忍悖少年引我之初步；欲扶持将就，作儒统之饩羊，予本志也。迨辛未游中州，就正于名士下，见人人禅宗，家家训诂，确信宋室诸儒即孔、孟，牢不可破。口敝舌罢，去一分程、朱，方见一分孔、孟；不然，终此乾坤，圣道不明，苍生无命矣……于是始信程、朱之道不熄，周、孔之道不著，圣人复起，不易吾

---

① 李颙：《悔过自新说》，《二曲集》，北京：中华书局，1996年版，第3页。
② 梁启超：《中国近三百年学术史》，北京：东方出版社，1996年版，第120页。

言矣！①

颜元提倡习行实用，对于一切没有现实效用的学术都欲摒弃之。因而他极为反对朱子的读书之教，他认为："朱子'半日静坐'，是半日达摩也，'半日读书'，是半日汉儒也。试问十二个时辰那一刻是尧、舜、周、孔乎？"②从颜元反程朱的言论中，可以看出宋学已经完全失去了权威。必须跳过宋儒、汉儒，直接回归到孔孟之道方能重建儒家学统。

（二）重建学统的依据：由文本辨伪到回归《六经》

众所周知，宋儒对于经典普遍具有疑经精神。与汉唐重视《六经》不同，宋明理学将其理论建立在《大学》《论语》《孟子》《中庸》的四书基础之上。而其中对于《大学》一文尤为重视。朱子认为《大学》有断简阙文，因而作格物补传建立起了"即物穷理"的理论。其后，王阳明力图恢复《大学》古本，将"格物致知"解释为"致良知"。晚明刘宗周为了修正王学，又从《大学》中汲取营养，发掘出"慎独""诚意"诸新论。明清之际，为了推翻宋学观念，最直接的方式就是对其理论基础加以重新审查，而《大学》一文首当其冲。陈确首先对《大学》一文的真伪发难，他在《大学辨》中开篇就指出："《大学》首章，非圣经也。其传十章，非贤传也。"③并且他认为程朱、阳明、蕺山之所以在"格致"问题上反复参究，皆是"以吾学之所得而救《大学》之敝焉云耳。而救之而无可救，弗如黜之而已矣"④。

自此之后，对文本的辨伪工作更是延伸到了《六经》的范围。如黄宗羲著《易学象数论》力辨河图洛书之非，成为后来胡渭《易图明辨》的先导。胡渭又作《大学翼真》，明确指出："格物致知之义，释在《邦畿章》内本无缺文，无待于补。"⑤黄宗羲之弟黄宗炎著《忧患学易》一书，考证

---

① 颜元：《未坠集序》，《颜元集》，北京：中华书局，1987年版，第397—398页。

② 颜元：《朱子语类评》，《颜元集》，北京：中华书局，1987年版，第278页。

③ 陈确：《大学辨》，《陈确集》，北京：中华书局，1979年版，第552页。

④ 陈确：《大学辨》，《陈确集》，北京：中华书局，1979年版，第558页。

⑤ 江藩：《国朝汉学师承记》，北京：中华书局，1983年版，第15页。

出宋学开山周敦颐之《太极图》出自道士陈抟。黄宗羲更因阎若璩之问《尚书》而作《授书随笔》一卷。其后阎氏作《古文尚书疏证》，解决了东晋梅赜所献的二十五篇古文真伪的千古疑案。①其间虽有毛奇龄作《古文尚书冤词》与阎氏抗辩，但随后惠栋又作《古文尚书考》将此案落实无疑。

我们不能否认的是，在这些文本辨伪的背后离不开当时的程朱陆王之争。诚如余英时所言："清代经学考证直承宋明理学的内部争辩而起……一个人究竟选择某一部经典来作为考证的对象往往有意无意之间是受他的理学背景支配的。"②如陈确的《大学辨》主要是对程朱而发，黄宗炎考证《太极图》与自身的陆王立场相关，而阎若璩辨古文之伪也可以看作是朱子对《尚书》怀疑工作的继续。毛奇龄之作更是带有他与阎若璩之间立场不同的意气之争。但无法忽视的是，虽然以上诸人在文本辨伪的背后存在着程朱、陆王之争，但文本辨伪的客观结果却是将理学诸多根本观念推翻了。如既然《大学》并非孔子和曾子所作，其权威性就自然大打折扣，也就没有必要再将其作为圣经来奉行研究，建立在其基础上的所有观念也就随之失去了神圣性。而通过对理学宇宙论基础的《太极图》源出道家而非儒书的考证，更是为其后清人批评宋学援道入儒提供了强有力的证据。至于伪《古文尚书》的定案更是将心学所津津乐道的《大禹谟》中"人心惟危，道心惟微，惟精惟一，允执厥中"的十六字传心打倒在地。可以说，文本辨伪的初衷是为了争个程朱、陆王的孰是孰非，却最终导致了双方的两败俱伤。

通过文本辨伪，一方面使宋明理学所提供的价值观念失去了权威依附，另一方面为儒学的重回《六经》扫清了文本道路上的障碍。其后，随着理学观念的倒塌和清朝文化政策的调整，学界的主流将学术对象锁定在了以《六经》为核心的训诂考据上。

---

① 江藩：《国朝汉学师承记》，北京：中华书局，1983年版，第6—8页。
② 余英时：《清代思想史的一个新解释》，《论戴震与章学诚》，北京：生活·读书·新知三联书店，2012年版，第346页。

### （三）重建学统的方式：由理学体悟到经学考证

由于宋明理学的学术对象是心、性、理、气等形上的义理辨析，其学问的交流往往体现在讲学的活动中，最终的学问形式结晶为大批语录的刊行。理学所追求的本体依赖于学者的形上思辨，而不论其主敬还是主静的为学工夫，都重在"体悟"二字。如程颢曾自称："吾学虽有所受，天理二字却是自家体贴出来。"①朱子在《四书集注》中更是一再告诫学者"其味深长，当熟玩之"②。这样的为学方法是从个体内心的是非判断出发解释既定的经典文本，经典本身的真伪问题并不构成个体心得的真正来源。当经典与"我"发生冲突时，就不惜疑经乃至改经，朱子的"格物补传"就是典型的一例。在这里经典失去了对解释者的约束力，不过成了印证"我"的外在依据，而陆象山的名言"《六经》皆我注脚"③就成了这种经典解释模式的合理口号。王阳明虽然有尊经的主张，但经典在阳明学的体系中却是："《六经》者非他，吾心之常道也。"④亦即在尊经的外表下，实是"尊心"。经典的权威性在王学末流的话语中更是被打破，甚至成了攻击的对象。

而伴随着回归《六经》成为经世致用的必然趋势，经典的权威被重新认可。新学风下的学术对象不再是超脱于经典之上的心性之学，而是实实在在的《六经》文本。参研经典的方式也就不得不由体悟性的语录向客观性的考证靠拢。但这样的转向并非是一蹴而就的，尤其是在程朱、陆王依然占据着学界争论焦点的清初。虽然此时已经有了"征实"的学术态度，但能够从理学的重围中突围出来还需要能够开风气的大师出现。如上文所引，虽然当时从事文本考证的学者并不在少数，但真正能够起到学术范式转型作用的当推顾炎武。顾炎武的《日知录》和《音学五书》为后世不仅提供了治学方法，而且开拓了诸多学术门类。另外，顾氏能成为清学开山

---

① 程颢、程颐：《二程集》，北京：中华书局，1981年版，第424页。

② 朱熹：《四书章句集注》，北京：中华书局，1983年版，第6页。

③ 陆九渊：《语录上》，《陆九渊集》，北京：中华书局，1980年版，第395页。

④ 王阳明：《稽山书院尊经阁记》，《王阳明全集》，上海：上海古籍出版社，1992年版，第254页。

更主要的原因在于他被认为提出的纲领性的口号："经学即理学。"而这样的口号实是后来全祖望根据顾炎武的言论所总结出来的。全祖望在《亭林先生神道表》一文中评价顾炎武：

> 晚年笃志《六经》，谓古今安得别有所谓理学者，经学即理学也。自有舍经学以言理学者，而邪说以起，不知舍经学则其所谓理学者，禅学也。①

而顾炎武的原话是：

> 愚独以为理学之名，自宋人始有之。古之所谓理学，经学也，非数十年而能通也。故曰："君子之于《春秋》，没身而已矣。"今之所谓理学，禅学也，不取之五经而但资之语录，校诸贴括之文而尤易也。又曰："《论语》，圣人之语录也。"舍圣人之语录而从事于后儒，此之谓不知本也。②

后人对这段话的理解分歧很多，而主要集中于对顾炎武是否要以经学取代理学的问题上：主张肯定说法的学者，倾向于顾炎武是乾嘉汉学名副其实的开山人物；主张否定说法的，倾向于汉学家并未真正继承顾炎武的学术精神。而这里的关键又取决于对顾炎武这里的"经学"与"理学"的理解。从顾炎武认为"非数十年不能通"的"经学"来看，这正是后来乾嘉学者所标榜的汉学特征。而顾炎武所认为的"理学"则相对复杂，从"理学之名""所谓理学"可以看出，顾炎武并不反对"理学之实"，只不过认为杂于禅学的宋人没有得理学之实。更为重要的是，其实顾炎武在这段话中并未给出确定的理学之实者。在这段话的前文中，他认为古之理学乃是非数十年不能通的汉学，而后文明显推崇的则是"圣人之语录"。或许顾氏自身也没有意识到在这里他自己已将"汉学"与"经学"等而视之

---

① 全祖望：《亭林先生神道表》，《鲒埼亭文集选注》，济南：齐鲁书社，1982年版，第105页。
② 顾炎武：《与施愚山书》，《顾亭林诗文集》，北京：中华书局，1983年版，第58页。

了。由此，后来明确标榜汉学的惠栋等人正是承接了顾氏这一不经意间的混淆。由于这样的简而等同，顾炎武作为汉学的开山地位也由此确立起来。

其实，顾炎武本人并不能预测自己是否会被后世推为开山。他区分"理学"与"经学"之别最终还是为了回到孔孟原典以完成他通经致用的学术旨趣。虽然他的大著《日知录》被后世作为典范来效仿，但后人推崇的还是此书的考证方法。就此而论，乾嘉汉学对顾氏的继承也只可谓是选择性的继承。如顾氏门人潘耒就曾明确指出："学者，将以明体适用也……如第以考据之精详，文辞之博辨，叹服而称述焉，则非先生所以著此书之意也。"①但乾嘉学者推崇顾炎武与乾嘉学者在多大程度上继承顾炎武并不构成矛盾。此外，我们并不能断定乾嘉学者就毫无经世精神。只是，随着康乾盛世的到来，经世致用的精神不过是又一次潜藏到了学术工作的背后。

---

① 顾炎武：《日知录·潘耒原序》，《日知录集释》，上海：上海古籍出版社，2006年版，第1页。

# 附录三：与宋明理学说再见？

## ——从宋明理学的兴起看儒学的当代处境*

　　伴随着儒学在现代社会的复兴，近年来的儒学界逐渐出现了一股"超越宋明，回归先秦"的动向。从而，"与宋明理学说再见？"这一话题，开始成为当代的儒家学者难以回避的理论问题。围绕着这一话题，可以展开多方面的讨论。首先，这一话题的提出本身反映了在当下儒学复兴的浪潮下，如何定位和审视作为儒学传统重要一环的宋明理学。或许可以更明确地提问：要复兴传统儒学，要不要复兴宋明理学呢？其次，就这一话题的提问而言，疑问句的提法似乎是在说宋明理学已经淡出了当代人的视野，但似乎其中的某些东西又具有现代价值转化的可能。最后，如果真的与宋明理学说再见了，那么当代的儒学复兴又将何去何从？其实，当我们产生以上诸多疑问之时，就已经说明了宋明理学之于儒学的未来展开并不是可有可无的存在。尤其是，作为传统的宋明理学究竟能否为儒学的再度复兴提供道路借鉴和文化资源，才是我们最为关心和力图探索的事情。也就是说，今天之所以来回望宋明理学，是为了更好地认清儒学在当下的处境。

　　要正面回应以上话题，就必须将这一话题至少细分为以下三个问题：（1）我们能否与宋明理学说再见？这关乎着当代人对宋明理学所抱持的应有态度。（2）我们如何与宋明理学说再见？这关乎着宋明理学给当代人所留下的固有遗产。（3）与宋明理学说再见之后，我们该怎么办？这关乎着在接续宋明理学的基础上，当代儒学所可能有的发展方向。

---

　　* 原载《当代儒学》第15辑，成都：四川人民出版社，2019年版，第135—145页。

## 一、能否与宋明理学说再见

在提出"与宋明理学说再见？"这样的疑问之时，首先必须反思的是，我们真的可以与宋明理学说再见吗？这不是一个主观愿望的事情，而是一个有待考察的客观事实。诚然，在当今学术环境下，宋明理学或许已经不再是学术上的热点了；在社会生活中，宋明理学所提供的一套价值观念也不再能引领现代的生活方式了。表面上看，经过上世纪"现代新儒学"的开发，宋明理学的理论已经貌似被阐发得无余蕴了；随着现代生活方式的变动，宋明理学也已经被消解在历史的尘埃中了。但是，宋明理学真的与现代生活毫无关联吗？在此，我们有必要区分宋明理学的三种形态：一是作为意识形态的宋明理学；二是作为学术形态的宋明理学；三是作为生活形态的宋明理学。下面来一一解说。

一是作为意识形态的宋明理学。从历史的发展进程来看，宋明理学大致经过了以下几个阶段：（1）中晚唐的准备期；（2）北宋的奠基期；（3）南宋至明初的确立期；（4）明中叶至晚明的流变期；（5）明清之际至鸦片战争的衰落期。而如果以意识形态为标准的话，至少可以说元代以后的宋明理学才逐渐得到了官方的认可，从而才有可能发挥意识形态的作用。[①]而自从宋明理学被确立为意识形态之后，其所宣扬的价值观念才得以借助官方的体制力量实现普遍化和大众化。毫无疑问，作为意识形态的宋明理学对元、明、清三朝之影响是深远的。此种影响，简言之，在政治层面，为帝国的君权统治提供了理论说明；在社会层面，为伦理的价值观念奠定了实践导向。然而，以上两点也正是晚近以来宋明理学所受诟病最多的地方。但我们想说的是，首先，宋明理学之所以成为意识形态，有其历史的必然性；其次，宋明理学之可能作为意识形态，有其历史的合理性；最后，我们无须先以今人之见为主来对宋明理学的历史影响做出符合自身价

---

① 其标志性事件有：元皇庆二年（1313年），仁宗颁布科举取士标准为朱熹的《四书章句集注》，此可视为宋明理学居于意识形态地位的首次确立；此后，明永乐十二年（1414年），成祖敕修《性理大全》；清乾隆三年（1738年），朱熹从祀孔庙的地位升为"十二哲"之一。

值的主观判断。客观地说，作为意识形态的宋明理学已经是过往的历史事实，难道仅仅因为今人的批判，其曾经的正面价值就能视而不见吗？难道仅仅因为今日出现了儒学复兴，其惯性的反面危害就能自动消除吗？于此两者，显然皆不可能，也无必要。

但是，在我们将宋明理学视为意识形态之前，还不得不重视问题的是：宋明理学与意识形态之间难道可以简单地画上等号吗？如上所说，宋明理学在从中晚唐至两宋的漫长发展过程中并非是一种意识形态，甚至还曾长时间受到来自当时意识形态的打压①。就宋明理学家的主观愿望而言，他们在意识形态的"政统"之外还试图建构出一套批判君权统治的"道统"。虽然，同样不可忽视的是，他们的"道统"理论之中又存在着证成君权统治合法性的客观事实。可以说，宋明理学最终之所以被接受为意识形态，乃是理想中的"道统"与现实中的"政统"互相博弈的产物。从而，从意识形态的角度立论，我们既要看到宋明理学与君权统治合流的一面，也要看到宋明理学对君权统治批判的一面。另外，我们还应看到在宋明理学成为意识形态之前乃至之后，宋明理学依然存在着其他样式的发展形态。

二是作为学术形态的宋明理学。如上所说，宋明理学给今人留下的第一印象往往是一种意识形态。但考察其之所以成为意识形态，所依靠的绝不仅仅是单纯的政治宣传和伦理说教，而是其背后有着坚实的理论体系和学术支撑。也可以这么说，意识形态只是宋明理学的外在表征，学术形态才是宋明理学的内在肌理。而就意识形态与学术形态相比较而言，很明显，并非宋明理学所有的学术形态都转化为了意识形态。最起码，并非所有的学术形态都得到了官方的认可和推扬。确切来说，真正转化为意识形态的宋明理学，唯有程颐和朱熹的学术理论。这也是为何今人一说到宋明理学，首先想到的就是"程朱理学"。狭义上来说，作为一学术术语的"宋明理学"，指称的就是程朱一系的理学。但是，且不说"程朱理学"一开始就只是一种学术形态，在其被奉为意识形态之后，也依然存在着学术

---

① 比如，北宋针对以程颐为代表的"洛学"的"元祐党禁"，南宋针对以朱熹为代表的"闽学"的"庆元党禁"。

形态与意识形态的差异。而且程朱理学之外的其他学术流派更是与意识形态之间保持着更大程度的张力。总之，我们不能在将学术形态与意识形态两相捆绑的狭隘视角下来理解宋明理学。

就学术形态而言，表面上看，宋明理学中的"程朱理学"和"陆王心学"得到了现代新儒家诸人不同程度的开发，但是我们不能不思考的是，在这两大主流之外的其他学派，比如北宋时期王安石的"新学"，苏轼的"蜀学"，明清时期王夫之、戴震等人"气学"一路的理论成果尚存在着继续研究的极大空间。问题是，一种学术理论的价值并不在于短时期内后人研究得多少，也不在于某个阶段中是否占据着学术的热点，而在于这样一些理论是否具有被重新解释的学术品质。如果我们仅仅停留在学术领域内部的争锋，那将忽视的是学术本身所指向的现实关怀。此种现实关怀，不仅指向过去宋明理学所面对的现实，更指向的是今人所面对的现代社会的现实处境。从而，批判性继承和创造性转化就将成为今人研究包括宋明理学在内的传统儒学的应有态度。而一旦从今人"现代性"的问题意识切入，我们将发现，宋明理学中不论处于正统的学术流派，还是其他非正统学派的理论贡献，都有可能存在着被创造性解释的现代价值。甚至，整个宋明理学的传统都将是今天学术研究所无法摆脱的先在境遇。这也是为何一方面宋明理学淡出了学术研究的前沿，另一方面宋明理学中某些学术流派在今天依然具有强大生命力的缘由所在。

三是作为生活形态的宋明理学。相对于意识形态和学术形态的宋明理学，生活形态的宋明理学听起来似乎陌生。在此，"生活形态"无非是想表达，宋明理学所倡导的学术理念伴随着历史的积淀已经构成了现代人"日用而不知"的生活观念。如果说，伴随着帝国体制的瓦解，意识形态的宋明理学已经一去不复返了；伴随着时代问题的变动，学术形态的宋明理学可以被不同时代赋予不同的现代价值；那么，宋明理学之于现代人的生活实际而言，就已经内化为不可摆脱的生活无意识。在此，可以用个简单的生活实例来说明。虽然现代人已经告别了宋明理学"存天理，灭人欲"的道德说教，然而在陷入现实的生活困境之时，依然会呼喊出"天理难容""良心何在"等类似的生活语言。这是对形而上的终极价值的诉求，而这一终极价值无疑来源于宋明理学对现实生活的历史集聚。

更进一步说，就生活形态而言，我们不仅不能忽视宋明理学的某些价值观念已经渗入现代个体的一言一行之中，而且更应认识到宋明理学在其流衍变化中在不断塑造着整体国民的民族精神。用宋明理学的话语来说，意识形态也好，学术形态也罢，皆是外王事业，而生活形态才是内圣之道。要理解中国的个体和社会之所以发展成今天如此模样，失去了生活形态的宋明理学这一视角，都将是难以想象的。

统观以上三种形态，我们可以与宋明理学说再见吗？对于意识形态，我们无所谓与宋明理学说再见，因为与宋明理学互相支撑的意识形态已经瓦解崩塌了；对于学术形态，我们可以说与宋明理学再一次相见，因为可以接续宋明理学创造出另一种学术形态；而对于生活形态，我们却是与宋明理学永远说不了再见，因为宋明理学的某些价值观念已经积淀为今人之为今人的内在本质之一。

## 二、如何与宋明理学说再见

但是，我们无法与生活形态的宋明理学说再见，并不意味着宋明理学的一切成果都应当原封不动地照搬到今天。今天之所以提出"与宋明理学说再见？"的疑问，已然表征着我们要有意识地来反思和批判宋明理学所留下的遗产了。其实，不仅是今人才产生与宋明理学说再见的冲动，从明清之际的"实学"思潮和清代的"乾嘉汉学"开始就已经开启了对宋明理学各个形态的批判了。更不用说，鸦片战争之后的各期儒学都在试图突破宋明理学的苑囿，寻找着新的出路。但如同对宋明理学的批判和突破始终无法完全摆脱宋明理学所划定的话语场域一样，我们今天与宋明理学说再见也无法视宋明理学的固有遗产而不见。新世纪的某些儒家学者试图提出"超越宋明，回归先秦"的主张，但先秦是无法回归的，宋明同样也是难以超越的。要与宋明理学说再见，请首先考察宋明理学给我们留下的先秦儒学所不曾展现的思想资源。

众所周知，宋明理学的主要贡献在于为了回应先秦儒学所罕言的"性与天道"问题，从而为儒家的价值观念奠定形而上的哲学基础。由天道问题，而有本体论的建构；由人性问题，而有心性论的建构；由人性与天道的通达，而有工夫论的建构。今天，当然不可能照搬宋明的理论成果。问题是，今天是否有必要来重新回应这些超越时代的哲学问题。

在天道问题上，现代科学已经给出了铢分毫析的回答。但试问这些回答真正完满解决了宇宙是如何诞生的，又是如何运行的等终极问题吗？实际情况是，现代科学在解构了宇宙的事实存在之后，却同时消亡了宇宙的价值内涵。事实与价值的二分所带来的后果是，人们越将事实看得清楚，价值的根源越无法得到安顿。或者说，现代科学只能解答天道的事实，而无法领会天道的价值。失去天道信仰的现代人，之所以无家可归，其根本原因就在于价值根源的失落。

而宋明理学认为，天道乃是事实与价值的统一，既不试图在宇宙之外安排某种人格神的存在，也不相信宇宙本身价值的空无。在宋明理学看来，宇宙本身的存在，是一个无须追问的事实，此事实本身就是最大的价值，而此价值就表现为宇宙生生不息的创造性活动。在天道的无限性面前，现代科学的有限性显得捉襟见肘。而无论现代科学如何向前推进，天道信仰都有待于重新寻回。

在人性问题上，人性之中的欲望在现代社会已经得到了释放。观察现代人的生活，一方面是整个社会的欲望被调动起来，另一方面是更多的社会群体的欲望得不到满足。如何实现社会财富的公平分配，如何在物质生活富足的同时提升整体国民的精神修养，都必须重建对人性本质的重新理解。

而宋明理学在人性论层面的典型话语是性善。性善论的坚守，并非意味着对人性之恶这一事实的无视，而是为了给社会生活提供一个正面的价值导向。应该说，人性之恶是一种事实，但同时人性之善也是一种事实。今天，或许我们无必要再如宋明理学一样，为孟子的性善论和荀子的性恶论争一个理论的高低。但人性作为社会生活交往的根基，在任何时代都应该得到重视和讨论。在今天，我们不仅要重提人性问题，而且要将性善论主动设定为一个社会的主流价值来宣扬。唯有如此，一个和谐的社会才是可能的。

在工夫问题上，宋明理学有自身的一套话语建构，比如"格物致知""主敬穷理""致良知"等。这是宋明理学相对于先秦儒学所开发出的一个新的领域。抛开这些具体理论不谈，所谓"工夫"，无非涉及如何摄取知识和培养道德的问题。任何时代的儒学都重视这些问题，但宋明理学的贡献在于将此两者作为一个独立的问题领域提出来，并为此两者奠定了形而上的基础。

就知识的层面而言，现代人往往批判中国之所以落后西方在于缺乏科学知识的创造。但殊不知在儒家传统哲学的发展历程中，唯有到了宋明理学这里才真正建构出了一套知识论的体系。正是在这样的知识论体系中，中国的科学知识在宋明时期才得到了巨大的推进。不然，又如何解释《天工开物》《本草纲目》等知识类著作的涌现？只不过，中国有中国的科学知识，西方有西方的科学知识。只不过，中国人对科学知识的态度和应用不同于西方罢了。

就道德的层面而言，现代人往往批判宋明理学过度偏重于道德一面的尊崇，甚至以道德来压制知识。然而，道德相对于知识的价值优先性，或许正是中国相对于西方的不同特色所在。因为知识只是一种客观存在，其本身并不具有价值的独立性，更不具备价值的导向性。用宋明理学的话语来说，知识为用，道德为体，知识只有经过道德的约束才能得其所用。另外，现代人又往往批判宋明理学给中国社会所留下的道德教条，甚至认为宋明理学乃是"三纲"伦理的罪魁祸首。其实，这是犯了如上将学术形态的宋明理学与意识形态的宋明理学两相捆绑的错误判断。退一步说，宋明理学所确定的某些伦理规范的确已经无法适应现代社会生活了，但现代社会难道就能抛弃对道德的尊崇？更明确地说，一个社会有一个社会的道德规范，但任何社会都应该讲道德的原则却是永恒不变的真理。

总而言之，时代在发展，不同时代需要不同的哲学，但哲学的问题却永不会过时。宋明理学作为中国哲学发展历程中的重要一环，其所提出的问题显然同时兼具时代性和超越性的两个方面。当我们准备"与宋明理学说再见"的时候，切莫忘了只有在总结宋明理学的理论遗产基础之上，进而才有可能提出属于我们时代的解决问题的理论和方法。

## 三、与宋明理学说再见之后

当我们认识到宋明理学的某些价值观念依然潜存于现代人的生活之中，宋明理学的某些问题意识还有待于现代人进一步去回答，我们才有可能跳出宋明理学的具体理论，来探索当代儒学的发展道路。不用说，我们今天再也不可能运用"理""气""心""性"这样的学术话语来建构当代儒学了，这是与宋明理学不得不说再见的事实。然而，更应该引起重视的是，在历史的长河中，当代儒学的处境与宋明理学之间存在着一个极大的共同点，亦即两者同是归属于彼此时代的一次儒学复兴运动。而儒学之所以能在宋明实现复兴，对于儒学能否在当代再一次实现复兴，理当具有道路上的借鉴意义。也就是说，儒学在宋明实现复兴所走过的道路，也是当代儒学复兴所无法避免的道路。这或许是说再见之后，宋明理学给当代儒学留下的首要启示。在此，我们就复兴的起源、复兴的方向与复兴的完成三个方面来解读。

从复兴的起源来看，宋明理学复兴的对手，乃是佛老，尤其是佛教。而当代儒学复兴的对手，很明显乃是西方哲学。之所以存在所谓的"复兴"，意味着儒学的价值观念在外来文化的再次冲击下，必须重新找回话语权。当然，今天有所不同的是，曾经的外来佛教也已经中国化为中国哲学传统的一部分了。那么，相对于西方哲学来说，今天复兴儒家哲学要不要复兴佛教甚或是道家呢？问题是，我们所说的"复兴"并非关于某家某派的对象化学术研究，而是能够担当重建整体社会生活方式的文化运动。在我们看来，与佛老相比较，唯有儒学才更具有治理社会的建构功能，而前两者倾向的则是一种解构思维。就此而言，今天广义上的传统文化复兴，实际上就是儒学的复兴，这也符合当下所展现出的文化复兴事实。

面对佛教这一对手，宋明理学存在着一个从被动拒斥到主动吸纳的转换过程。从中晚唐的韩愈开始以至宋初的胡瑗、孙复、石介，儒学批判佛教使用的最强势话语是"夷夏论"①。用今天的话来说，这是一种"文化本位论"。同样，在今天的儒学复兴运动中，反对"西方中心主义"、论证"中国哲学合法性"、提倡"儒家原教旨主义"等争论屡见不鲜，实际上这些皆可看成传统"夷夏论"在现代社会不同程度的变形。其合理之处在于，对于处于弱势地位的本土文化而言，能够激起民族意识的觉醒，从而鲜明举起文化复兴的旗帜。但其危害之处在于，有可能导致极端的民族主义，以至于固步自封。宋明理学真正的复兴要等到"北宋五子"时期，尤其是"关学"和"洛学"的创立。考察张载、程颢等宋儒的为学经历，不难看出，"出入佛老，返归六经"才是挺立儒学的必由之路②。据此参照，今天对于西方哲学的态度，恐怕也是舍"出入西学"而不能。这里有这样一种担心：宋明理学"出入佛老"的最终后果是"阳儒阴释"，今天的"出入西学"会不会带来儒学的修正主义？我们的回答是：完全没有必要。因为儒学本来就是不断修正的，儒学从来都是融合其他学说的时代产物。总之，正是在对佛老的吸收消化中，宋明理学完成了一次儒学复兴；当代的儒学复兴之路，同样离不开对西方哲学的主动吸纳。而对于"文化本位论"，我们认为，在儒学复兴的初期是可行的，也是必要的；但是，伴随着儒学复兴的理论化推进，则是值得警惕的。

从复兴的方向看，宋明理学存在着一个从政治儒学走向心性儒学的推进过程。儒学干预政治，是孔孟以来的儒家始终不曾放弃的理想目标。然而，在政治之外，儒学同样关心的是个体人格的养成。也就是说，"内圣外王"构成了儒学一体之两面。一种观点认为，宋明理学开发了儒学的内圣一路，而丢失了儒学的外王之道。事实是，在宋明理学的奠基期，也就是北宋时期，最先走上复兴之路的乃是偏向于外王的政治儒学，此后儒学的推进也一直是内圣与外王齐头并进。我们看到，在经过北宋初期的经济繁荣之后，率先有范仲淹主导的"庆历新政"，方有大批儒学人才的涌现；

---

① 其典型如韩愈的《原道》、石介的《中国论》等。

② 比如张载的经历是"又访诸释老之书，累年尽究其说，知无所得，反而求之六经"。（参见张载：《张载集》，北京：中华书局，1978年版，第385页。）程颢的经历是"泛滥于诸家，出入老、释者几十年，返求诸六经，而后得之"。（参见程颢、程颐：《二程集》，北京：中华书局，1981年版，第638页。）

其后有王安石的"熙宁变法"，才伴随着各种心性理论的纷纷创立。放弃理学内部的门户之争，政治上的改革在推动着心性理论的不断深化。

然而，北宋儒学的进一步发展告诉我们，后来占据正统地位的乃是在政治上持保守主义态度的心性儒学。这里的问题是，心性儒学与政治儒学的分歧并不在于要不要政治上的改革，而在于政治改革需不需要一个心性论的合法基础。在心性儒学看来，"心性"是"体"，"政治"是"用"。如若两相颠倒，过分强调"外王"的功利化导向，就会构成对"内圣"精神的直接损害。而反观当代儒学，不能不说政治儒学与心性儒学之争在相似地上演着。如果要追寻当代儒学复兴的开端，可以20世纪80年代蒋庆明确提出"政治儒学"的口号为标志。很明显，这意味着儒学的当代复兴同样是从政治层面的诉求开始的。时至今日，偏重于政治儒学的21世纪"大陆新儒学"与脱胎于心性儒学的20世纪"港台新儒学"开始分道扬镳，不能不引起道路上的反思。我们要问的是，当代的儒学复兴是否要主动地从政治上的干政诉求转进到心性上的哲学探讨呢？今天，我们不能说在大陆已然建构了类似于心性儒学的真正理论，但心性儒学的发展方向正在进行是不待言的。当然，我们赞同于当代儒学复兴的方向是心性儒学的建构，但绝不意味着宋明关于心性的具体理论成果在今天是需要复兴的。如同当代儒学所面对的政治环境已不同于宋明，当代儒学所建构的心性理论必然也将是有别于宋明的新的"新儒学"①。我们认为，只有建立在一种新的心性儒学基础上，去指导政治上的继续改革，才有望打开当代儒学复兴的新局面。

从复兴的完成看，儒学复兴的真正实现要等到朱熹的集大成。只有在朱熹之后，宋明理学才实现了意识形态、学术形态、生活形态的合一，才达到了政治儒学、心性儒学的融合。这里的问题是，儒学完成复兴的标志应当如何界定？其实，既不是关于政治抑或心性层面的学术建构，也不是能否被接受为官方意识形态，而在于儒学的学术理念能否通过意识形态的体制化力量落实为社会大众的价值观念。更明确地说，儒学复兴的最终成

---

① "新儒学"一词有多种用法，一般指的是宋明相对于先秦而言的新的儒学。这里指的是，相对于先秦和宋明而言的未来的新的儒学。

果必须展现为生活化的个体人格的养成。通常认为，宋明理学在本体论、心性论、工夫论之外，还建构了境界论。简单来说，所谓"境界"不过是经由工夫的修养，而希求达成的理想人格。而此一理想人格，宋明理学将其表达为"圣人"。那么，我们想问的是，当代儒学复兴的目标还需要去倡导"圣人"的理想人格吗？

其实，宋明理学与先秦儒学同样推崇"圣人"，但二者所理解的"圣人"早已大相径庭。可以说，先秦的圣人，乃是尧、舜、禹、汤式的政治人物，偏向于外王事业；宋明的圣人，已经转化为孔子、颜回式的伦理典范，偏向于内圣气象。现实生活中，求圣人而不可得，乃退而求君子。反观今天，国家所倡导的是做一个建设社会主义现代化事业的合法公民。两相比较，不得不反思的是，现代社会的个体仅仅享有法律所赋予的权利与承担相应的义务就够了吗？恐怕在此基础上还需要有精神层面的进一步提升。无论"圣人""君子"这样的理想人格在今天是否还有必要继续提倡，抑或是可以做现代化的重新理解，一种对个体理想人格的追求对任何时代的儒学复兴都是有待于努力证成的。

综上所述，宋明理学存在意识形态、学术形态、生活形态三种样式。对于意识形态的宋明理学，当代儒学已经说了再见，因为宋明的意识形态已经解体了。对于学术形态的宋明理学，当代儒学有必要再一次相见，继续回答宋明理学所留下的学术问题。而宋明理学的生活形态已经内化于现代生活之中，已经构成了当代儒学的题中之义。宋明理学的兴起之路启示我们，当代儒学有必要主动吸纳西方哲学，自觉从政治儒学的口号式呐喊转进到心性儒学的理论性建构并最终证成一种现代性的个体理想人格。

# 后　记

　　接触宋明理学是在丁师的课上，当时丁师问学生们读了哪些书，有什么感受？我大胆直言，说读了周敦颐的《通书》，感觉字字珠玑，比踢一场足球赛还痛快淋漓。丁师默然，课后收我为弟子，自此踏入理学之门。

　　先是找来黄宗羲的《明儒学案》，花了一个暑假，天天趴在老家的凉床上边看边记。记得有一天大中午，邻居来串门，跟母亲说，你儿子是研究生，真有本事，竟然看这么厚的书。窃沾沾自喜，以为常言"万般皆下品，惟有读书高"，真不欺我，有点古人不以科举为意的意思。后来，在丁师指导下，选择宋明理学的殿军刘宗周为研究对象，感慨于其绝食二十多天而殉道的事迹，知道这世上有比生命还重要的东西。因为研究刘宗周，免不了读阳明，因为读阳明，又上溯陆象山。读到陆象山，对我冲击很大，曾在《陆九渊集》上写下："东奔西走二三载，方知象山是真师。"后又读程朱、读孔孟，每与丁师谈起读书，他总是把手边的书赠送于我，还分享他自己的读书感受。久之，升起一份走入学术殿堂的感觉。

　　等到硕士毕业之后，一时找不到工作。丁师知我性格沉静，一不能为官，二不能从商，唯有为学之路可走。当时，大陆新儒学已蔚然兴起，丁师告知"生活儒学"创立者黄玉顺先生设教山东，便推荐至黄师门下。黄师有着一套自身原创性的理论体系，但极为尊重学生的个人兴趣。一次吃饭时，偶然谈起博士论文选题，黄师知我硕士期间研究理学，便建议我博士论文最好沿着这个方向继续推进。我说，作为皖人，有研究皖学的意愿。黄师便提议研究戴震，博士论文选题就此定下。戴震是理学的批判者，在研究戴震的过程中，我对理学有了更深的理解。

到师大工作之后，接手丁师的"宋明理学研究"课程，深感为学难，讲学更难。于是，重拾理学家原著，对其重要文献和核心观念细细揣摩，一边讲给学生听，一边做些课后整理，终成此书稿。学无止境，是书错漏甚多。现在出版出来，可算是对自己十几年来浸染理学的一个交代。

最后，要表达三重感谢：第一重，致敬丁师和黄师，是你们给了弟子精神上、学术上的生命！第二重，给所有上过这门课的学生，谢谢你们在寒冷的清晨与我共学共进！第三重，给本书的编辑，也是我的老同学陈艳，谢谢你为本书出版所付出的种种辛劳！

刘　宏

2023 年 12 月 27 日